Kröner Taschenbuch Band 516

Wer hat sie in seiner Jugend nicht verschlungen, die großartigen Erzählungen von *Jim Knopf*, *Momo* und *Die unendliche Geschichte*? Heute kommt manch einer von Ihnen sicherlich in den Genuss, Michael Endes Bücher seinen Kindern vorzulesen, und macht die Erfahrung, dass sie – für Zuhörer und Vorleser gleichermaßen – nichts an Strahlkraft verloren haben. Dass es sich dabei aber auch um Erwachsenenlektüre handelt, die an Aktualität nicht nur nichts eingebüßt, sondern eher noch hinzugewonnen hat, ist offenbar alles andere als selbstverständlich.

Der Ungerechtigkeit, dass die Bücher der Jugend später höchst selten wiedergelesen werden, möchte der bekannte Germanist und Kinder- und Jugendliteraturforscher Hans-Heino Ewers mit seinen originellen Re-Lektüren abhelfen – und damit Erstaunen und Verwunderung darüber hervorrufen, dass die erneute Lektüre in größerem zeitlichen Abstand ein ganz anderes Werk zutage fördert als das in Erinnerung gebliebene.

Hans-Heino Ewers (*1949), Germanist und Literaturwissenschaftler, habilitierte sich 1986 an der Universität Bonn mit einer Arbeit über den romantischen Kindheitsmythos. Von 1989 bis 2014 leitete er das Instituts für Jugendbuchforschung der Goethe-Universität Frankfurt/Main. Zu seinen Lehr- und Forschungsgebieten gehörten die Geschichte der deutschen Kinder- und Jugendliteratur, die Geschichte der europäischen Märchennovellistik, der Phantastik und der Fantasy sowie die aktuellen Kinder- und Jugendmedien.

Hans-Heino Ewers

Michael Ende neu entdecken

Was *Jim Knopf*, *Momo* und *Die unendliche Geschichte* Erwachsenen zu sagen haben

Mit 11 Abbildungen

ALFRED KRÖNER VERLAG STUTTGART

Hans-Heino Ewers
Michael Ende neu entdecken
Was *Jim Knopf*, *Momo* und *Die unendliche Geschichte*
Erwachsenen zu sagen haben
Mit 11 Abbildungen
Stuttgart: Kröner 2018
(Kröner Taschenbuch Band 516)
ISBN 978-3-520-51601-5

Umschlaggestaltung: Denis Krnjaić (www.wewamo.de), Stuttgart
Unter Verwendung von Illustrationen aus den Büchern von Michael Ende:
Jim Knopf und Lukas der Lokomotivführer (Illustration F. J. Tripp)
Momo (Illustration von Michael Ende)
Die unendliche Geschichte (Illustration von Roswitha Quadflieg)

www.thienemann-esslinger.de

Gesamtherstellung: Friedrich Pustet, Regensburg

Inhalt

Einleitung

Viele werden sich noch daran erinnern, dass die Bücher Michael Endes aus den 1970er Jahren keineswegs nur von jungen Leserinnen und Lesern wahrgenommen wurden. Zumindest die beiden großen Romane – *Momo* von 1973 und *Die unendliche Geschichte* von 1979 – waren auch bei erwachsenen Lesern beliebt. Die Geschichtensammlung *Der Spiegel im Spiegel. Ein Labyrinth* von 1984 war gar ein reines Erwachsenenbuch. So sehr auch die übrigen Werke Michael Endes im Inland wie im Ausland über Jahrzehnte hinweg präsent geblieben sind, zahlreiche Neuauflagen erlebt haben und – passend und weniger passend – neu illustriert wurden, so scheint aber doch ein Stückweit in Vergessenheit geraten zu sein, dass es sich bei ihnen auch um Erwachsenenliteratur handelt. Um deren Fortleben als Kinder- und Jugendlektüre braucht man nicht besorgt zu sein, haben sie doch auf diesem Gebiet längst einen Klassikerstatus erlangt. Dass es sich auch um eine Erwachsenenlektüre handelt, die an Aktualität nicht nur nichts eingebüßt, sondern eher noch hinzugewonnen hat, daran muss dagegen immer wieder neu erinnert werden – zumal ihnen in den meisten Darstellungen der deutschen (Erwachsenen-)Literatur nach 1945 immer noch kein Platz eingeräumt wird.

Um Missverständnissen vorzubeugen, sei gleich zu Beginn herausgestellt, dass sich die hier versammelten Interpretationen nicht an solche Erwachsenen richten, die auf der Suche nach geeigneter Lektüre für die eigenen Kinder bzw. Enkelkinder sind. Unbestritten ist, dass man diesen Eltern und Großeltern nur raten kann, zu den Bilderbüchern und Geschichtensammlungen Michael Endes zu greifen, da diese Kindern auch heute noch ein großes Vergnügen bereiten. Die beiden *Jim Knopf*-Bücher zählen zum Besten der deutschsprachigen Kinderliteratur des 20. Jahrhunderts und sind Erich Kästners Kinderromanen durchaus an die Seite zu stellen. Angesprochen seien hier jedoch erwachsene Leserinnen und Leser, die nach einer Lektüre nicht für andere, sondern für sich selber fahnden.

Für solche Leserinnen und Leser dürfte der Nimbus Michael Endes als eines Kinderbuchautors nichtsdestotrotz eine gewisse Barriere darstellen. Hat man so etwas nötig? Begibt man sich da nicht unter das eigene Anspruchsniveau? Es soll dabei nicht verschwiegen (und mitnichten verurteilt) werden, dass es Erwachsene gibt, die bei der Suche nach einer leichten, unbeschwerten und entspannenden Lektüre auch zu Kinderbüchern greifen. So kann es nicht verwundern, dass die Kinderbuchverlage auch Erwachsene als inoffizielle wie offizielle Adressaten ihrer Neuerscheinungen entdeckt haben. Wo dies nicht explizit geschieht, lässt es sich aus den Ankündigungs- und Werbe- wie aus den Klappentexten mehr oder weniger eindeutig erschließen. Oft geht es dabei um Werke aus früheren Zeiten, um sogenannte Klassiker, die oft noch mit den originalen historischen Illustrationen versehen sind.

Die Motive, aus denen Erwachsene solche Wiederveröffentlichungen alter Bilder- und Kinderbücher erwerben, dürften höchst unterschiedlich sein. Bei älteren Käufern dürften zweifelsohne autobiographische Reminiszenzen, Erinnerungen also an die eigene Kindheit, eine Rolle spielen; es geht ihnen um die Beschaffung von tatsächlichen oder vermeintlichen Kindheitsrequisiten, wozu auch die eigenen Kindheitslektüren gehören. Neben autobiographischen Motiven macht sich hier eine generelle Vorliebe, ja, Sehnsucht nach der sogenannten guten alten Zeit geltend. Zusammen mit altem Spielzeug sind es alte Bilder- und Kinderbücher, die zu den begehrtesten Objekten nostalgischer Rückwärtsgewandtheit aufgestiegen sind. Vertrieben werden diese nicht nur in Buchläden, sondern auch in Spielzeuggeschäften, im Antiquitätenhandel wie in Lokal- und Heimatmuseen. In Deutschland spielt der Eßlinger Verlag auf diesem Gebiet eine große Rolle; für sein weitläufiges Angebot an Reprints vermag er aus dem reichhaltigen Verlagsarchiv zu schöpfen. Manche Erwachsene geben sich nicht mit Reprints zufrieden, sondern suchen auf Trödelmärkten und in Antiquariaten nach den Originalausgaben alter Bilder- und Kinderbücher und werden auf diese Weise zu Kinderbuchsammlern aus Liebhaberei.

Viele Erwachsene von heute dürften tatsächlich mit dem *Jim Knopf*-Erzählungen großgeworden sein und als Jugendliche zu den Leserinnen und Lesern von *Momo* und der *Unendlichen Geschichte* gehört haben. Unvergesslicher dürften gerade den Jüngeren unter ihnen deren spätere mediale Adaptionen sein: der *Jim Knopf* der Augsburger Puppenkiste etwa oder die Verfilmungen der beiden großen Romane. Niemand wird es diesen Erwachsenen verwehren, noch einmal zu diesen Büchern zu greifen, um sich an die eigene kindliche bzw. jugendliche Lektüre zu erinnern, mehr noch: diese Werke ein weiteres Mal mit den kindlichen bzw. jugendlichen Augen von damals zu lesen und sich dabei in frühere Lebensabschnitte förmlich zurückzuversetzen.

Um erneut Missverständnissen vorzubeugen, sei klargestellt, dass die nachfolgenden Kapitel keine Aufforderung zu solchen Wiederholungslektüren darstellen. Sie wollen Michael Endes Werke weder als eine entspannende Erwachsenenlektüre ins Gespräch bringen, noch frühere Ende-Leserinnen und -Lesern zum Wiedereintauchen in vergangene Lektüren und Zeiten animieren. Sie wollen im Gegenteil einen ganz anderen, einen nicht wiederzuerkennenden Autor präsentieren, mit anderen Worten: eine Werklektüre vorschlagen, die sich von der kindlichen und der jugendlichen Rezeption, so sie denn stattgefunden haben, gänzlich unterscheidet. Sie wollen Erstaunen und Verwunderung darüber hervorrufen, dass die erneute, in größerem zeitlichen Abstand erfolgende Lektüre ein ganz anderes Werk zutage fördert als das in Erinnerung gebliebene. Sie wollen Beklemmung darüber auslösen, wie viel bei einer früheren Lektüre nicht wahrgenommen und überlesen worden ist. Dabei soll es nicht darum gehen, kindliche oder jugendliche Lektüren nachträglich als inadäquat zu schmähen. Solch frühe Lektüren haben ihr eigenes Recht, auch wenn sie – zumindest bei anspruchsvolleren Werken – selten erschöpfend sind. Dass in der Kindheit und der Jugendzeit gelesene Bücher in späteren Lebensabschnitten höchst selten wiedergelesen werden, stellt deshalb eine Ungerechtigkeit dar, bleibt so doch unentdeckt, was sie jenseits des von Kindern und Jugendlichen Wahrgenommenen auch noch zu sagen haben.

Dabei gibt es durchaus Erwachsene, die sich mit Kinder- und Jugendbüchern beschäftigen – und zwar aus eigenen, in der Regel sachlichen bzw. wissenschaftlichen Interessen heraus. Es kann sich um Kulturwissenschaftler, Historiker, Pädagogen und Buchwissenschaftler – gewiss gering an der Zahl – handeln, die in Kinder- und Jugendbüchern vergangener Epochen vorwiegend eine Quellengattung für die Geschichte der Kindheit und Jugend, der Geschlechterrollen, der Familie, der Erziehung und des Schulwesens, der Kinderheilkunde, der Entwicklungspsychologie, der Buchillustration und dergleichen mehr sehen. Oft haben wir es hier ebenfalls mit leidenschaftlichen Sammlern zu tun, die freilich mit ihrer Sammlertätigkeit über bloße Liebhaberei hinausgehen und damit unterschiedliche Erkenntnisinteressen verbinden. Alte Kinderbücher gelten grundsätzlich als Zeitdokumente und Spiegelungen von Alltags- und Sittengeschichte.

So könnten auch die Werke Michael Endes als Spiegelungen ihrer Entstehungszeit, der 1960er, 1970er und 1980er Jahre gelesen werden. Tatsächlich sind in ihnen – allemal von heutiger Warte aus – Zeitspuren, Reflexe zeitgenössischer Diskurse und Kontroversen nicht zu übersehen; diese sollen im Folgenden denn auch hin und wieder zur Sprache kommen. Doch liegt hierin nicht das Hauptinteresse der nachfolgenden Interpretationen: Die herangezogenen Werke Michael Endes sollen in erster Linie nicht als Zeitdokumente, sondern als eine Erwachsenenlektüre ausgewiesen werden, die auch ein gutes bzw. knappes halbes Jahrhundert später nichts an Aktualität und Attraktivität eingebüßt hat. Es wird also in gewissem Grade unhistorisch vorgegangen, jedenfalls kein dezidiert literaturhistorisches Interesse verfolgt.

Beabsichtigt ist folglich auch kein Beitrag zu einer Geschichte des Kinder- und Jugendbuchs bzw. der deutschsprachigen Kinder- und Jugendliteratur nach 1945. Wie eine jede Literaturgeschichtsschreibung, so wäre auch diese zu einer strikt historischen Vorgehensweise verpflichtet. Ihr würde es obliegen, die historische Entwicklung der Kinder- und Jugendliteratur dieser Zeitabschnitte in Gänze zu berücksichtigen und sich dabei auch mit Ausprägungen auseinanderzusetzen, die für die Gegenwart keinerlei Bedeutung mehr besitzen. In der Beschäftigung mit einzelnen Werken müssten deren Position in ihrer Entstehungszeit eruiert und deren epochale Repräsentativität wie deren innovative Bedeutung eingeschätzt werden. Was die Wirkungsgeschichte einzelner Titel angeht, so muss sie nicht nur die Gegenwart, sondern auch alle dazwischenliegenden Epochen in Betracht ziehen. Von all diesen Ansprüchen wollen sich die hier versammelten Interpretationen lossagen.

Welchen Erwartungen soll dann überhaupt noch entsprochen werden? Welche erwachsene Leserschaft bleibt dann noch übrig als für dieses Buch passend und erwünscht? Eine Leserschaft, der es nichts ausmacht, dass Michael Ende auch heute noch beim kindlichen Lesepublikum beliebt ist und vornehmlich – und fälschlicherweise – als bloßer Kinderbuchautor gilt; die sich nicht unwohl und in ihrem Ansehen beeinträchtigt fühlt, wenn sie zu einem Buch greift, das gleichzeitig auch von jungen Lesern konsumiert wird; die weiß, dass es literarische Werke gibt, die Leserinnen und Leser ganz unterschiedlichen Alters faszinieren und diesen etwas je Eigenes bedeuten; die eine so geartete Literatur, die altersmäßig verschiedene Lesergruppen übergreifend anspricht, womöglich besonders zu schätzen weiß; die generell davon ausgeht, dass bedeutende Werke unterschiedliche Lesarten zulassen, von denen keine als inadäquat zu verurteilen wäre, so mehr oder weniger erschöpfend sie auch sein mag; die vielleicht schon einmal eine Lieblingslektüre aus der eigenen Kindheit oder Jugendzeit aus größerem Abstand wiedergelesen und dabei erfahren hat, dass sie es plötzlich mit einem ganz anderen

Buch als dem erinnerten zu tun zu hat. Schriftsteller, die auch für junge Leser schreiben, haben mehrfach betont, dass Kinder- und Jugendbücher nur dann von literarischem Wert seien, wenn sie auch erwachsenen Lesern etwas zu sagen hätten, wenn sie sich mit anderen Worten als ausgesprochen doppelbödig und hintersinnig erweisen.

Autorenbekundungen wie diesen ist es zumindest im deutschsprachigen Raum nicht oder nur ansatzweise gelungen, das Wiederlesen von Kinder- und Jugendbüchern zu einer gängigen Lektürepraxis von Erwachsenen zu machen. Das immer noch vorherrschende Abgrenzungsverlangen gerade anspruchsvoller Leserinnen und Leser dürfte dem wohl noch entgegenstehen.[1] Dabei scheut eine jüngere Generation von Feuilletonisten und Literaturkritikern längst nicht mehr davor zurück, populäre Lesestoffe und Medienangebote, darunter auch Klassiker der Kinder- und Jugendliteratur, in Augenschein zu nehmen und auf deren vorder- und hintergründige Botschaften hin abzutasten. Das auffälligste Beispiel aus den vergangenen Jahren dürfte hier wohl das Buch über Michael Endes *Jim Knopf*-Erzählungen der Feuilletonredakteurin Julia Voss gewesen sein, auf das an passender Stelle einzugehen sein wird.

Einige der hier geäußerten Überlegungen gehen auf Erfahrungen aus Michael Ende-Seminaren zurück, die der Verfasser jüngst an verschiedenen deutschen und ausländischen Universitäten abgehalten hat. Die überwiegende Mehrzahl der deutschen Studierenden konnte dabei auf eine einschlägige Kindheits- und Jugendlektüre von Werken Michael Endes zurückblicken.[2] Die erneute Auseinandersetzung insbesondere mit dem *Momo*-Roman und der *Unendlichen Geschichte* erregte bei den Studierenden äußerste Verwunderung über all das, was sie bei früheren Lektüren wohl überlesen bzw. gar nicht erst wahrgenommen hatten. Eine gewisse Verantwortung hierfür wiesen sie den Filmadaptionen zu, bei denen ganze Bedeutungsschichten der Originale verloren gegangen seien.[3] Geradezu unfassbar erschien ihnen, dass eine Jugendlektüre sich beim Wiederlesen als derart schwierig und komplex erwies, dass die bislang im Studium erworbene Interpretationskompetenz sich hierfür als kaum ausreichend erwies. Dabei ging es vornehmlich um die *Unendliche Geschichte* wie um die Textsammlung *Der Spiegel im Spiegel*, die ein Stück weit in der Kafka'schen Geschichtentradition steht. Damit sollen keine Leserin und kein Leser abgeschreckt werden; doch soll auch nicht verschweigen werden, dass das tiefere Verständnis so mancher Werke Michael Endes auch versierteren Lesern einige Anstrengung abnötigt.

Die Leser der nachfolgenden Kapitel werden auf keine umfassende, alle Aspekte einschließende Werkinterpretation stoßen. Es geht mir vielmehr darum, den grundlegenden Charakter der drei Hauptwerke Michael Endes, deren Grundstruktur und primäre Aussageintention, herauszuarbeiten, besteht doch selbst darüber keine Einigkeit unter den Lesern und Interpreten. Mir ist wohl bewusst, dass das literarische Oeuvre Michael Endes mittlerweile eine ausufernde Rezeptionsgeschichte besitzt. Nicht zuletzt hat der Autor selbst immer wieder Anläufe unternommen, seine Werke nachträglich zu kommentieren, zu interpretieren, ja, einzelne Deutungen zu kanonisieren. Seine Erzählungen und Romane wurden infolgedessen mehr und mehr durch die Brille der Autorkommentare wahrgenommen, ja, tendenziell nur noch als nachträgliche Belegstellen für die angebliche Philosophie ihres Urhebers behandelt. Dass Dichtungen eine gewisse Eigenständigkeit auch gegenüber den ideologischen Anschauungen ihrer Produzenten besitzen, wurde dabei nur selten in Erwägung gezogen. Wir alle haben das Recht, uns auf die Werke Michael Endes unseren eigenen Reim zu machen – unabhängig von den Einflüsterungen des Autors. Das vorliegende Buch ist aus dem Gefühl heraus entstanden, dass im Fall Michael Endes der rezeptionsgeschichtlich angeschwollene Begleit- bzw. Paratext die Texte selbst zu ersticken droht. So kam bei mir das Bedürfnis auf, die Texte wieder freizuschaufeln und herauszufinden, was diese selbst uns heute zu sagen haben. Zurück zu den Ausgangtexten! so lautete meine – zugegebenermaßen naive – Devise.

Auch für solche Leser zu schreiben, die keine ausgebildeten Literaturwissenschaftler sind, stellt für mich eine Herausforderung dar. Die Wissenschaftssprache ist auch im Bereich der Literaturwissenschaften für Außenstehende mehr und mehr unzugänglich geworden. Dass dies nicht zwingend so sein muss, gehört zu meiner länger schon gehegten Überzeugung, von der ich mit dieser Veröffentlichung hoffentlich nicht allzu sehr abgewichen bin. Ganz ohne einen Anmerkungsapparat ging es allerdings nicht, doch taucht dieser nicht in Form von aufdringlichen Fußnoten, sondern in Gestalt von dezenten Endnoten auf. Dies soll den Lesern mehr Freiraum lassen. Der Verwendung der Ersten Person Plural in den nachfolgenden Kapiteln liegt die Hoffnung auf ein gemeinschaftliches Vorgehen und Erkunden von Ihnen, verehrte Leserinnen und Leser, und mir zugrunde.

Abb. 1: Außentitel der Erstauflage 1960 im K. Thienemanns Verlag, Stuttgart. Illustration von Franz Josef Tripp (1915–78)

Die *Jim Knopf*-Erzählungen: Eine Parodie des europäischen Feenmärchens

Der erste Band
Jim Knopf und Lukas, der Lokomotivführer (1960)

Wer die großen kinder- und jugendliterarischen Werke Michael Endes erwachsenen Lesern nahebringen möchte, steht mit den beiden *Jim Knopf*-Bänden von 1960 bzw. 1962 (siehe Abb. 1 und 3) vor einer wahren Nagelprobe.[1] Er muss sich fragen lassen, ob er es mit dieser Leseempfehlung wirklich ernst meine. Gewiss wäre es in diesem Fall recht günstig, wenn man in seinem Umfeld Kinder im Vorschul- und ersten Schulalter wüsste, denen man den *Jim Knopf* vorlesen könnte. So würde man gewissermaßen nebenbei erfahren, welche Zustimmung, ja Begeisterung dieses Werk auch heute noch bei Kindern hervorruft. Diese Erfahrung konnte ich vor etwa 25 Jahren selbst machen, als ich meinem noch leseunkundigen Sohn abends den ersten Band vorgelesen habe – und zwar auf ausdrücklichen Wunsch mehrfach. Beim letzten Mal brauchte ich nur noch die Seiten umzublättern und den Worten meines Sohnes zu lauschen, der den kompletten Text auswendig konnte.[2] Tatsächlich haben wir es nicht nur mit einem andauernd erfolgreichen Kinderbuch, sondern auch mit einem der großen deutschen Kinderliteraturklassiker des vergangenen Jahrhunderts zu tun, den man durchaus Erich Kästners *Emil und die Detektive* von 1929 an die Seite stellen darf. Sollten Sie wirklich Gelegenheit haben, das Werk Kindern vorzulesen, so achten Sie auf deren Reaktionen aber jetzt bitte nur nebenbei und konzentrieren sich auf das, was der Text bei Ihnen selbst an Assoziationen, Gedanken und Ideen auslöst. Ungestörter sind sie dabei sicherlich, wenn Sie es alleine lesen.

Dass etwas ganz anderes herauskommt, wenn man den *Jim Knopf* mit den Augen eines Erwachsenen liest, hat die Kunsthistorikerin und Germanistin Julia Voss bereits vor einigen Jahren gezeigt. Bei ihren Recherchen zu Darwin, speziell zu dessen Illustrationen, fielen ihr Bezüge zu einer ihrer Kindheitslektüren auf. Sie beschloss daraufhin, »Michael Endes ›Jim Knopf und Lukas der Lokomotivführer‹ noch einmal gründlich zu lesen, zumal mir schon anhand meiner Erinnerungen weitere Ähnlichkeiten auffielen«. Gemeint waren Ähnlichkeiten mit Darwins reich bebildertem *The Zoology of the Voyage of H.M.S. Beagle*, erschienen 1838–42. Bei ihrer erneuten Lektüre stieß Julia Voss »auf Begriffe wie Rasse, Schande oder Todesstrafe. Mir wurde klar, dass es hier um mehr ging. Michael Ende hatte sich mit ›Jim Knopf‹ an etwas Ernstem abgearbeitet [...].«[3] Damit war die These aufgestellt, dass dieses Kinderbuch einen Hintersinn, eine zweite Bedeutungsebene aufweist, die sich nur den darauf gestoßenen erwachsenen Lesern erschließt.

Das europäische Feenmärchen

Die hier unterstellte Doppel- bzw. Hintersinnigkeit ist bereits das Merkmal einer altehrwürdigen Literaturgattung, die zumeist der Unterhaltungsliteratur zugerechnet und von der deutschen Literaturgeschichtsschreibung ziemlich stiefmütterlich behandelt worden ist. Gemeint ist das europäische Feenmärchen, dessen Hoch- und Glanzphase in das 17. und 18. Jahrhundert fällt und das in der europäischen Märchennovellistik des 19. und 20. Jahrhunderts ein Fortleben gefunden hat.[4] Speziell das aufgeklärte und angeblich so märchenfeindliche 18. Jahrhundert war geradezu versessen auf Märchen: Die Feenmärchen und die Märchen aus *Tausendundeine Nacht* gehörten in nahezu allen europäischen Ländern zu den populärsten Lesestoffen dieser Zeit. Die Feenmärchen stellen in erster Linie Liebes- und Heiratsgeschichten dar, in denen Jenseitsgestalten – zumeist gute oder böse Feen oder Zauberer – eine wichtige Rolle spielen. Die jugendlichen Protagonisten der Feenmärchen müssen eine Fülle von Hindernissen überwinden und zahlreiche Proben bestehen, ehe sie als Liebespartner zueinanderkommen dürfen.

Was die Spielzeit angeht, haben wir es bei der europäischen Märchennovellistik vor 1800 mit Gegenwartserzählungen zu tun. Die häufig anzutreffende Verlagerung der Handlung in ein fernes Land – in den Orient, in die Antike oder gar nach China – stellte eine leicht durchschaubare äußerliche Einkleidung dar, die oft aus Rücksicht auf die Zensur gewählt wurde. Es handelte sich um Erziehungs-, Liebes- und Heiratserzählungen größeren Umfangs, die überwiegend im höfischen bzw. adeligen, teils aber auch im wohlhabenden bürgerlichen Milieu angesiedelt waren und in denen die zeitgenössischen kontroversen Erziehungs-, Geschlechter- und Heiratsdiskurse aufgegriffen wurden. Da es sich zu einem beträchtlichen Teil um Frauenliteratur handelte, dienten die Feenmärchen oft auch der Propagierung neuer Liebesideale. Dabei wurde die erotische und sexuelle Dimension keineswegs ausgespart. Selbst politische Themen wurden aufgegriffen: Vielfach wurden die Prinzipien eines aufgeklärten Absolutismus gegen verschwenderische Prachtentfaltung und Schäden verursachende Kriegsführung von Potentaten ins Feld geführt. Die italienische Märchennovellistik eines Giambattista Basile wie auch die Feenmärchen eines Perrault, einer D'Aulnoy, einer Le-Prince de Beaumont oder eines Martin Wieland galten bei allem Lesevergnügen, das sie bereiteten, mitnichten als eine substanzlose Unterhaltungslektüre; sie steckten im Gegenteil voller Bezüge auf die gesellschaftlichen und politischen Verhältnisse des späten 17. und 18. Jahrhunderts. Auch die Märchennovellistik späterer Jahrhunderte – die etwa eines E.T.A. Hoffmann, Wilhelm Hauff, Hans Christian Andersen oder Oscar Wilde – befasst sich wie verschlüsselt auch immer mit zentralen Problemen ihrer Zeit.[5]

Erwachsene Leser sollten, so lautet mein Vorschlag, den *Jim Knopf* als ein literarisches Werk des späten 20. Jahrhunderts betrachten, das in der Tradition des europäischen Feenmärchens des 17. und 18. Jahrhunderts und der späteren europäischen Märchennovellistik steht und dessen Hintersinn erst mit Hilfe dieser Einbettung herausgefunden werden kann.[6] Die Nähe zu, ja, die Gemeinsamkeiten mit den Werken dieser altehrwürdigen Gattung sind unübersehbar: Am auffälligsten trifft dies auf den Plot zu, auf den über beide Bände sich erstreckenden große Handlungsbogen, der für eine Märchennovelle geradezu klassisch ist: Ein junger Held von – freilich noch verborgenem – Prinzengeblüt muss die Heimat – das Inselkönigreich Lummerland – verlassen, begibt sich in Begleitung eines Mentors – Lukas der Lokomotivführer – auf große Fahrt, gelangt in ein fremdes Königreich, um dort zu erfahren, dass die Tochter des Regenten entführt worden ist und sich in der Gewalt eines grimmigen Drachens – Frau Mahlzahn – befindet. Wer die Prinzessin Li Si zu befreien vermag, erhält diese – wie kann es anders sein? – zur Gemahlin. Die Befreiung gelingt und am Ende des ersten Teils darf Jim Knopf sich mit Li Si verloben. Die endgültige Vermählung von Jim Knopf und Li Si findet allerdings erst am Schluss des zweiten Bandes statt und besitzt ganz in Übereinstimmung mit der Gattungstradition durchaus auch einen politischen Charakter: Die Hochzeit geht einher mit der Gründung eines neuen Reichs, des multiethnischen »Jimballa«, und mündet dergestalt in eine politische Utopie.[7]

Bizarr, verschachtelt und hintersinnig

Das europäische Feenmärchen gehörte zu den Gattungen, die mit einer Lizenz für das Wunderbare ausgestattet waren; daran wurde auch in späteren Jahrhunderten festgehalten. Die erlaubte Abweichung vom aufgeklärten Weltbild konnte jedoch nur mit einer Einschränkung durchgehen: Das Wunderbare durfte nicht ganz ernst genommen, es musste mit anderen Worten ironisiert werden, wobei dies zumeist mit einer solchen Milde geschah, dass man die Ironie fast überlesen könnte. Das Festhalten am Wunderbaren eröffnete jedenfalls Spielräume für die Phantasie: Das Feenmärchen durfte, losgelöst von aller Bindung ans Wahrscheinliche, mit Phantasiegestalten, Monstern und Ungeheuern aller Art, mit aberwitzigen Handlungen und Geschehnissen, mit kuriosesten Landschaften und Geographien aufwarten, was in nicht unbedeutendem Maße zu seinem Unterhaltungswert beitrug. Geschätzt wurden originelle Einfälle, aber auch maßlose Übertreibungen und groteske Ausgeburten der Imagination, bei denen freilich stets im Hinterkopf blieb, dass sie nicht allzu ernst gemeint waren. Treffen diese Eigenschaften nicht uneingeschränkt auch auf den *Jim Knopf* zu?

Dass Märchen kurz und bündig zu sein hätten, hielten die Schöpfer wie die Leser von Feenmärchen für eine ganz abgeschmackte Vorstellung. Feenmärchen konnten im Gegenteil nicht lang und verschachtelt genug sein, was nicht zuletzt die Spannung auf den in der Regel glücklichen Ausgang erhöhte. Man darf die Verzögerung, die Retardierung, die Umwegigkeit und die Verschachtelung geradezu als zentrale Konstruktionsprinzipien des europäischen Feenmärchens ansehen, die Erzählungen aus *Tausendundeine Nacht* miteingeschlossen. Während die Märchennovellen E.T.A. Hoffmanns diesen Prinzipien noch die Treue bewahrten, fiel die Märchennovellistik des späteren 19. Jahrhunderts, diejenige eines Andersen, Keller, Storm oder Wilde, hiervon teilweise ab; sie fühlte sich von der diktatorischen Märchenauffassung der Brüder Grimm bedrängt, die sich mehr und mehr durchzusetzen begann. Die Feenmärchen konnten streckenweise den Charakter von Reise- und Abenteuererzählungen annehmen, mit einer Menge dazwischengeschobener schwankhafter Passagen. Dem Erfindungsreichtum und der Fabulierkunst ihrer Urheber waren auch in dieser Hinsicht keine Grenzen gesetzt. Mit seinen mehreren hundert Seiten und seinem überbordenden Reichtum an Episoden dürfte der *Jim Knopf* dieser Tradition doch wohl alle Ehre machen!

Ein zentrales Merkmal des europäischen Feenmärchens stellt die bereits angesprochene Doppelbödigkeit dar. Dabei wurde der Hintersinn oft nur leicht verschleiert. So wurden damalige politische Verhältnisse und Regierungsstile, zeitgenössische höfische und bürgerliche Verhaltensweisen ziemlich direkt zur Sprache gebracht und nur gelegentlich in eine ferne Vergangenheit oder in imaginäre Reiche verlagert, was sich als eine leicht zu durchschauende Verkleidung erwies. Daneben bedienten sich die Feenmärchen sämtlicher Formen bildlicher Darstellung: Sie warteten mit allegorischen Figuren auf – so erhoben sie bspw. die guten Feen zu allegorischen Verkörperungen von Vernunft und Anstand – und statteten Gegenstände, Ereignisse und Handlungszüge mit einer symbolischen Bedeutung aus. Selbst Wetterphänomenen wie Stürmen und Gewittern wurde eine tiefere Bedeutung zugesprochen. Die Leser waren gehalten, bei nahezu allen Handlungsschritten, in nahezu allen Details nach einem dahintersteckenden Sinn zu fahnden. Letzteren zu entdecken durfte nicht zu leicht, aber auch nicht zu schwer sein; beides hätte das Vergnügen an diesem literarischen Ratespiel verdorben. Auch bei der Lektüre des *Jim Knopf* dürften sich erwachsene Leser veranlasst sehen, immer wieder nach einer möglichen hintergründigen Bedeutung zu suchen; das Werk ist alles andere als ein sinnfreies Phantasiespiel.

Parodie, Travestie

Bei allen Gemeinsamkeiten mit dem europäischen Feenmärchen gibt es jedoch auch Abweichungen. Die wichtigste besteht wohl darin, dass es sich bei *Jim Knopf* um eine Kindergeschichte handelt – und zwar in einem zweifachen Sinne: Zum einen handelt es sich um die recht abenteuerliche Geschichte eines Kindes, eines Jungen, die nicht in einer wirklichen, sondern in einer Kinderhochzeit kulminiert und folglich auch keine wirkliche Liebesgeschichte darstellt.[8] Zum anderen haben wir es mit einer Erzählung zu tun, die sich einer Kindern zugänglichen lebendigen, humorvollen und gelegentlich pointierten und witzigen Erzählweise bedient. Nun ließen sich diese Abweichungen damit erklären, dass es sich um ein an Kinder gerichtetes Werk handelt. So zutreffend diese Begründung auch sein mag, ist sie doch nicht die einzig denkbare. Möglich wäre es, den Charakter des *Jim Knopf* als einer Kindergeschichte auch darauf zurückzuführen, dass dessen Autor – wie bewusst auch immer – eine parodistische Absicht gehegt hat. Der *Jim Knopf* stellt jedenfalls kein blütenreines Feenmärchen dar, das sich strikt an die historischen Vorbilder hält und diese bloß imitiert. Es wird im Gegenteil von den Gattungskonventionen des Feenmärchens vielfach abgewichen, so dass durchaus von einer Parodie des traditionellen Feenmärchens gesprochen werden kann.

Parodien suchen nach gängigem Verständnis einen Ausgangstext, im hiesigen Fall eine Gattung von hohem Alter, zu verspotten und der Lächerlichkeit preiszugeben; dies geschieht in der Weise, dass Parodien den Ausgangstext wiederholen, in einzelnen markanten Zügen jedoch abwandeln.[9] Im Fall einer Gattungsparodie werden deren Grundzüge beibehalten, einzelne Gattungskonventionen jedoch verändert. Parodien setzen, um als solche erkannt zu werden, Leser voraus, die die jeweilige Vorlage kennen und präsent haben, was unerlässlich ist, um die erfolgten Verschiebungen zu erkennen.[10] Parodien bewahren dabei den Gattungscharakter ihrer jeweiligen Vorlage; die Parodie eines Abendliedes ist selbst noch ein Abendlied und gehört damit dessen Gattungsgeschichte an.

Die Parodie kann auf die Gattung als solche zielen und diese vom Sockel hoher Wertschätzung stürzen; sie kann auf diese Weise deutlich machen, dass die betreffende Gattung hohl geworden ist. Doch wollen nicht alle Gattungsparodien die eigene Gattung herabwürdigen; sie begnügen sich häufig mit einem amüsanten Spiel mit den Gattungskonventionen, bloß um den Lesern Vergnügen zu bereiten. Sie bereichern die Gattungsgeschichte gewissermaßen um eine komische Gattungsvariante und bekräftigen sie damit auf eine andere, womöglich wirksamere Weise, als dies reine Fortschreibungen tun könnten. Märchenparodien sind hierfür das beste Beispiel, machen sie die Gattung doch wieder lebendig und attraktiv. Dies darf man wohl auch den *Jim Knopf*-Büchern bescheinigen.

Eine der grundlegenden parodistischen Veränderungen in Bezug auf das ursprüngliche Feenmärchen besteht hier wie gesagt in der Übertragung der gattungstypischen Liebes- und Heiratsgeschichte auf eine menschliche Altersgruppe, die dafür noch zu jung ist. Hierauf spielt eine joviale Bemerkung des Kaisers von

China am Ende des ersten Bandes an: »Die Hochzeit könnt ihr dann später feiern, wenn ihr groß seid.« (S. 228), weshalb zunächst nur eine Verlobung vorgesehen ist. Die Abwandlung der Vorlage nimmt hier Züge einer Travestie an, worunter gemeinhin die Verlagerung einer Handlung auf eine andere, auf den ersten Blick unpassende und widerstrebende Ebene verstanden wird. Es kann sich hierbei um ein unteres soziales Milieu, aber auch, wie im vorliegenden Fall, um eine andere Altersgruppe handeln. Erwachsenenbelange in die Kinderwelt zu projizieren, stellt ein durchaus beliebtes humoristisches Verfahren dar. Die *Jim Knopf*-Erzählungen gehören dabei zu den milden Travestien, die ihrer Vorlage eher Respekt und Achtung zollen und diese keineswegs angreifen wollen. Der inszenierte Kontrast zur historischen Vorlage soll wahrgenommen und die daraus resultierende Komik mit einem Schmunzeln quittiert werden. Im Unterschied zu Kindern dürften wohl viele Erwachsene beim Lesen des *Jim Knopf* schmunzeln, ohne sich über die Ursachen und Gründe ihres Schmunzelns immer im Klaren zu sein.

Das Königreich Lummerland

Der Travestie-Charakter ist in den ersten vier Kapiteln des ersten Bandes, der anfänglichen Lummerland-Erzählung, geradezu unübersehbar. Hier sind zunächst nahezu alle Motive versammelt, die im klassischen Feenmärchen die Handlung auslösen: ein Königreich als Schauplatz; ein guter Regent, mit dem die Untertanen zufrieden sind; eine typische Selbstinszenierung der Monarchie. An Feiertagen tritt der König ans Fenster, um seinem Volk seine Huld zu erweisen. »Dann jubelten seine Untertanen und warfen ihre Hüte in die Luft […].« (S. 11) Das »friedliche Leben« wird durch Einwirken einer äußeren Macht – einer Fee, die sich später als böse Fee entpuppen wird – aus dem Gleichgewicht gebracht: Es taucht ein Kind auf, dessen fürstliches Geblüt sich erst später erweisen wird und das vorerst in die Obhut einer untertänigen Frau, einer Amme gewissermaßen aus dem einfachen

Volk, gegeben wird – eine gutgemeinte Maßnahme, die zahllosen Prinzen und Prinzessinnen aus den traditionellen Feenmärchen in der Absicht auferlegt wurde, sie vor den Lastern des höfischen Lebens zu beschützen. Manche Leser und Interpreten haben die anfängliche Lummerland-Schilderung als Satire auf – eisenbahnbestückte – Monarchien des 19. Jahrhunderts gelesen, wobei der Inselcharakter und die »schottisch karierten Pantoffeln« des Königs (S. 8) für England sprachen. So ist etwa Julia Voss der Auffassung, dass die »Insel namens Lummerland [...] bis in die Details dem historischen England [des 19. Jahrhunderts] gleicht«.[11] Diese Lesart ist keineswegs abwegig, doch möchte ich mich hier für den parodistischen Charakter der Einstiegspassage stark machen.[12]

Man vergegenwärtige sich die ausufernden Schilderungen des höfischen Lebens, seines Glanzes und seiner Prachtentfaltung in den Feenmärchen des späten 17. und frühen 18. Jahrhunderts, um die Ausmaße des Kontrastes zu ermessen, in dem Lummerland zu dieser Tradition steht. Als wohl bekanntestes Beispiel sei Charles Perraults *La Belle au Bois Dormant* (1697; dt. *Die schlafende Schöne im Walde*) aufgerufen, wobei die Schilderung des Lebens bei Hofe hier im Vergleich zu den Feenmärchen einer Gräfin d'Aulnoy noch bescheiden ist. Michael Ende verkleinert den Maßstab auf eine Spielzeugeisenbahnlandschaft von doppelter Zimmergröße. Dabei fehlt dieser Travestie monarchischer Gesellschaften alle Schärfe und Bissigkeit: König Alfons, der Viertel-vor-Zwölfte, ist ein überaus milder und zugleich liebenswert unfähiger Herrscher, ausgestattet mit väterlicher Sorge für seine Untertanen. Hier wird nichts satirisch aufgespießt, hier lauert keine wie auch immer geartete politische Kritik im Hintergrund; hier geht es allein um das Vergnügen an einer solchen Schrumpfung, um den Genuss an der hieraus resultierenden Komik.

Ping und der Kaiserhof von China

Dass es im Hinblick auf die Zeichnung höfischer Kultur auch anders geht, wird wenig später in den Kapiteln sechs bis elf deutlich, die in der chinesischen Hauptstadt Ping und am Hof des Kaisers spielen. Die Pracht des Kaiserpalasts wird den Reisenden Jim Knopf und Lukas bereits bei der ersten Annäherung ansichtig: »Um die Eingangspforte zu erreichen, mußten sie erst neunundneunzig Treppenstufen aus Silber hinaufsteigen. Das Tor war zehn Meter hoch und sechseinhalb Meter breit und ganz und gar aus kostbar geschnitztem Ebenholz. Das ist ein kohlpechrabenschwarzes Holz, von dem es auf der Welt nur hundertzwei Zentner und sieben Gramm gibt.« (S. 42) Versteht sich, dass das Eingangsportal mit einem »diamantenen Klingelknopf« versehen ist (S. 61), desgleichen lässt das Zentrum des Palastes keine Wünsche übrig: »Der Thronsaal war riesengroß, und ganz am Ende sah Ping Pong den erhabenen Kaiser auf seinem Thron aus Silber und Diamanten sitzen unter einem Baldachin aus hellblauer Seide. Neben dem Thron stand auf einem Tischchen ein mit Brillanten besetztes Telefon.« (S. 73) Nicht minder voller »Sehenswürdigkeiten« ist der Palastgarten mit seinen »wunderbaren chinesischen Wasserspiele[n] und Springbrunnen«:

> Herrliche Pfauen stolzierten umher mit Schweifen wie aus grünem und violettem Gold; blaue Hirsche mit silbernen Geweihen kamen zutraulich heran; sie waren so zahm, daß man auf ihnen reiten konnte; es gab auch chinesische Einhörner, deren Fell wie flüssiges Mondlicht glänzte, Purpurbüffel mit langem welligen Haar, weiße Elefanten mit diamantenbesetzten Stoßzähnen, kleine Seidenäffchen mit lustigen Gesichtern und tausend andere Seltsamkeiten. (S. 80)

Die Schilderung des kaiserlichen Palastes, des Hofzeremoniells, des höfischen Intrigenwesens und der ineffizienten Verwaltungshierarchie, schließlich auch des höfischen Gelehrtenwesens, könnte nahezu eins zu eins einem Feenmärchen des 18. Jahrhunderts entnommen sein – abgesehen natürlich von den Einsprengseln aus der modernen Zeit; ein Telefon gab es ja bereits auf Lummerland. Man sucht in dieser Episode vergebens nach parodistischen Zügen, wird doch der historischen Vorlage nahezu unverändert gefolgt. Die maßlosen Übertreibungen gehörten ebenso wie die ironischen Untertöne und spitzen Seitenhiebe bereits zur Grundausstattung vieler Feenmärchen des 18. Jahrhunderts, die auf Seiten des aufgeklärten Absolutismus standen und jegliche Prachtentfaltung als Verschwendung brandmarkten. Die Schilderungen höfischer (Un-)Kultur besaßen dabei durchaus satirischen Charakter, ging es doch um existierende politische Verhältnisse ihrer Zeit. Der Darstellung des chinesischen Kaiserhofs im *Jim Knopf* wird man demgegenüber keinen satirischen Zug attestieren können; es wird hier auf keine zeitgenössische Realität erkennbar angespielt. Vielmehr wird eine Tradition der Schilderung höfischen Lebens bloß um der lustvollen Effekte willen zitiert.

Etwas ist in diesem Kapitel nun aber doch anders: Wie die beiden Reisenden, wie Jim Knopf und Lukas sich in der Hauptstadt Ping aufführen und bei Hofe benehmen, wäre im traditionellen Feenmärchen undenkbar gewesen. Bei dessen Helden handelt es sich um Prinzen oder Prinzessinnen, die mit der Hofetikette vertraut und mit allen Wassern galanten Verhaltens gewaschen sind und deshalb ein tadelloses Besuchsverhalten an den Tag legen. Das Auftreten von Lukas, der in diesen Kapiteln den Ton angibt, darf demgegenüber als zupackend, dreist und geradezu plebejisch bezeichnet werden. Im Kontrast zur ausgeklügelten höfischen Esskultur bspw. bevorzugen Jim und Lukas »Butterbrote«, »Bratkartoffeln mit Spiegelei« oder »Schweinebraten«, was Ping Pong, den einjährigen Sohn des Oberkochs, vor Abscheu ins Schütteln bringt (S. 51). Hinsichtlich der beiden Hauptfiguren haben wir es weiterhin mit einer Travestie des traditionellen Feenmärchens zu tun: Lukas nähert sich hier, ohne dass ihn dies Sympathie kosten würde, der gleichfalls plebejischen Kasperlfigur an.

Die große Reise

Die anschließende Reise in Richtung Drachenstadt, als »Fahrt ins Ungewisse« tituliert (S. 89), führt Jim, Lukas und die Lokomotive Emma durch Gegenden und Gebirge, die auf den ersten

Blick den Anstrich mythischer Hindernisse und Landschaften besitzen. Zunächst gelangen sie an das »westliche Tor der großen Chinesischen Mauer«, das ihnen ohne Weiteres geöffnet wird. Sodann gelangen sie in den »Tausend-Wunder-Wald«, der aus einem »wilde[n] Dschungel aus farbigen Glasbäumen, Schlingpflanzen und sonderbaren Blumen« besteht. Statt sich vor diesem zu ängstigen, findet Jim ihn »ungeheuer interessant« und würde gerne länger in ihm »herumstrolchen« (S. 93f.). Die Drei passieren danach das »rot und weiß gestreifte Gebirge« mit dem Namen »Die Krone der Welt« (S. 94). Schließlich erreichen sie das »Tal der Dämmerung« (S. 95ff.), eine »düstere Schlucht«, in die noch niemals ein Sonnenstrahl gedrungen ist und in der ein jeder Ton eine nicht endende Folge von Echolauten hervorbringt.

Diese Passagen muten wie eine Vorwegnahme der mythischen Landschaften an, die Atreju in der *Unendlichen Geschichte* durchqueren muss. Man erwartet als Preis für deren erfolgreiche Bezwingung die Auflösung von Rätseln und die Erledigung von Aufgaben, die auf eine tiefere Selbsterkenntnis, eine Läuterung der Reisenden oder auf einen Einblick in die Geheimnisse der Schöpfung hinauslaufen. Nichts dergleichen ist hier zu finden! Die Landschaften, Gebirge und Täler erscheinen – ungeachtet ihrer symbolträchtigen Namensgebung – lediglich als rein physische Hindernisse, die von den Reisenden mit Ausdauer und technischem Geschick zu überwinden sind. Dass Jim und Lukas sich vor der Echoflut die Ohren mit Wachs zustopfen wie weiland Odysseus, erweist sich ebenfalls nicht als von tiefschürfender symbolischer Bedeutung. Die Verängstigung, die möglicherweise auf Seiten kindlicher Leser entstehen könnte, sucht der Erzähler mit einer kleinen zwischengeschalteten Physikstunde über Echobildung aufzulösen, wobei er es nicht versäumt, seine Leser als »richtige Naturforscher« zu bezeichnen (S. 98f.). Die moderne Naturwissenschaft wird hier als entscheidendes Mittel der Angstbefreiung ins Feld geführt.

Ergänzt wird diese später durch die moderne Technik: Aus dem einstürzenden Tal der Dämmerung gelangen die Reisenden nur dank der Lokomotive Emma heil heraus, deren Leistungsfähigkeit bis zum Äußersten ausgeschöpft wird. In der anschließend betretenen Wüste droht die Reise dennoch zu scheitern. Der Grund ist ein technischer: ein Maschinenschaden an der Lokomotive. Anlass genug für Lukas, sich nicht nur als väterlicher Mentor, sondern auch als Held des technischen Zeitalters zu erweisen. Als er dennoch kurz vor dem Scheitern steht, lässt er sich zu folgender denkwürdigen Äußerung hinreißen: »Ich bin am Ende mit meiner Weisheit. Ich kriege nämlich die letzte Schraube nicht auf.« (S. 106) Die Allmacht der Technik hängt, wie man sieht, an dem sprichwörtlichen seidenen Faden! Die Lösung auch dieser Kalamität lässt jedoch nicht lange auf sich warten. Sie lautet irritierenderweise: Kinderarbeit! Jims Kesselkriecherei gemahnt fatal an die als Kaminfeger eingesetzten Kinder aus dem England des 19. Jahrhunderts. Dass während der Reparatur der Lokomotive Geier auftauchen und sich auf deren Dach setzen, löst in Jim Ängste aus. Hier weiß Lukas seine zoologischen Kenntnisse anzubringen: Er versichert dem Jungen, dass Geier nur Aas fressen und sich nicht an Lebenden vergreifen. Der Mentor Lukas, durch und durch unromantisch geartet, ist mit den Segnungen der modernen Naturwissenschaften ebenso ausgestattet, wie er die erforderliche technische Begabung für deren Nutzbarmachung besitzt.

Mut und technisches Geschick

Auf dieselbe Weise geht es bei den nächsten Reiseetappen weiter. So verwandelt sich die Wüste in eine »sonderbare Traumgegend« (S. 110), die Jim und Lukas mit den wirrsten Bildern verfolgt. Hier braucht es eine Weile, bis bei Lukas der Groschen fällt: »Fata Morgana! Komm zurück in die Emma, dann erkläre ich dir die Sache.« (S. 117). Es folgt eine Unterrichtsstunde im Fachgebiet moderne Naturkunde (15. Kapitel). Eine weitere Reiseetappe stellt die finstere »Region der ›Schwarzen Felsen‹« dar, in welcher ein »großes Felsentor« passiert werden muss. Dessen Name lautet »Mund des Todes«; zu erkennen ist es an »einem fürchterlichen

Heulen und Stöhnen« (S. 134f.), wogegen man sich ein weiteres Mal mit »Wachs in den Ohren« wappnet. Die Überwindung der Gefahr geschieht mittels einer geschickten Ausnutzung physikalischer Prozesse: Der kräftig ausgestoßene Dampf der Lokomotive gefriert zu Schnee, der Helligkeit erzeugt und eine Weiterfahrt ermöglicht.

Als nächste Landschaft wird das »Land der tausend Vulkane« erreicht, in welchem das Reiseziel, die Drachenstadt, gelegen ist (19. Kapitel). Hier treffen die Reisenden zum ersten Mal auf mythische Wesen, auf vermenschlichte Tiergestalten; bei den Bewohnern dieses Landes handelt es sich um sprechende Drachen. Erneut stellen Lukas und Jim ihre technische Überlegenheit unter Beweis: Der Vulkan des gutmütigen Drachens Nepomuk ist verstopft und wird von Lukas unter Einsatz seines Werkzeugs wieder flottgemacht. Da kann das Fabelwesen nur noch staunen: »Nepomuk warf einen ehrfürchtigen Blick auf den Kasten, in dem die Werkzeuge geheimnisvoll blinkten. […] Die beiden Lokomotivführer schienen ja wirklich mächtige Leute zu sein.« (S. 147)

Überblickt man die Reise von Jim und Lukas von der Kaiserstadt bis ins Land der tausend Vulkane als Ganze, so erweist sie sich als eine Parodie der mythischen Heldenreisen aus dem europäischen Feenmärchen, welche ihrerseits wiederum eine Übernahme aus der mittelalterlichen Heldenepik darstellen. Darüber hinaus wird mittels einer zweimaligen unübersehbaren Anspielung auf die europäische Urgestalt der Heldenreise Bezug genommen: auf die *Odyssee*. Aus diesen Vortexten übernommen sind ebenfalls die mythische Überhöhung der Reisestationen, deren symbolische Aufladung und deren zutiefst beängstigende Wirkung. Bei Ende kehren diese überlieferten Grundzüge zum einen in der mythisierenden Namensgebung, zum anderen in dem eigens herausgestellten bedrohlichen Charakter der Landschaften und den mit ihnen verknüpften lebensbedrohlichen Gefahren wieder. Der angstauslösende Charakter der mythischen Landschaften spiegelt sich in den Reaktionen des reisenden Kindes Jim, das sich darin anfänglich als waschechte Feenmärchenfigur erweist.

Die Abweichung von den historischen Vorlagen kulminiert in der Figur des Lukas, bei dem es sich um den eigentlichen Helden dieser Reiseerzählung handelt. Aus dem mythischen Helden der Ausgangstexte ist ein nüchtern berechnender, rational denkender, in gewisser Weise auch unsentimentaler Angehöriger der Moderne geworden, der von der Überlegenheit seines naturwissenschaftlichen Weltbildes und der Allmacht der darauf basierenden Technik auf unerschütterliche Weise überzeugt ist. Deshalb lässt er sich durch nichts Bange machen und ist frei von jeder Ängstlichkeit. Hierin gleicht er übrigens der Gestalt des Robinson Crusoe, dessen insulares Überlebenstraining ganz aus eigener Kraft gelingt und keines wunderbaren Beistands bedarf.

Den hier stattfindenden Bruch könnte man auf folgende Formel bringen: vom Zauber- zum Werkzeugkasten. Die Ersetzung des mythischen Helden durch einen wackeren Lokomotivführer stellt unzweifelhaft ein parodistisches Element dar: Zwar war auch das aufgeklärte Feenmärchen auf eine Entzauberung des Mythischen und Wunderbaren aus; diese besteht jedoch weitgehend in dessen Allegorisierung, in dessen bewusster Herabsetzung zu einem Bildelement, das nicht wörtlich zu nehmen ist. Jetzt erklärt sich alles aus physikalischen Effekten und technischen Störungen. An Stellen wie derjenigen der Vulkanreparatur wird aus der Parodie gar eine Persiflage. Lukas' Mentorfunktion besteht während der Reise darin, den Knaben Jim aus dem mythischen Denken herauszuholen und mittels mehrerer kleiner Unterrichtsstunden in die naturwissenschaftlich-technische Moderne einzuführen; für Jim handelt es sich insofern um eine lehrreiche Bildungsreise in die Moderne.

Die Parabel vom Scheinriesen

Einigen Episoden liegt eine andere Darstellungstechnik zugrunde: Die Reisebeschreibung verwandelt sich hier in eine teils parabolische, teils allegorische Erzählung. Ersteres kennzeichnet eine frühere Episode, die deshalb hier erst zur Sprache kommen soll. Zudem bereitet diese thematisch die Drachenstadt-Episode vor. Es geht um die Begegnung mit dem Scheinriesen Tur Tur (16. Kapitel). Dieser Oasenbewohner scheint aus der Ferne betrachtet ein Riese zu sein, nimmt aber Zug um Zug eine normale menschliche Größe an, je mehr man sich ihm nähert. Aus Furcht hat sich bisher niemand dieser aus der Ferne riesenhaft erscheinenden Gestalt angenähert, die deshalb in trostloser Einsamkeit dahinvegetieren muss. Auch hier ist Lukas derjenige, der den Mut aufbringt, auf den scheinbaren Riesen zuzugehen. So erfahren die beiden Reisenden dessen fatales Geheimnis, nicht ohne ihn aufrichtig zu bedauern.

Wir haben es bei Tur Tur mit einer mythischen Gestalt zu tun, die mit einer surrealen Eigenschaft versehen ist. Auffällig ist, dass Lukas diesmal nicht zu seinem Werkzeugkasten greift, um diesen Menschen von seiner fatalen Eigenschaft zu befreien, die ja das Resultat einer böswilligen Verzauberung sein könnte. Die seltsame Eigenschaft haftet dieser Gestalt seit der Kindheit an und ist mit ihr unauflöslich, gewissermaßen »von Natur aus« verknüpft. Lukas hätte, wen wundert's, »Herrn Tur Tur gerne irgendetwas Hilfreiches gesagt, aber es fiel ihm nichts Passendes ein« (S. 131). Dem Autor ist es in dieser Episode offenkundig nicht darum gegangen, Mythisches zu entmachten und durch Rationales zu ersetzen; vielmehr wird das Mythische, wie im traditionellen Feenmärchen üblich, in ein bildliches Element verwandelt, dessen Sinn zu entdecken, dessen rationale Bedeutung herauszufinden ist. Ganz in diesem Sinne reagieren die beiden Reisenden: »Lukas dachte eine Weile schweigend über das Gehörte nach. Auch Jim war tief in Gedanken versunken.« (Ebd.)

Die Scheinriesen-Parabel zielt bedeutungsmäßig auf das Grundproblem von Schein und Wesen, wobei es um falschen, täuschenden Schein geht, der das wahre Wesen verdeckt. Der Autor möchte es jedoch bei dieser sehr allgemeinen Bedeutung nicht belassen. Die Parabel soll auf etwas Konkreteres zielen; sie soll eine politische Botschaft enthalten. Dies lässt er durch die Figur des Herrn Tur Tur deutlich und unmissverständlich aussprechen:

> Eine Menge Menschen haben doch irgendwelche besonderen Eigenschaften. Herr Knopf zum Beispiel hat eine schwarze Haut. So ist er von Natur aus, und dabei ist weiter nichts Seltsames, nicht wahr? Warum soll man nicht schwarz sein? Aber so denken leider die meisten Leute nicht. Wenn sie selber zum Beispiel weiß sind, dann sind sie überzeugt, nur ihre Farbe wäre richtig, und haben etwas dagegen, wenn jemand schwarz ist. So unvernünftig sind die Menschen bedauerlicherweise oft. (S. 129)

Die Frage von Schein und Wesen, die der mythischen Parabel vom Scheinriesen zugrunde liegt, soll konkret auf die »unvernünftige« politische Ideologie des Rassismus bezogen werden, die bekanntlich vom äußeren Schein, der Hautfarbe (und anderen äußeren Merkmalen), auf das Wesen ihrer menschlichen Träger rückschließt. Es bedurfte hierzu eben eines ausdrücklichen Hinweises im Text, weil diese bedeutungsmäßige Zuspitzung von der Bildebene aus nicht zwingend vorgegeben ist.

Als Parabel betrachtet, handelt diese Passage von der Überwindung rassistischer Einstellungen durch ein mutiges Aufeinander-Zugehen, das sich durch fremdartig anmutende Züge des Anderen nicht beeinträchtigen lässt und diesen als gleichwertigen Menschen anerkennt. Dabei kann es nicht um eine Beseitigung von dessen »seltsam« anmutenden Eigenschaften, um eine Aufhebung der Fremdartigkeit des Anderen gehen. Mit diesem ins Gespräch zu kommen, ist das Entscheidende: »Ich habe mich unbeschreiblich danach gesehnt, einmal noch ehe ich sterbe mit jemandem reden zu können. [...] es wird mir ein großer Trost sein, daß ich irgendwo in der Welt Freunde habe«, sagt Tur Tur zum Abschied (S. 131). Die von der Figur des Herrn Tur Tur vorgenommene Exemplifizierung des Rassismus am Beispiel von Einstellungen gegenüber der Hauptfigur, dem dunkelhäutigen Jim Knopf, erhebt den Antirassismus, die Zurückweisung der fatalen politischen Ideologie des Rassismus, zur untergründigen Schlüsselthematik des gesamten Werks. Hierdurch erklärt sich nicht zuletzt retrospektiv auch die Wahl eines Farbigen zum Protagonisten der Erzählung, womit der Aspekt des Rassismus und seiner Zurückweisung von Beginn an latent vorhanden ist.

Politik und Zeitgeschichte

Was sich mit der Tur Tur-Episode erst andeutet, wird mit den in der Drachenstadt spielenden Kapiteln ganz und gar manifest: Der *Jim Knopf* hat sich in diesen Passagen in eine politische Dichtung verwandelt. Vordergründig haben wir es mit einer Drachen-Erzählung zu tun, genauer gesagt: einer Drachenkampf-Geschichte. Desgleichen handelt es sich bei Jim Knopfs und Lukas' abenteuerlicher Befreiung der Prinzessin Li Si aus den Klauen von Frau Mahlzahn um eine konventionelle Märchenhandlung, die gleichzeitig eine Gattenprobe darstellt, wird doch der Drachenbezwinger auch hier zur Belohnung eine Prinzessin zur Frau erhalten. Dass der gesamte Vorgang als eine Parabel auf die Bekämpfung rassistischer Unrechtssysteme zu lesen ist, ist ebenfalls durch die Tradition des Feenmärchens gedeckt: Die Drachengesellschaft entspricht bis ins Kleinste einem aus der Realität bekannten Gesellschaftssystem, das auf Rassentrennung und Rassendiskriminierung beruht.

Die Technik, mittels derer ein Bezug zu realpolitischen Verhältnissen hergestellt wird, besteht in der mehrfachen Verwendung von Schlüsselwörtern, die nicht der Märchensprache, sondern einem anderen Kontext entstammen. So bezeichnet sich Nepomuk selbst als »Halbdrachen«, was unweigerlich an ›Halbjude‹ erinnert, und beklagt, dass ihn die Drachen der Drachenstadt Kummerland »häßlich« behandeln und ausschließen würden (S. 150). Wenig später werden die »riesengroßen« Bewohner Kummerlands als »reinrassige Drachen« bezeichnet, was bedeutet: »Sie dürfen vor allem keinem anderen Tier ähnlich sehen, sonst sind sie nämlich nicht mehr reinrassig.« (S. 151, 152) Über dem Eingang zur Drachenstadt, einer »riesigen, rußgeschwärzten Höhlenöffnung«, hängt eine wie folgt beschriftete Steinplatte: »Achtung! Der Eintritt ist nicht-reinrassigen Drachen bei Todesstrafe verboten.«

Abb. 2: Illustration zum 22. Kapitel von F.J. Tripp

(S. 154f., siehe Abb. 2) Nepomuk muss deshalb zurückbleiben; generell möchte er »keinem reinrassigen Drachen begegnen. Man weiß nie, wie sie gerade aufgelegt sind.« (Ebd.) Dass die Drachen schließlich nie »von allein sterben« (S. 159), lässt die Assoziation an ein tausendjähriges Reich aufkommen. Mittels der nicht der Märchenwelt entstammenden Schlüsselworte wird die Drachengesellschaft von Kummerland nicht nur mit einem rassistischen System im Allgemeinen assoziiert; sie wird vielmehr als verfremdete bildliche Repräsentation eines historisch-konkreten Beispiels markiert: Die Schlüsselworte gehören zur politischen Rhetorik des Nationalsozialismus, des sogenannten Dritten Reichs. Damit haben wir es nicht nur mit einer politischen, sondern zugleich auch zeitgeschichtlichen Dichtung zu tun.

Jemmy Button

Diese Dimension des *Jim Knopf* ist nicht unbeachtet geblieben. Reinbert Tabbert hält in einem Beitrag von 1979 dies jedoch nur für einen »kabaretthaften Schlenker«, der – immerhin – »den Anteil auch von Zeitgeschichtlichem an der dunkleren Kindheitserfahrung des Autors vermuten läßt«.[13] Zwanzig Jahre später hat Julia Voss den zeitgeschichtlichen Gehalt dieses Kinderbuchs in das Zentrum öffentlicher Aufmerksamkeit gerückt. Sie deckt jenseits der offensichtlichen Anspielungen auf das sogenannte Dritte Reich und dessen rassistische Ideologie einen weiteren Bezug auf: Die Figur des Jim Knopf habe in der Gestalt des Jemmy Button ein historisches Vorbild. Es handele sich bei diesem um einen feuerländischen Jungen »vom Stamm der Yámana«, der an Bord der Beagle nach England mitgenommen und nach gut einem Jahr wieder zurückgebracht worden sei. Auf der Fahrt nach England habe ihn der zugestiegene Charles Darwin erlebt und in seinem Reisebericht dann porträtiert. Im 20. Jahrhundert ist diese Gestalt schließlich zum Helden eines Romans geworden; es handelt sich um den 1950 erschienenen Roman *Jemmy Button* des chilenischen Autors Benjamin Subercaseaux, der 1957 unter dem Titel *Fahrt ohne Kompaß* in deutscher Übersetzung erschienen ist. »Die Ähnlichkeiten«, so Julia Voss, »zwischen dessen *Jemmy Button* und seinem *Jim Knopf* sind nicht zu übersehen. Der Kinderbuchheld trägt nicht nur denselben Namen wie das historische Vorbild, sondern wird ebenfalls geraubt und auf ein Schiff entführt.«[14] Viele weitere Motive aus dem Roman des chilenischen Autors tauchten unverändert im *Jim Knopf* auf, andere würden in ihr Gegenteil verkehrt, wie im Einzelnen bei Julia Voss nachzulesen ist.

Die Bezugnahme auf Charles Darwin habe nicht zuletzt auch einen sachlichen Grund. Aufgrund von Interviewäußerungen hält es Julia Voss für erwiesen, dass für Michael Ende die Wurzeln der rassistischen Ideologien ins 19. Jahrhundert zurückreichen. Voss zitiert aus einem Interview von 1991 die folgende Äußerung des Autors: »Die Idee des Rassismus und der Rassendiskriminierung entstand durch Weiterdenken von Darwins Theorien. Die Auslöschung lebensunwerten Lebens und Konzentrationslager.« So zahlreich und interessant die von Julia Voss zusammengetragenen Indizien, Parallelen und historischen Übereinstimmungen auch erscheinen, so überzeugend ihre Beweisführungen auch sein mögen, so bleibt doch das Faktum, dass sich im Text selbst keinerlei diesbezügliche Anspielungen finden lassen. Dies sticht nicht zuletzt deshalb hervor, weil Endes *Jim Knopf* mit überdeutlichen Anspielungen auf Zeitgeschichtliches keineswegs spart. Dass die Namensgebung des per Paket angelieferten Babys geradezu absurde Züge trägt (S. 19), könnte allenfalls als ein gezieltes Ablenkungsmanöver aufgefasst werden. Julia Voss glaubt denn auch, dass Michael Ende »viel dafür getan [hat], die Spuren, die aus seinem Werk hinausführen, zu verwischen«.[15]

Drachenkampf: Vom Mythos zur Technik

Um in die Drachenstadt zu gelangen, die nur von reinrassigen Drachen betreten werden darf, müssen Lukas und Jim zu einer List greifen, bei der es sich dieses Mal allerdings um einen Einfall des Jungen handelt. Sie beschließen, die Lokomotive Emma als Drachen zu verkleiden und sich selber im Führerhaus zu verstecken. Lukas lässt anschließend »Emma ein bißchen herumfahren und Rauch und Feuerfunken speien. Es wirkte tatsächlich sehr drachenmäßig.« (S. 153) Emmas Drachenverkleidung wirkt im entscheidenden Moment tatsächlich echt und verschafft den Reisenden Zutritt zur Drachenstadt. Diese List ist mehr als nur ein geschickter Schachzug; sie besagt nämlich, dass die mythische Macht der Drachen nur auf eine selbst mythische Weise bekämpft werden kann. Der Herausforderer muss sich selbst in ein »furchterregendes Ungetüm« verwandelt haben und auf einen »Zweikampf von furchtbarer Wildheit« einlassen, um siegreich sein zu können. Zwar wird zunächst Jim vorgeschickt, um mit Frau Mahlzahn über die Freilassung der Prinzessin Li Si und der anderen Kinder zu verhandeln. Als dies jedoch erfolglos bleibt, erweist sich ein mythischer Kampf zwischen zwei Ungeheuern als unausweichlich. »Der Drache heulte und kreischte und fauchte und spie ununterbrochen Feuer und Rauch gegen Emma [...]. Aber Emma ließ sich nicht einschüchtern. Sie spuckte ebenfalls aus Leibeskräften Funken und Rauch und rollte wieder und wieder zu einem Angriff vor.« (S. 171) Doch scheint der Autor gespürt zu haben, dass er mit einem solchen kämpferischen Finale seiner bisherigen Linie der Entmachtung des Mythischen durch eine überlegene naturwissenschaftlich-technische Moderne zuwiderhandelt, hat es jetzt doch den Anschein, als könne der Mythos nur durch einen anderen Mythos entmachtet werden. Hat sich die Lokomotive Emma nicht durch ihre Verkleidung in einen Dämon verwandelt, der seinen dienenden Werkzeugcharakter abgestreift hat und mit eigener Macht ausgestattet ist?

Der Text steuert auf mehrfache Weise gegen diese naheliegende Sicht an. Zum einen zerfleddert die Verkleidung Emmas während des wilden Zweikampfs: »Nach und nach ging dabei ihre Drachenverkleidung in Stücke, und es kam immer deutlicher zum Vorschein, daß sie kein Ungeheuer, sondern eine Lokomotive war.« (Ebd.). Die anfänglich entsetzten Kinder reagieren darauf mit Begeisterung: »Als sie aber die wahre Natur des fremden Drachen entdeckten, jubelten sie und feuerten Emma begeistert an: ›[...] Bravo Lokomotive! Hoch die Lokomotive!‹« Der entscheidende Schlag gegen den Drachen geht denn auch nicht mehr von der verkleideten, sondern von der wieder enthüllten Lokomotive aus. Der Autor hat gewissermaßen im letzten Augenblick die Handlung gedreht und in einen Sieg der naturwissenschaftlich-technischen Moderne über den Mythos münden lassen. Dabei erteilt er allen Gedanken an einen neuen Mythos eine Absage. Zwar erweckt er bei der Schilderung des Zweikampfs den Eindruck, als agierte Emma aus eigener Kraft, als gehörte ihr der Sieg über Frau Mahlzahn. Doch stellt er mit einem lapidaren Satz klar, dass dies nicht ernst gemeint war: »Lukas sprang aus dem Führerhäuschen [...].« (S. 172) Ein weiteres Mal geht Lukas aus dem Kampf zwischen Mythos und Moderne als Sieger hervor; er war es, der sich der Lokomotive als Werkzeug, besser gesagt: als Waffe im Kampf gegen Frau Mahlzahn bedient hatte.

In einer weiteren Hinsicht kann von einem Austritt aus der Welt des Mythos die Rede sein. In mythischen Zeiten hat der Unterlegene unweigerlich sein Leben verwirkt. Nach einiger Überlegung weist Lukas dies zurück: »Wir haben ihn besiegt, und es wäre nicht sehr großmütig, wenn wir uns jetzt an einem wehrlosen Gegner so grausam rächen würden. Obwohl er es natürlich verdient hätte.« Der gefesselte Drache wird gefangengenommen und mitgeführt, um eine »gerechte Strafe« zu bekommen (S. 178). Damit nicht genug: Dem Autor ist nicht nur an einer äußeren, sondern auch an einer inneren Abkehr vom Mythischen gelegen. In der Kaiserstadt angekommen, dankt der Drache Lukas und Jim dafür, dass sie ihn zwar überwunden, aber nicht getötet haben: »Wer einen Drachen überwinden kann, ohne ihn umzubringen, der hilft ihm, sich zu verwandeln. […] dann geschieht etwas sehr Wunderbares …« (S. 213) Drachen sähen sich als Träger eines großen Wissensbestandes. »Aber solange wir nicht überwunden worden sind, fangen wir damit nur arges an. […] Wenn wir aber verwandelt sind, dann heißen wir ›Goldener Drache der Weisheit‹, und man kann uns alles fragen, wir wissen alle Geheimnisse und alle Rätsel.« (Ebd.) Der Mythos, so könnte damit ausgesagt sein, muss zwar überwunden, aber nicht restlos ausgemerzt werden. Die in ihm steckende Weisheit und Erfahrung können in einem nach-mythischen Zeitalter aufbewahrt und zum Wohl der Menschheit eingesetzt werden.

Die Lokomotive

Die Rolle, die die Lokomotive Emma beim Sieg über Frau Mahlzahn spielt, gibt Anlass, über dieses Requisit zu sprechen. Wir haben es mit einem technischen Gerät, einer komplexen Maschine zu tun, die darüber hinaus einen historischen Symbolcharakter besitzt und für eine bestimmte Phase der Industrialisierung des früheren und mittleren 19. Jahrhunderts steht. Als Tenderlokomotive gehört sie allerdings zu den kleineren Varianten ihrer Art. Der geschichtliche Symbolcharakter der Lokomotive scheint jedoch weniger ausschlaggebend zu sein als die Tatsache, dass Dampflokomotiven auch zu Michael Endes Zeiten innerhalb von Spielzeugeisenbahnen noch eine herausragende Rolle gespielt und Diesel- und Elektroloks weit abgeschlagen haben. Damit aber ist das Stichwort gegeben: Bei Emma handelt es sich um eine ins reale Leben versetzte Spielzeuglokomotive. Sie wird in exakt derselben Art und Weise mit einer Seele, mit Gemüt und Gefühlen ausgestattet, wie Kinder dies mit ihren Spielzeugen zu tun pflegen. Sie kann die Menschen verstehen, auf ihre Anweisungen reagieren, sie zeigt sich begeistert, aber auch enttäuscht, vermag sich anzustrengen, kann aber auch überfordert sein und Krankheiten bekommen, ja, förmlich den Geist aushauchen und fahruntüchtig werden. Es ist ihr allerdings verwehrt, sich der menschlichen Sprache zu bedienen. Ihre Gemütsverfassung drückt sie gelegentlich durch ein ihr zugestandenes Mienenspiel aus, mehr noch durch die Art und Weise des Dampfausstoßes; darüber hinaus hat die Erzählinstanz Einblick in ihr Innenleben. Auf diese Weise belebt und beseelt erscheint sie nun nicht nur in den Augen des kindlichen Helden Jim und ihres Konduktors Lukas, sondern durchgehend auch für die Erzählinstanz. So entsteht der Eindruck, dass wir es nicht mit einem ›Als-Ob‹, sondern mit objektiven Eigenschaften dieses Requisits zu tun haben. Gelegentlich erscheint Emma denn auch als die gleichwertige Dritte im Bunde.

Nach unserem Eindruck befleißigt sich die Erzählinstanz jedoch überall dort, wo sie von der Lokomotive und deren innerer Verfassung spricht, eines leichten ironischen Untertons – was bedeuten würde, dass dies nicht ganz ernst gemeint ist. Zudem besitzt die Beseelung der Lokomotive eine doppelte Grenze: Zum einen wird die Lokomotive Emma an keiner Stelle zu einer selbständig agierenden Handlungsinstanz, die sich notfalls auch gegen die Absichten von Jim und Lukas wenden könnte. Zum anderen haftet ihr zu keinem Zeitpunkt etwas Bedrohliches an. Sie erscheint mit anderen Worten nirgends als ein Dämon, der

Furcht und Schrecken verbreitet. Sie hebt sich darin ab von den Spielzeugen in E.T.A. Hoffmanns *Das fremde Kind* (1817), die sich im Wald in Monster verwandeln und die Kinder bedrohen. Die Lokomotive Emma hat auch nichts mit den zu dämonischen Mächten mutierten Fabrikmaschinen aus den proletarischen Märchen der Jahrhundertwende zu tun, die Arbeiter körperlich verstümmeln.[16] Jegliche Dämonisierung von technischem Gerät und Maschinen würde der grundlegenden aufklärerischen Intention dieses Kinderbuchs entgegenstehen und neue Mythen kreieren. Emma gerät niemals außer Kontrolle, sondern bleibt ein verlässliches Werkzeug in den Händen ihres Lokomotivführers. Da ist es nur folgerichtig, dass sie im Titel des ersten Bandes nicht als die Dritte im Bunde erscheint.

Schulischer Horror

Wenn Drachen als Wissensträger charakterisiert werden, dann erscheint es plausibel, wenn zumindest einige von ihnen danach streben, ihr Wissen an Jüngere weiterzugeben. Hierzu benötigen sie jedoch Kinder, die sie allerdings nicht selber bekommen können. »Sie haben das auch gar nicht nötig, weil sie nicht sterben, außer wenn man sie tötet.« (S. 159) Deshalb sind sie darauf angewiesen, Kinder anderer Völker zu entführen und in Gefangenschaft zu halten, um sie an die Schulbänke zu ketten und zum Unterricht zu zwingen. Das Geschäft des Kinderraubens erledigt die Seeräuberbande »Die wilde Dreizehn«, die pro Kind ein Fass Drachenschnaps als Lohn erhält. Bei noch nicht »überwundenen« Drachen nimmt die Wissensvermittlung dabei nicht nur autoritäre, sondern auch sadistische Züge an. »Wir suchen uns jemand [!], den wir mit unserem Wissen quälen können – so wie ich zum Beispiel die Kinder«, gesteht die »überwundene« Frau Mahlzahn später (S. 213). Jim und Lukas hatten ja Gelegenheit, eine so geartete Mathematikstunde zu beobachten (21. Kapitel).

Uns scheint es überzogen zu sein, in Frau Mahlzahns autoritärer Zwangsschulanstalt eine Anspielung speziell auf das nationalsozialistische Erziehungswesen zu sehen; vergeblich sucht man hier nach Schlüsselworten, die eine solche historisch-spezifische Bezugnahme stützen könnten. Mir scheint es eher um eine autoritär-sadistische Schulpädagogik im Allgemeinen zu gehen, zu der selbstverständlich auch die faschistische Schulpädagogik gehörte und die nach 1945 nicht restlos untergegangen sein dürfte.[17] Im Übrigen hängt der Autor dieses Werks keiner strikten Antipädagogik an. Auf Jims Frage, ob Schulen generell so aussähen, antwortet Lukas: »Gott bewahre! […] Manche Schulen sind sogar ganz nett. Allerdings sind dort keine Drachen als Lehrer, sondern einigermaßen vernünftige Leute.« (S. 164) Jims Weigerung, Lesen und Schreiben zu lernen, lassen ihm seine spätere Verlobte, Prinzessin Li Si, wie auch der Autor nicht durchgehen.

Die eigene Entführung haben allerdings einige der Kinder zu einem Teil selber zu verantworten. So tadelt Li Si rückblickend ihren »starken Widerspruchsgeist«, der sie dazu verführt habe, sich der Aufsicht der Hofdamen zu entziehen und eine ganze Weile allein an einer Felsenküste entlang zu laufen, wo sie dann von den Seeräubern gekidnappt wurde (S. 187f.). Ein Indianerjunge hatte sich »beim Fischen mit seinem Kanu zu weit auf das Meer hinaus gewagt«. Ein Eskimojunge wurde entführt, weil er allein auf einem schwimmenden Eisberg gesessen hatte (S. 196). Hier werden die sprichwörtlichen kindlichen Unvorsichtigkeiten zur Verantwortung gezogen, so dass die Entführung wie eine nicht ganz ungerechtfertigte Strafe anmutet.

Vorläufiges glückliches Ende

Die Schlusskapitel des ersten Bandes beinhalten die Rückkehr in die Hauptstadt und an den chinesischen Kaiserhof und die anschließende Heimkehr auf die Insel Lummerland, die eine Erweiterung durch eine kleine schwimmende Insel erfährt und damit die Exilierten wiederaufnehmen kann (S. 235). Die leicht ironische Schilderung der höfischen Welt folgt wie schon zu Beginn treu dem traditionellen Feenmärchen und ist ein weiteres

Mal bar aller parodistischen Züge. Erwähnenswert wäre an dieser Stelle lediglich ein Detail: Lukas und der chinesische Kaiser beratschlagen untereinander, wer denn nun die Prinzessin Li Si zur Verlobten erhalten soll, zumal sie doch von zwei Personen befreit wurde. Hier zeigt sich Lukas ein weiteres Mal als Vertreter moderner Verhaltensgrundsätze: Die Entscheidung in Sachen Partnerwahl liegt für ihn bei den Partnern selbst, nicht bei der Elterngeneration; ausschlaggebend ist, wer einander gernhat. So kommt auch der Kaiser zu dem Entschluss: »[...] wir wollen uns nicht zu sehr einmischen.« (S. 209) Für freie Partnerwahl und Liebesheirat – zumeist freilich unter Respektierung der Standeshierarchie[18] – setzen sich bereits einzelne Feenmärchen des 18. Jahrhunderts ein, von der Märchennovellistik des 19. Jahrhunderts ganz zu schweigen.

Abb. 3: Außentitel des zweiten Bandes von 1962; Illustration von F.J. Tripp

Der zweite Band
Jim Knopf und die Wilde 13 (1962)

Bei Betrachtung des zweiten Bandes (siehe Abb. 3) fühlt man sich an die zweizügige Handlung zahlreicher traditioneller Feenmärchen bzw. Märchennovellen erinnert. Der große Handlungsbogen des ersten Teils mit dem Verlassen der Heimat, der abenteuerlichen Reise, der Erfüllung von Aufgaben bis hin zur Rückkehr in die alte bzw. eine neue Heimat wird ein weiteres Mal durchgespielt. Dabei wird allen Helferfiguren der ersten Reise Genugtuung verschafft; die noch offen gebliebenen Rätsel werden gelöst und die unerledigten Aufgaben zum Abschluss gebracht. Das Königreich Lummerland samt Neu-Lummerland ist durch wachsenden Schiffsverkehr bedroht und benötigt einen Leuchtturm; dieser darf nicht viel Platz einnehmen, soll dafür aber aus der Ferne groß und mächtig erscheinen. Da liegt es nahe, Herrn Tur Tur für diesen Zweck zu engagieren, weshalb Jim und Lukas erneut auf Reisen gehen müssen. Der einsame Wüstenbewohner Tur Tur hatte Jim und Lukas auf der ersten Reise wertvolle Dienste geleistet; nun wird er von diesen abgeholt und mit einer sinnvollen und ihn glücklich machenden Aufgabe versehen. Ähnliches geschieht mit dem Halbdrachen Nepomuk, der Jim und Lukas den Zugang zur Drachenstadt gewiesen hatte; sie retten Nepomuk nun vor der Verfolgung durch die reinrassigen Drachen, die zu seinen erbitterten Feinden zählen, und verschaffen ihm als Wärter des Magnetberges eine zufriedenstellende Beschäftigung. All dies beinhalten die ersten 19 Kapitel des zweiten Bandes.

Die zweite große Reise ähnelt im Prinzip der ersten und erweist sich gleichermaßen als eine Parodie der klassischen Märchenreise. Erneut begegnen die reisenden Helden einer mythisch-märchenhaften Welt; es handelt sich um das ozeanische Unterwasserreich mit einer Vielzahl phantastischer Wasserwesen. Hier dienen nicht die Feenmärchen des 17. und 18. Jahrhunderts, sondern einzelne Märchennovellen von Hans Christian Andersen als Folie und Fundgrube – speziell *Die kleine Meerjungfrau* (1837) und *Die*

Abb. 4: Illustration von F.J. Tripp zum letzten Kapitel des zweiten Bandes

Schneekönigin (1845). Letztere wird ausdrücklich erwähnt, wenn es um die unterirdischen Hallen des Magnetberges geht: In ihnen »[konnte] man glauben [...], im Palast der Schneekönigin zu stehen« (S. 61). Wie bei Andersen, so taucht auch hier eine kleine »Seejungfrau« mit einem wahrhaft »reizenden Fischschwanz« auf (S. 35). Sie könnte den verlobten Jim arg in Verlegenheit bringen, doch wie bei Andersen der Prinz, so denkt auch Jim Knopf nicht daran, seiner Verlobten untreu zu werden. Gewissermaßen zur Vermeidung von tragischen Verwicklungen hat der Autor seiner »kleinen Meeresprinzessin« (S. 84) bereits einen Ehemann verpasst – den aus menschlicher Sicht wenig attraktiven Schildnök (siehe Abb. 4) – und meint so sichergestellt zu haben, dass diese in Bezug auf Jim keinerlei Absichten hegt. Damit konnte das wohl ergreifendste Thema der europäischen Märchennovellistik umschifft werden: die Gespaltenheit der männlichen Psyche zwischen reiner Liebe und sexuellem Begehren.

Das Unterwasserreich ist in Not: Das lebensnotwendige Meeresleuchten ist erloschen, und Jim und Lukas werden gefragt, ob sie Abhilfe schaffen könnten. Erneut wird der Missstand von Lukas nicht als ein mythisches Unheil wahrgenommen und auch nicht als Allegorie gelesen, sondern auf physikalische bzw. technische Störungen zurückgeführt. Anlass genug, den viel gepriesenen Werkzeugkasten hervorzuholen und sich ans Reparieren zu machen. Über Seiten und Kapitel hinweg erleben wir nun, wie Lukas und sein Adlatus Jim in geschickter und ideenreicher Meisterschaft magnetische Strukturen und Wirkungen aufspüren und wieder ins rechte Lot bringen, dazu noch Erfindungen tätigen, die nicht nur phantastisch anmuten, sondern es auch sind. Zudem bieten sich zahlreiche Gelegenheiten, Ängste abzubauen im unbegrenzten Vertrauen auf die moderne Technik. Ein weiteres Mal wird ein Stück ungebrochen optimistischer Bildungsreise in die naturwissenschaftlich-technische Moderne aufgeboten! Damit sind wir allerdings noch nicht ans Ende der Geschichte von Jim Knopf gelangt, bleibt doch das Rätsel seiner Herkunft noch ungelöst und Molly, seine eigene kleine Lokomotive, verschwunden.

Entmachtung der Helden

Der letzte Teil des zweiten Bandes (20. bis 29. Kapitel) beinhaltet die letzten Fahrten von Jim und Lukas. Diese Partien unterscheiden sich grundlegend von allem Bisherigen, ohne dass dies meines Wissens je wahrgenommen worden ist. Wir stoßen von jetzt an auf keinerlei parodistische Züge mehr, haben es fortan also mit einem reinen Feenmärchen zu tun. Darüber hinaus ist der bisherige eigentliche Held, nämlich Lukas der Lokomotivführer, zu einer Nebenfigur herabgesunken, um einer bisherigen wahren Nebenfigur, nämlich Jim Knopf, nun endlich die Heldenposition einzuräumen. Auslöser der dritten Reise stellt das Erwachen des Drachens Frau Mahlzahn aus seinem langen Verwandlungsschlaf dar, dem Lukas und Jim beiwohnen sollen. Der Drache nahm im ersten Band handlungslogisch die Position einer bösen Fee ein, deren Bösartigkeit sich sowohl in ihrer Tiergestalt als Drache als auch in ihrer maßlosen Hässlichkeit spiegelte. Aufgegriffen wird hier die in der europäischen Erzähltradition vorherrschende negative Zeichnung dieser Tierart als bedrohliche und zerstörerische Monster, die es zu besiegen und zu töten gilt. Mit dem Sieg über den Drachen und dem Verzicht auf dessen Tötung hat ein mythischer Wandlungsprozess eingesetzt, an dessen Ende eine gute und weissagende Figur steht, wobei nun auf die positive chinesische Drachenvorstellung rekurriert wird. Endes Erzählung gibt sich gar zum Schluss als eine ätiologische, die Entstehung von etwas erklärende Sage aus, die in diesem Fall aufdecken will, warum in China die »Gestalt des Drachen [!] auf alle Fahnen und auf alle Gewänder der hohen Beamten und Würdenträger« gestickt sei (S. 254). Die Erzählung verfügt nun über eine gute Fee in Gestalt eines chinesischen Drachens, der auch in seinem prächtigen Äußeren ganz anders geartet ist als sein europäisches Gegenstück.

Der Weisheitsdrache bezeichnet zwar Jim und Lukas als Herren und Gebieter, waren sie es doch, die ihm zu seinem neuen Dasein verholfen haben. Doch nimmt er sogleich die überlegene Rolle ein, die ehedem die guten Feen besessen hatten. Er kennt alle Geheimnisse, weiß, was Jim und Lukas »aufgetragen« ist und was sie »vorhaben«; »Ich weiß alles, was ihr fragen wollt.« (S. 158) Er warnt vor »Ungeduld und Eigenwillen« und gibt Jim und Lukas schließlich konkrete Handlungsanweisungen, wie sie die »Wilde 13« auffinden und überwältigen können, um den Seeräubern die kleine Lokomotive Molly zu entreißen. Generell war das Bestreben von Jim und Lukas darauf gerichtet, eine bleibende Heimat zu erlangen, im Fall von Jim zudem noch darauf, eine Partnerin zu finden. Wir hatten es darüber hinaus mit Protagonisten zu tun, die nicht von fürstlichem Geblüt waren und, wie alle Menschen der Moderne, um nichts anderes als um ihr persönliches Glück kämpften. Lukas tat dies ganz und gar eigenmächtig und blieb in allen Auseinandersetzungen dank seines Vertrauens in die moderne Technik siegreich. Mit der von ihm verkörperten naturwissenschaftlich-technischen Moderne war insofern auch eine politische Moderne verknüpft, als es stets auch um eigenmächtiges Handeln ging.

In Konfrontation mit dem wiedererwachten und gewandelten Drachen legt Lukas nun mit einem Mal eben diese bislang unausgesprochen behauptete handlungsmäßige Eigenmächtigkeit ab, um sich restlos dessen Anweisungen zu unterwerfen. Seine von außen erwirkte Entmachtung findet ihren Höhepunkt darin, dass die beiden auf der Fahrt zu den Seeräubern ihr Schiff nicht steuern sollen: »[…] laßt euch treiben vom Wind und der Strömung. Sie werden zur rechten Stelle Euch führen, daran sollt ihr nicht zweifeln.« (S. 159) In der großen Schlacht mit der »Wilden 13« gerät Lukas zusammen mit der Schiffsbesatzung in Gefangenschaft und hat damit alle Handlungsmöglichkeit vollständig eingebüßt. Dass einzig Jim Knopf entkommt, bürdet diesem allein die Last auf, die Seeräuber zu überwältigen, was ihm durch eine List denn auch gelingt. Damit hat er Lukas als Helden der Geschichte abgelöst.

War es Lukas gewesen, der nach dem Sieg über Frau Mahlzahn die Entscheidung getroffen hatte, den überwältigten Drachen nicht zu töten, so ist es nun der neue Held Jim, der den Befehl ausgibt, die gefesselten Seeräuber zu verschonen. Der zweifache Verzicht auf Tötung der besiegten bösen Mächte könnte dabei durchaus als Anspielung auf Zeitgeschichtliches gelesen werden: Wie Frau Mahlzahn, so lassen sich auch die Seeräuber als Verkörperungen der Erfüllungsgehilfen und Täter des nationalsozialistischen Regimes ansehen. In der Nachkriegszeit, der Entstehungszeit des Textes, muss es darum gehen, »Gericht über die ›Wilde 13‹ zu halten, damit sie nach Recht und Gerechtigkeit verurteilt würde« (S. 206). Das Verschonen sowohl des Drachens wie der Räuber könnte damit besagen, dass der Akzent nicht so sehr auf der Bestrafung, als vielmehr auf der Umerziehung, der gesinnungsmäßigen Wandlung der Täter liegen sollte.

Jim Knopfs Milde gegenüber den Räubern hat einen ähnlichen Wandlungsprozess zur Folge, wie ihn der böse und finstere Drache Frau Mahlzahn erlebt hat. Die Seeräuber beginnen sich in friedliche Wesen zu verwandeln. An die Stelle eines langen Schlafs tritt hier indes die Bewältigung einer schweren Herausforderung: Die

Seeräuber müssen ihr heimatliches finsteres Eiland, »Das Land, das nicht sein darf«, selbst dem Untergang preisgeben, um fürderhin als die »zwölf Unbesiegbaren« ihrem neuen Herrn Jim dienen zu dürfen. Allerdings handelt der neue Held der Geschichte ebenfalls nicht eigenmächtig, vielmehr folgt er den Anweisungen des Glücksdrachens, der auch hier alle Fäden in der Hand hält.

Bei Jim handelte es sich bislang um einen Märchenhelden, der allem Anschein nach keiner adeligen oder fürstlichen Familie entstammte, sondern aus dem einfachen Volk kam. Es war an keiner Stelle davon die Rede, dass er mit der Befreiung der Prinzessin und der in Aussicht gestellten Verehelichung mit ihr zugleich die chinesische Kaiserkrone erhalten sollte. Li Si war sich durchaus bewusst, dass sie sich auf eine nicht standesgemäße Heirat einließ. Hierauf lässt ihre heftige Reaktion auf die Nachricht schließen, dass Jim nun doch ein Prinz sei: »›Jim, o Jim, wie freu' ich mich‹, jubelte Li Si und klatschte in die Hände, ›dann sind wir ja jetzt richtig Prinz und Prinzessin!‹« (S. 206) Mit der Entdeckung seiner fürstlichen Herkunft ist Jim nicht nur zu einer standesgemäßen Partie geworden; er müsste jetzt auch seinen Berufswunsch seinem neuen Stand anpassen. Für Lukas soll er allerdings ein Lokomotivführer bleiben; er wäre dann »vermutlich der erste und einzige Lokomotivführer der Welt mit einer Krone« (ebd.). Das Fahren mit der Lokomotive wird tatsächlich die Lieblingsbeschäftigung des Herrschers des neuen Reichs Jimballa bleiben. Als Prinz Myrrhen steht Jim allerdings eine andere Laufbahn bevor: Er wird zu einem König aufsteigen (müssen), sobald er sein Reich gefunden haben wird (S. 222). Die hierzu notwendigen Weichenstellungen werden, wie könnte es anders sein, von dem »Goldenen Drachen der Weisheit« veranlasst.[19]

Überraschende Wendung

Mit dem Auftreten des Drachens als allwissender und alles lenkender Instanz und mit der Aufdeckung der Herkunft von Jim Knopf nimmt die Erzählung nicht nur eine gänzlich unvorhergesehene Wendung; es bekommen darüber hinaus alle bisherigen Geschehnisse gewissenmaßen rückwirkend einen gänzlich anderen Sinn, eine Bedeutung, von der die Akteure selbst nicht das Geringste ahnten und die erst der umgewandelte Drache auszusprechen in der Lage war. Hierfür wird vom Autor mit einem Mal und ohne jegliche Vorbereitung ein heilsgeschichtliches Schema in Anspruch genommen, das in der christlichen Mythologie wurzelt. Wie Moses, so wurde Jim Knopf »in einem geteerten Binsenkörbchen« im offenen Meer ausgesetzt und dann von den Seeräubern aufgegriffen. Im Korb befanden sich eine Krone und ein Pergament mit der Aufschrift: »Wer dem Kind etwas Böses tut, dem wird es alle Macht nehmen und ihn binden, weil es das Ungrade grade macht.« (S. 193) Mit dieser Prophezeiung, dieser Weissagung, wird dem Kind eine heilbringende Kraft, eine erlösende Macht zugeschrieben, die, wenn nicht die Menschheit als Ganze, dann zumindest eines ihrer Geschlechter betrifft.

Während es sich hierbei auch um ein alttestamentarisches Motiv handelt, greift der Autor bezüglich der Abstammung seines Helden auf die neutestamentarische Mythologie zurück: Jim Knopf ist ein entfernter Nachfahre eines der Heiligen Drei Könige, nämlich von Kaspar, dem »König mit dem dunklen Antlitz« (S. 223). Allem Anschein nach war es dem Autor des *Jim Knopf* zu heikel, auf die häretische Überlieferung zurückzugreifen und einen aus der Verbindung von Jesus und Maria Magdalena hervorgegangenen Nachkommen zum Vorfahren von Jim zu erklären. So geht es lediglich um eines der biblischen Reiche, um dasjenige von König Kaspar. Dieses wurde von einem »schlimmen Feind« bedroht, bei dem es sich um niemand anderen als den Drachen Frau Mahlzahn handelte. König Kaspar war es nicht gelungen, den bösen Drachen zu überwinden, weshalb sein großes Reich »in den Wassern versunken« ist, wo »es nun schon seit über tausend Jahren« liegt. Es war der Drache, der das Reich versinken ließ, und er tat es, »um den König mit dem dunklen Antlitz, meinen Feind zu jener Zeit, zu vernichten« (S. 224). Eine Erlösung konnte nur durch einen mutigen Menschen erfolgen, der den

Drachen überwinden würde, ohne ihn zu töten, um diesem die Möglichkeit zu eröffnen, sich in den »Goldenen Drachen der Weisheit« zu verwandeln.

Damit nicht genug: Es bedurfte darüber hinaus einer Überwindung und Verwandlung von dessen »Gefährten […] in der Finsternis« (S. 220), bei denen es sich um die »Wilde 13« handelte. Dies war nicht nur erforderlich, um die bösen Mächte vollständig zu besiegen. Dank ihrer unbändigen Stärke waren einzig die Seeräuber in der Lage, ihr heimatliches »Land, das nicht sein darf« zu versenken, und nur so konnte gewissermaßen im Gegenzug die untergegangene Stadt des Königs Kaspar namens Jamballa wiederauftauchen. Diese wird das Reich von Jim, dem jetzigen Prinzen Myrrhe, abgeben und auf den neuen Namen Jimballa getauft werden. Das neue Reich wird Lummerland einschließen, die von den Seeräubern entführten Kinder aller Völker aufnehmen, Vögel aller Länder anziehen und zu guter Letzt von Eisenbahngleisen durchzogen sein.

Rückfall in den Mythos?

Die Schlusswendung, welche die Erzählung von Jim Knopf und Lukas, dem Lokomotivführer, nimmt, lässt den Leser ein Stück weit ratlos zurück. Ein über gut dreihundert Seiten sich erstreckendes parodierendes, teils gar persiflierendes Spiel mit dem europäischen Feenmärchen, welches bemüht war, die Angst vor allem Mythischen zu vertreiben, welches die Überlegenheit der Moderne, ihrer Naturwissenschaft und Technik, nicht genug herausstellen konnte, welches vornehmlich in Gestalt des Lukas die Geschicklichkeit, Klugheit und unermüdliche Überlebenskraft des modernen, mutigen und unerschrockenen Menschen mit Lobpreis bedachte, welches dem kindlichen Helden Mut und Selbstvertrauen verschaffte, welches das Recht auf Heimat und Glück auch einfachen Menschen, Lokomotivführern und Findelkindern, zusprach, verfällt zum Schluss doch wieder dem Mythos. Es hat den Anschein, als sei dem Autor das muntere Geschäft des Parodierens und Travestierens am Ende als zu anmaßend und despektierlich erschienen, als sei ihm die Keckheit seiner Helden nun doch zu weit gegangen, so dass er meinte, diese zum Schluss doch wieder herabsetzen und zu willigen Erfüllungsgehilfen von Prophezeiungen und Weissagungen machen zu müssen.

Der Weltlauf vollzieht sich anscheinend komplett hinter dem Rücken der menschlichen Akteure, deren konkrete Handlungsziele belanglos sind im Vergleich zu dem, was ihre Aktionen in Wahrheit bedeuten. Vordergründig geht es bspw. lediglich um die Befreiung eines Mädchens aus der Gefangenschaft; doch ist damit in Wahrheit etwas ganz Anderes, etwas Größeres, nichts Geringeres als eine geschichtliche Wende eingeleitet, wie sich später herausstellt. Michael Ende spielt mit der Unterscheidung zwischen der exoterischen und der esoterischen, der oberflächlichen und der tiefen Bedeutung menschlichen Handelns. Letztere ist nur den weisen Feen oder weisen Drachen zugänglich, denen man zu vertrauen und deren Anweisungen man sich zu unterwerfen hat, sobald man deren Allwissenheit und Vorsehungskraft gewahr wird. Der Text ist zum Feenmärchen des 17. und 18. Jahrhunderts zurückgekehrt und hat damit einen gewichtigen Aspekt seiner aufklärerischen Intention widerrufen.

Nun könnte man einwenden, entscheidend sei, welches Ergebnis herauskomme, welcher Endzustand erreicht werde. Das Reich des Prinzen Myrrhe, vormals Jim Knopf, erweist sich tatsächlich weder als Obrigkeits- oder Ständestaat noch gar als archaisches Unterdrückungssystem oder repressive Herrschaftsform. Es trägt durchaus moderne und libertäre Züge, auch wenn es die Form einer Monarchie behält. Die weisen Feen des europäischen Feenmärchens waren ja auch keine Repräsentanten von Macht und ungerechter Herrschaft; sie stellten im Gegenteil eine Verkörperung aufgeklärter Gesinnungen auch in politischer Hinsicht dar, waren Allegorien von Vernunft, Moral und Anstand. Ähnlichen Werten dürfte auch der »Goldene Drachen der Weisheit« verpflichtet sein. Von hier aus gesehen darf man den Schluss des *Jim*

Knopf denn auch keineswegs als reaktionär bezeichnen. Mit ihm hat sich Michael Ende jedoch die fundamentale Widersprüchlichkeit eingehandelt, die bereits ein Kennzeichen des klassischen Feenmärchens war: Dessen gute Feen waren durchaus bestrebt, vernünftige Verhältnisse herbeizuführen, allerdings trauten sie dieses den Menschen selbst und allein nicht zu; diese bedurften dazu der Anleitung durch eine alles überblickende Instanz. Die politische Heimat des aufgeklärten Feenmärchens war und bleibt nun einmal der aufgeklärte Absolutismus.

Warum traut Endes Text seinen Helden Jim und Lukas nicht zu, aus eigener Kraft ein gerechtes Gemeinwesen zu errichten? Warum muss Jim dazu von fürstlichem Geblüt sein, warum muss es sich bei ihm um einen Nachfahren des Dreikönigs Kaspar handeln? Warum bedarf es einer solch überdimensionierten Vorgeschichte? Die Antwort hierauf könnte lauten: Weil es im Märchen nun einmal so Usus ist. Richtig! Doch wollte dieses Werk nicht unbedingt ein reines Feenmärchen sein, sondern eine Parodie desselben liefern, und darin kann, ja, muss so Manches anders verlaufen, als es die Gattungskonvention vorsieht. Statt in diesem Punkt auf Distanz zur Tradition zu gehen, verfällt ihr Endes Text wieder: So ist der harmonische Endzustand nicht das alleinige Werk von mutigen Menschen, sondern ein unter weitgehender Anleitung höherer Mächte erreichtes Fazit. Ohne ins Reaktionäre abgerutscht zu sein, wird die *Jim Knopf*- Erzählung doch zum Schluss sich selber untreu.

Zwei Nachträge

Es bleibt uns noch, eine Warnung an erwachsene Leser von heute auszusprechen: Die Zeichnung der Geschlechterrollen ist ein ganz und gar peinlicher Zug dieses Werks, der auch mit dem Argument der Zeitgebundenheit nicht entschuldigt werden kann. Den traurigen Höhepunkt bildet im letzten Kapitel der Satz: »Li Si lernte bei Frau Waas kochen und den Haushalt führen […].« (S. 253) Ich erspare mir weitere Belege.

Nach unserer Interpretation dieses frühen Werks von Michael Ende wird vielleicht der eine oder andere Leser irritiert sein, hat doch der Autor mehrfach bekundet, es mit leichter Hand und befreit von bisher gehegten hohen Ansprüchen nur so heruntergeschrieben zu haben. Dementsprechend werden von der Kritik immer wieder die spontane Fabulierkunst und der überbordende Einfallsreichtum Michael Endes hervorgehoben.[20] Die Angaben des Autors zur Entstehung dieser Erzählung möchten wir nicht in Zweifel ziehen, dafür umso mehr die daraus gezogenen Schlussfolgerungen der Kritik: Wer so spontan schreibt, wird in der Regel von einer reichen Tradition getragen, die sich umso mehr bemerkbar macht, je weniger sie dem Schreibenden bewusst ist. Es ist die große Tradition der europäischen Märchennovellistik von Charles Perrault bis hin zu Hans Christian Andersen, an der Michael Ende sich parodierend und travestierend reibt und an die er sich am Ende leider auch ein Stück weit verliert. Diese Tradition müssen auch wir als Leser im Hinterkopf haben, wollen wir den eigentlichen Sinn des *Jim Knopf* verstehen.

Abb. 5: Umschlagtitel der 20. Auflage von 1973 im K. Thienemanns Verlag, Stuttgart, mit einer Illustration des Autors

Momo (1973)
Ein Volksbuch über die moderne Zeit

Der erste Teil: Momo und ihre Freunde

Der 1973 erschienene, mit Illustrationen des Autors versehene Roman (siehe Abb. 5) trägt in bewusst gewählter alter Manier den Untertitel *Die Geschichte von den Zeit-Dieben und von dem Kind, das den Menschen die gestohlene Zeit zurückbrachte* und fügt als Gattungsbezeichnung »Ein Märchen-Roman« hinzu.[1] Passend zu dieser altertümlichen, an die Volksbücher der frühen Neuzeit erinnernden Titelei setzt das Werk mit einem Rückblick auf »alte, alte Zeiten« ein (S. 7).[2] Die Rede ist dabei nicht von einer trüben oder gar dunklen Vorzeit, die glücklicherweise längst überwunden ist. Der Erzähler beschwört vielmehr das Bild einer großen und faszinierenden Vergangenheit, deren Untergang als ein menschheitsgeschichtlicher Verlust ausgegeben wird: »Die großen Städte von damals sind zerfallen, die Tempel und Paläste sind eingestürzt. […] auch von den großen Theatern stehen nur noch Ruinen. Im geborstenen Gemäuer singen nun die Zikaden ihr eintöniges Lied, das sich anhört, als ob die Erde im Schlaf atmet.« (S. 8) Von der aufgeklärt optimistischen Geschichtsauffassung, die den *Jim Knopf*-Erzählungen zugrunde lag und die von einer progressiven Aufwärtsentwicklung der Menschheit ausging, scheint nichts übrig geblieben zu sein. Der Höhepunkt der Menschheitsentwicklung liegt allen Anschein nach in der Vergangenheit, während die Gegenwart als Endzustand eines Niedergangs erscheint. Auf den ersten Blick scheint hier eine spätromantische Geschichtsauffassung vorzuliegen, wobei allerdings kein europäisch-christliches Mittelalter, sondern die Welt der griechisch-römischen Antike als Glanzzeit beschworen wird.[3]

Zudem ist diese große Vergangenheit keineswegs restlos untergegangen. Sie hat im Gegenteil ein Erbe hinterlassen, das »Jahrtausende« überdauert hat: »Aber da und dort zwischen den neuen Gebäuden stehen noch ein paar Säulen, ein Tor, ein Stück Mauer oder auch ein Amphitheater aus jenen alten Tagen.« (S. 8) Die Unverwüstlichkeit des Gemäuers antiker Städte dient als Metapher für die Epochen überdauernde Gültigkeit grundlegender Werte der antiken Stadtstaaten, denen immer wieder aufs Neue Geltung zu verschaffen ist. Hierfür steht die Entscheidung des Autors, eine antike Ruine zum Ausgangspunkt der Handlung und zum ersten Schauplatz des Romans zu machen. Das Romangeschehen setzt mit dem Auftauchen eines etwa 8- bis 12jährigen Mädchens in den Ruinen eines antiken Amphitheaters am Rande einer südlichen Großstadt ein. Mit welcher Art von Figur wir es bei diesem Kind zu tun haben, sei zu Beginn unserer Interpretation eruiert.

Momo: Real und doch nicht realistisch

Bei der Figur der Momo handelt es sich nicht um ein phantastisches Wesen, nicht um eine Jenseitsfigur; sie ist ebenso diesseitig wie alle anderen Diesseitsfiguren des Romans. Als wirklicher Mensch hat sie eine Geschichte, eine Biographie, kann sie auf einen, wenn auch kurzen Lebenslauf zurückblicken. Dennoch haftet ihr etwas Unwirkliches an: Ihr bisheriges Leben als Waisenkind wie auch als Heimkind, kurz gesagt: ihr bisheriges schweres Schicksal scheinen keinerlei Auswirkungen auf ihren aktuellen Zustand gehabt zu haben. In Anbetracht der nur kurz angedeuteten Vorgeschichte, auf die übrigens niemals mehr zurückgekommen wird, dürfte man mit Anzeichen eines psychischen Hospitalismus, bei physischer Vernachlässigung gar mit bestimmten körperlichen Schädigungen bzw. Wachstumsdefiziten rechnen. Stattdessen erleben wir Momo trotz aller Magerkeit (S. 9) von Beginn an als ein psychisch starkes Kind, das sich nach keinerlei Geborgenheit sehnt, das nach keinem familiären Umsorgt-Werden verlangt, sondern ein Leben in – nicht absoluter, aber doch weitgehender – Unabhängigkeit vorzieht. Sie bedarf der Unterstützung durch Freunde, nicht aber durch eine Ersatzmutter und einen Ersatzvater. Sie weist darüber hinaus mehrere Eigenschaften auf, die für Kinder ihres Alters höchst ungewöhnlich sind. Momo ist mit anderen Worten innerhalb der Romanwelt zwar eine reale, aber doch keine realistisch gezeichnete Figur. Unrealistisch ist sie vornehmlich in psychologischer Hinsicht. Sie ist zwar eine Kindergestalt, aber doch kein wirkliches, kein psychologisch realistisch gezeichnetes Kind.

Wir haben es mit einer nicht ungebräuchlichen Figurenzeichnung zu tun, die bereits eine gewisse Tradition hat. Zu den bekanntesten Fällen gehören die Figur der Mignon aus Goethes *Wilhelm Meister* oder die Figur der Heidi aus Johanna Spyris gleichnamigen Erzählungen.[4] Diese Figuren besitzen eine Vorgeschichte, die jedoch nicht als solche interessiert, sondern lediglich dazu dient, deren Diesseitigkeit zu bezeugen. Darüber hinaus stehen nicht deren individuelle Züge, deren Charaktereigenschaften, deren mehr oder weniger einmaliges psychisches So-geworden-Sein im Zentrum der Aufmerksamkeit. Von Bedeutung ist vielmehr das, was sie jeweils repräsentieren bzw. verkörpern, was sie – sei es für den Autor und den Leser, sei es für andere Romanfiguren – symbolisieren. Es geht hauptsächlich um deren Symbolfunktion, unter Vernachlässigung, ja bisweilen unter Missachtung psychologischer Wahrscheinlichkeit.

Phantastische bzw. Jenseitsfiguren lassen sich von vornherein auf ihre Symbolfunktion zuschneiden, ja direkt als allegorische Figuren konzipieren, die für ein bestimmtes Prinzip oder für ein menschliches Vermögen wie bspw. die Vernunft oder die Phantasie stehen. Im Fall von Diesseitsfiguren erweist sich ihre Inanspruchnahme als Symbolfiguren als schwieriger. Hier kann der ihnen angeheftete Symbolgehalt mit ihrer Determiniertheit durch die diesseitigen Lebensverhältnisse kollidieren, wenn nicht gar in einen Gegensatz geraten. Es ist deshalb nicht verwunderlich, dass hierzu aus der Vielzahl möglicher Charaktere häufig Kinder ausgewählt werden, gelegentlich auch Greise und Außenseiter. Gemeinsam ist diesen menschlichen Wesen, dass sie keinerlei Positionen bekleiden, keine Funktionen ausüben, keinerlei gesellschaftlicher Bestimmtheit unterliegen, weil sie entweder darin noch nicht eingetreten oder daraus wieder ausgetreten sind. Sie bilden gleichsam eine leere Fläche, auf die unterschiedliche

Symbolgehalte projiziert werden können. Gewiss sind auch Kinder sozial determiniert, doch lässt sich deren Herkunft leichter ausblenden. Aus diesem Grund werden Waisenkinder bevorzugt, deren Vorfahren nicht bekannt sind und von denen man leicht behaupten kann, sie kämen von irgendwoher. Auf die Frage, wo sie herkomme, macht Momo »mit der Hand eine unbestimmte Bewegung, die irgendwohin in die Ferne deutete« (S. 10).

Die Literatur, allemal diejenige für Kinder, kennt eine Fülle von – dies- und jenseitigen – kindlichen Symbolfiguren, die einen Aspekt von Kindheit, ein Element des Kindlichen repräsentieren. Im Fall von Momo haben wir es demgegenüber mit einer kindlichen Symbolfigur zu tun, die nichts Kindliches, sondern etwas allgemein Menschliches verkörpert. Für ihren Symbolgehalt, für das, was sie repräsentiert, ist dabei nicht in erster Linie »Momos äußere Erscheinung« (S. 9) maßgeblich. Ihr leicht verwahrlostes Erscheinungsbild besagt allenfalls, dass das, was sie symbolisch verkörpert, nichts Gewöhnliches ist, keine gesellschaftliche Normalität darstellt, sondern eher etwas Geringgeschätztes, ja Verachtetes. Was sie symbolisiert, kann aus einer ihrer Fähigkeiten und deren Auswirkung auf andere geschlossen werden. Dieser »ungewöhnlichen Eigenschaft« Momos ist das zweite Kapitel des Romans gewidmet: Es handelt sich um die Fähigkeit des Zuhörens, die auf den ersten Blick als etwas ganz Gewöhnliches erscheint. »Aber das ist ein Irrtum. Wirklich zuhören können nur ganz wenige Menschen. Und so wie Momo sich aufs Zuhören verstand, war es ganz und gar einmalig.« (S. 15) Das Zuhören ist wohlgemerkt kein Bestandteil der Bedeutung dieser Symbolfigur; Momo symbolisiert nicht das Zuhören, sondern übt es aus, und zwar auf eine vorbildliche Weise. Demnach wäre zu fragen, um was es sich bei Momos Zuhören eigentlich handelt.

Zuhören

Zuhören ist ein kommunikativer Akt, der aus einer kommunikativen Begegnung zweier Individuen oder Gruppen besteht, bei der die eine Seite Zurückhaltung übt und selbst keine verbalen Äußerungen tätigt. Dies trifft auch auf Momo zu: »[...] sie saß nur da und hörte einfach zu [...]«, ohne selbst etwas zu sagen oder zu fragen (S. 15). Das Zuhören kann bestimmten Zwecken dienen: Der Zuhörer kann von der anderen Seite Informationen erhalten, die für ihn wichtig sind, oder nur seine Neugierde befriedigen; er kann zuhören, um anschließend einen Rat zu erteilen; er kann durch sein bloßes Zuhören der anderen Seite Trost spenden; er kann schließlich am Ende um Einschätzungen und Urteile gebeten werden. In einigen dieser Fälle muss er seine verbale Zurückhaltung aufgeben. Keine dieser Art von Zuhören ist jedoch hier gemeint: »War Momo vielleicht so unglaublich klug, daß sie jedem Menschen einen guten Rat geben konnte? Fand sie immer die richtigen Worte, wenn jemand Trost brauchte? Konnte sie weise und gerechte Urteile fällen? Nein das konnte Momo ebensowenig wie jedes andere Kind.« (Ebd.) Welchen Zweck erfüllt, welchen Sinn hat dann Momos zuhörende Kommunikation mit anderen? Was macht die Unterhaltungen mit Momo für die Leute aus der Vorstadt so attraktiv?

Nun ist Momo keineswegs inaktiv: So wenig sie sich auch verbal äußern mag, so sehr tut sie es mimisch und gestisch. Auf diesem Wege signalisiert sie »alle Aufmerksamkeit« und »alle Anteilnahme« und schaut dabei »den anderen mit ihren großen, dunklen Augen an« (S. 15). Was aber beinhalten die von ihr ausgehende Aufmerksamkeit und Anteilnahme? Was Momo hier nonverbal signalisiert, ist, so scheint es uns, eine fundamentale Bejahung und Anerkennung des anderen nicht aufgrund von Verdiensten und Leistungen, nicht aufgrund seiner sozialen Position, sondern allein in seinem reinen Da- und Sosein. Die »großen, dunklen Augen« scheinen ein tiefes Erstaunen auszudrücken, das Momo jedem Einzelnen entgegenbringt, mag er noch so unvollkommen und unbedeutend sein. Wir haben es mit einer Würdigung und Wertschätzung des anderen zu tun, die seiner Existenz als solcher gilt und die durch nichts erst verdient werden muss.

Eine solche Einstellung kann durchaus bei Kindern angetroffen werden: Diese können zu einer Offenheit und Unvoreingenommenheit in der Lage sein, die keinen Menschen ausschließt. Weil es ihnen an Wissen über soziale Unterschiede, über Rang und Namen, über Ungleichheit und Verschiedenartigkeit, über Leistung und Verdienst noch mangelt, setzen sie alle Erwachsenen einander gleich und achten an diesen eine elementare Qualität, die allen gemeinsam ist. Das Gewinnbringende eines Gesprächs mit Kindern kann für den Erwachsenen darin bestehen, auf eine elementare Ebene des Menschseins zurückgeleitet zu werden, die jenseits aller Verdienste und Errungenschaften liegt. Er kann hierbei eine Gemeinsamkeit mit anderen Menschen erfahren, die ihn aus Rivalitäten und Konkurrenzbeziehungen herauslöst und zu einer Relativierung des eigenen Standpunkts führt. All dies kann eintreten, wenn Erwachsene über die eigenen Nöte und Sorgen sprechen und dabei die Aufmerksamkeit und Anteilnahme von Kindern erfahren. Allerdings dürfte die Bereitschaft von Kindern, Erwachsenen zuzuhören und für deren Probleme Interesse zu zeigen, realiter begrenzt sein. Sie dürften wohl in stärkerem Maße bestrebt sein, umgekehrt Erwachsene aufs Zuhörern zu verpflichten, um diese zur Anteilnahme an den eigenen Erlebnissen zu bewegen. Erwachsenen zuzuhören stellt jedenfalls, so meinen wir, keine hervorstechende Eigenschaft von Kindern dar. Als passionierte Zuhörerin hat Momo ganz offenkundig mit realen Kindern nur bedingt etwas zu tun.

Geniusfigur und Muse

Was Momos Kunst des Zuhörens auf Seiten ihrer erwachsenen Gesprächspartner auslöst, entzieht sich weitgehend ihrer Wahrnehmung; ihr genügt es zu wissen, dass sie eine begehrte Gesprächspartnerin ist und die Leute anzieht: »So kam es, daß Momo sehr viel Besuch hatte. Man sah fast immer jemand [!] bei ihr sitzen, der angelegentlich mit ihr redete.« (S. 14) Dafür weiß die Erzählinstanz darüber Bescheid, welche inneren Vorgänge bei den

Gesprächspartnern ausgelöst werden. Deren Reaktionen nehmen sich schier unglaublich aus, so dass man geneigt ist, von einer geradezu magischen Kraft Momos zu sprechen. Die Gespräche bewirken eine innere Lösung und Entkrampfung, beseitigen innere Hemmungen und Blockaden, die das Gefühl erzeugt haben, sich selbst fremd geworden zu sein. Einfältige Leute haben plötzlich gescheite Gedanken; Ratlosigkeit und Unentschlossenheit schwinden, ebenso wie alle Schüchternheit; Unglückliche und Bedrückte werden zuversichtlich und froh. Entscheidend aber ist folgende Wirkung:

> Und wenn jemand meinte, sein Leben sei ganz verfehlt und bedeutungslos und er selbst nur irgend einer unter Millionen, einer, auf den es überhaupt nicht ankommt und der ebenso schnell ersetzt werden kann wie ein kaputter Topf – und er ging hin und erzählte alles der kleinen Momo, dann wurde ihm, noch während er redete, auf geheimnisvolle Weise klar, daß er sich gründlich irrte, daß es ihn, genauso wie er war, unter allen Menschen nur ein einziges Mal gab und daß er deshalb auf seine besondere Weise für die Welt wichtig war. (S. 16)

Will man diese Passage nicht als eine Überschwänglichkeit des Erzählers abtun, dann müsste man wohl den Schluss ziehen, dass wir es hier mit einem rational nicht auflösbaren Vorgang zu tun haben. Taugt die Figur der Momo nicht, wie bereits gesagt, für die Rolle eines Ratgebers und Weltweisen, so auch nicht für die eines modernen Therapeuten; dafür vollzieht sich alles zu sehr auf eine »geheimnisvolle Weise«. Man ist jedoch nicht genötigt, Momo für eine Magierin zu halten, wenn man für sie noch eine andere, eine in der kulturellen Tradition ausgebildete Rolle in Anspruch nimmt: die des Genius bzw. der Muse. Wir haben es dabei mit einer Rolle zu tun, die einem von jemand anderem zugeteilt wird. Es handelt sich um eine Position, in die man von anderen hineinversetzt wird und die einzunehmen man bereit sein muss. Es gibt Menschen, die ein anderes Wesen zu ihrem Genius, ihrer Muse erklären, in der Erwartung, dadurch bei der

Erfüllung einer lebenswichtigen Aufgabe beflügelt zu werden.[5] In eben diesem Sinne erheben die Leute aus der Vorstadt das in den Ruinen eines Amphitheaters hausende Kind zu ihrer Muse bei der Bewältigung von Konflikten und existentiellen Krisen. Momos Verhalten, ihr offenes und unvoreingenommenes Zuhören, ihre Aufmerksamkeit und Anteilnahme schaffen hierfür günstige äußere Bedingungen; sie eignet sich mit diesen Verhaltensweisen dazu, von anderen als Muse wahr- und in Anspruch genommen zu werden, ohne dazu selber aktiv etwas beizutragen. Eine Muse bedarf keiner magischen Kräfte: Was sie vermeintlich befördert, hervorlockt und beflügelt, ist in Wahrheit eine Kraftanstrengung einzig und allein der Person, die sie zur Muse erkoren hat. Als Muse stellt Momo nichts anderes als eine Projektion innerer Anteile ihrer Gesprächspartner dar. Sie selbst bewirkt gar nichts; sie dient lediglich – und dies auch noch ungewollt – als vermeintlich äußerlicher Anstoß innerer Prozesse, die allein von ihren Gesprächspartnern ausgelöst werden.

Ein Genius bzw. eine Muse beflügelt nicht in jeder Hinsicht; vielmehr ist sie auf eine bestimmte Tätigkeit, eine besondere Beschäftigung bezogen. Letztere stimuliert sie – dem Schein nach – nicht nur; sie stellt diese in gewissem Maße auch dar. Sie bildet diese nicht ab, sondern repräsentiert sie. Geniusfiguren und Musen sind keine beliebigen Gestalten; sie müssen dazu geeignet sein, das, was sie beflügeln, auch symbolisch zu verkörpern. In diesem Sinne symbolisiert die Figur der Momo die Vermögen, die sie nach Auffassung ihrer jeweiligen menschlichen Bezugspersonen fördert und beflügelt: Es geht um ein Zurückfinden zum eigentlichen Selbst, ein Heraustreten aus Zwängen, die einen von sich ablenken; ein wieder mit sich selbst in Übereinstimmung Geraten; ein Wiederentdecken seiner Einmaligkeit; die Anerkennung seiner unveräußerlichen Würde; ein Wiedergewinnen von Selbstvertrauen, Mut und Lebenszuversicht. Momo wird für die Leute aus der Vorstadt zur symbolischen Verkörperung eines Menschseins jenseits aller Entfremdung, ohne dass sie sich übrigens dessen selbst bewusst wäre. Diese Zuschreibung verstärkt – neben ihrer Kunst des Zuhörens – die ihr unterstellte Wirkung auf die zu ihr kommenden Vorstadtbewohner und festigt ihren Status als Muse authentischer Selbsterfahrung.

Als guter Genius erweist sich Momo auch für die Kinder der Vorstadt, die zumeist gruppenweise in die Ruinen kommen, um zu spielen. Seit Momos Auftauchen »konnten sie so gut spielen wie nie zuvor«. Auch hier greift Momo nicht mit Spielvorschlägen aktiv ein; sie »war nur einfach da und spielte mit. Und eben dadurch – man weiß nicht wie – kamen den Kindern selbst die besten Ideen.« (S. 23) Als Genius des kreativen kindlichen Spielens besitzt Michael Endes Protagonistin eine prominente Vorläuferin, bei der es sich allerdings um eine Jenseitsfigur handelt, um ein Kind aus dem Elfenreich. Gemeint ist das fremde Kind aus E.T.A. Hoffmanns gleichnamigem Märchen von 1817.

Antikes Theater

Momo empfängt ihre – großen und kleinen – Besucher aus der Vorstadt in der »Ruine eines kleinen Amphitheaters«, wo ihr auf eigenen Wunsch hin eine Wohnstatt eingerichtet worden ist. Es handelt sich um einen am Rand der großen Stadt gelegenen, verlassenen Ort, der weitgehend in Vergessenheit geraten und nur »Leuten aus der näheren Umgebung« noch bekannt ist (S. 8f.; siehe Abb. 6). Wer zu Momo will, muss seine Alltagswelt verlassen und sich an einen Ort außerhalb des Gewohnten begeben; er betritt zudem einen Ort von großer Symbolkraft: Es handelt sich um den Ort eines künstlerischen Rituals von weitreichender Bedeutung für die antike Gesellschaft. Dem antiken Theater widmet der Autor ganze drei Absätze des geschichtsphilosophischen Einstiegs in den Roman. Die Vielzahl der großen und kleinen Theaterstätten, so heißt es da, spreche dafür, dass die Menschen der Antike »leidenschaftliche« Theaterbesucher gewesen seien. Wenn sie den auf der Bühne dargestellten Begebenheiten lauschten, so heißt es weiter, »dann war es ihnen, als ob jenes nur gespielte Leben auf geheimnisvolle Weise wirklicher wäre, [!] als ihr eige-

Abb. 6: Illustration des Autors zum ersten Teil des Romans

nes, alltägliches. Und sie liebten es, auf diese andere Wirklichkeit hinzuhorchen.« (S. 8) Dieser Darstellung des zentralen Aspekts der antiken Theaterpraxis stellt der Autor ein auffälliges Signal voran: Die damaligen Theaterbesucher werden als »leidenschaftliche Zuhörer und Zuschauer« charakterisiert (S. 7). Hier nur von

»Zuhörern« zu sprechen, wäre nicht ganz korrekt, und so wird der richtige Terminus denn auch sogleich nachgeschoben. Wir haben es bei dieser – sachlich überflüssigen – Dopplung mit einer gezielten Vorausdeutung auf die Zuhörerin Momo zu tun. Darüber hinaus wird eine innere Verwandtschaft zwischen dem antiken Theater und Momos Aktivitäten in Anschlag gebracht.

In beiden Fällen, im antiken Theater wie zu Momos Zeit, ist ein Heraustreten aus alltäglichen Lebenszusammenhängen erforderlich: Mit dem Eintritt in ein Amphitheater wie mit dem Gang zu Momo in die Ruinen werden Einschränkungen, Verengungen und Verkrustungen abgestreift, die zu irrigen Selbst- und Weltbildern geführt haben. Die Zuschauer der antiken Welt vermeinen, beim Eintritt ins Theater ein weniger wirkliches Leben hinter sich zu lassen. Momos Besucher glauben, sich bislang »gründlich geirrt« zu haben. Das antike Bühnengeschehen ist zwar nur ein »gespieltes Leben«, doch wird es als »wirklicher« empfunden. In diesem »anderen Leben« auf der Bühne, so darf geschlossen werden, scheint die bislang verschleierte Wahrheit des eigenen Lebens auf. Vor Momo, der Zuhörerin, finden verunsicherte, sich selbst verlorengegangene Menschen zu Selbstwertgefühl und Würde zurück. Momo und ihre Besucher aus der Vorstadt lassen in den Ruinen eines Amphitheaters mithin einen Prozess der Selbst- und Wahrheitsfindung wiederaufleben, der dort angeblich bereits in der Antike stattgefunden hat.

Dennoch kann nicht von einer Wiederaufrichtung des antiken Theaterwesens die Rede sein: Die Ruinen bleiben Ruinen, das Zerfallen-Sein des Orts bleibt unangetastet. Im Vergleich mit ihrer antiken Ausprägung nimmt sich die mit Momos Auftauchen wiederbelebte Selbst- und Wahrheitsfindung wie eine Schwundstufe des antiken Theaters aus: Aus einer großen Zuschauermenge und einer größeren Zahl von Darstellern ist eine intime Kleingruppe geworden. Das äußerliche Bühnengeschehen hat sich auf innere Bühnen verlagert; das Drama vollzieht sich jetzt im Innenleben von Momos Besuchern. Deshalb kann es keine Zu*schauer* mehr, sondern nur noch Zu*hörer* geben. Auch wenn noch zwischen Darstellern – Momos Besucher – und Publikum – Momo – unterschieden werden kann, sind die Aufgaben nun anders verteilt: Zur Klarheit gelangen soll jetzt nicht mehr das Publikum, also Momo, sondern sollen die Darsteller selbst, die damit den entscheidenden Teil der Publikumsrolle in sich aufnehmen; sie werden gewissermaßen zu Zuschauern ihrer selbst. Für die Zuhörerin Momo verbleibt nur noch die Rolle der Auslöserin des dramatischen Geschehens, welches sie im Weiteren zwar mitverfolgt, aber nicht kommentiert.

Dass die kollektive Selbstreflexion und die gemeinschaftliche Wahrheitsfindung, wie sie für die Antike unterstellt werden, im Zeitalter der Moderne eine Individualisierung und Privatisierung erfahren haben, darin dürften die meisten modernisierungstheoretischen Forschungsansätze übereinstimmen. Bemerkenswert ist deshalb, dass Michael Ende einen Aspekt dieser Entwicklung für nicht zwingend hält – den nämlich der Privatisierung. Die im ersten Teil des Momo-Romans entworfene Gesellschaftsform beruht zwar auf der Anerkennung der Würde des Einzelnen, schließt diesen aber nicht aus der öffentlichen Sphäre aus und in die abgeschiedenen Räume des Privaten ein. Dies betrifft auch dessen innere Aufrichtung, dessen persönliche Krisenbewältigung: Alle wissen, dass diese am ehesten gelingen, wenn Momo zuhört. »Sie brauchten Momo, und sie wunderten sich, wie sie früher ohne sie ausgekommen waren. Und je länger das kleine Mädchen bei ihnen war, desto unentbehrlicher wurde es ihnen […].« Wenig später heißt es: »Und wer noch nicht gemerkt hatte, daß er sie brauchte, zu dem sagten die anderen: ›Geh doch zu Momo!‹ Dieser Satz wurde nach und nach zu einer feststehenden Redensart bei den Leuten der näheren Umgebung.« (S. 14) Momo ist allem Anschein nach zu einer fest etablierten gesellschaftlichen Institution geworden. Man fühlt sich in diesem Punkt an die katholischen Länder des Mittelmeerraums erinnert, in denen die Beichte, auch wenn sie das Individuum kurzzeitig isoliert, doch als eine selbstverständliche gesellschaftliche Praxis gilt. Könnte diese religiöse Praxis hier etwa Pate gestanden haben?

So sehr Momo auch als symbolische Gestalt wie als Geniusfigur, als Muse, exponiert wird, so geht Michael Endes Protagonistin in diesen Funktionen doch nicht auf. Sie bleibt daneben ein hilfsbedürftiges Waisenkind und löst mit dieser Eigenschaft die uneigennützige Unterstützung durch die Bewohner der Vorstadt aus, die wahre Großmütigkeit an den Tag legen (S. 12f.). Auch hat sie Angst vor einer drohenden Vereinsamung, weshalb sie auf Freunde angewiesen ist. Sie kann tapfer und beherzt sein, aber auch den Mut verlieren und verzagen. Sie teilt die Schwächen aller wirklichen Menschen, weist aber auch eine starke Seite auf. Sie wird immer wieder als eine Figur ins Spiel gebracht, die bestimmte positive Eigenschaften aufweist und eben darin als beispielgebend und vorbildlich erscheint. Dies betrifft in erster Linie eben ihre Fähigkeit des Zuhörens, die Ausdruck einer Offenheit und Unvoreingenommenheit ist, aber auch Anzeichen einer wohlwollenden Anteilnahme nicht nur am Schicksal von Mitmenschen, sondern auch an dem der außermenschlichen Natur und des Kosmos. Momo vermag auch den Tieren wie »dem Regen und dem Wind in den Bäumen« zuzuhören (S. 21). Sie erlauscht die »große Stille« des nächtlichen »sternenfunkelnden Himmels« und vermeint, von dort »eine leise und doch gewaltige Musik« zu vernehmen (S. 22). Man könnte hier durchaus von einer franziskanischen frommen Ergebenheit und Demut im Angesicht der Schöpfung sprechen.

Momos Freunde

Der erste Teil des Romans verschafft uns eine erste Begegnung mit zwei wichtigen Nebenfiguren, bei denen es sich um Momos engste Freunde handelt: Beppo, der Straßenkehrer, ist in sozialer Hinsicht ein Außenseiter – er wohnt in einer Wellblechhütte am Rande der Stadt – und vom Typ her ein Sonderling: Er pflegt auf Fragen nicht sogleich, sondern mit großer Verzögerung zu antworten, wenn überhaupt. Während die meisten Beppo für geistig beschränkt halten, kennt Momo den Grund dieses merkwürdigen

Verhaltens: »Sie wußte, dass er sich so viel Zeit nahm, um niemals etwas Unwahres zu sagen. Denn nach seiner Meinung kam alles Unglück der Welt von den vielen Lügen […].« (S. 36) Außerdem sieht Beppo so Manches, »was andere nicht sehen« (S. 41). Im weiteren Verlauf des Romans wird er mit seinem untrüglichen Wahrheitssinn und seinen seherischen Fähigkeiten hervorstechen. Das Straßenkehren bewerkstelligt er »gern und gründlich« und »langsam und stetig«, wobei Körperbewegung und Atmung einander in einem festen Rhythmus ablösen. Damit erhält seine Tätigkeit neben der materiellen eine zweite, eine immaterielle Dimension; sie gerät ihm zu einer meditativen Tätigkeit, als deren Produkt sich »große Gedanken«, »Gedanken ohne Worte« einstellen. Hier hat die Gegenwart Momos einen günstigen Einfluss auf Beppo: »Nach der Arbeit, wenn er bei Momo saß, erklärte er ihr seine großen Gedanken. Und da sie auf ihre besondere Art zuhörte, löste sich seine Zunge, und er fand die richtigen Worte.« (S. 36) In diesem Punkt erweist sich Momo erneut als Muse.

Momos zweiter Freund Gigi dürfte zu den wohl bekanntesten Figuren dieses Romans gehören, weshalb es an dieser Stelle keiner ausführlichen Charakterisierung bedarf. Eine genauere Betrachtung verdient dagegen sein Geschichtenerzählen. Wir haben es mit einem »unsteten, leichtherzigen jungen Kerl« zu tun (S. 43), der noch nicht zu einer inneren Festigkeit gelangt ist. Dem entspricht seine Fabulierkunst: Gigi »erzählte das Blaue vom Himmel herunter: Er warf mit erfundenen Ereignissen, Namen und Jahreszahlen um sich, daß den armen Zuhörern ganz wirr im Kopf wurde.« (S. 39) Er sieht sich als den frei schaltenden und waltenden Erfinder bizarrster Ereignisse und verbindet nichtsdestotrotz mit seinen Hirngeburten einen Wahrheitsanspruch: »Es kann doch zufällig genauso passiert sein. Dann habe ich die pure Wahrheit gesagt.« Die Erzählinstanz des Romans gibt sich geschlagen, fügt aber hinzu: »Ja, was das Mundwerk betraf, konnte mit Gigi nicht leicht einer fertig werden.« (S. 40) Womit Gigis Fabulate als liebenswerte Spinnereien abgetan wären. In Momos Gegenwart »blühte seine Phantasie auf, wie eine

Frühlingswiese. [...] er war unerschöpflich an Einfällen.« (S. 43) Auch Gigi sieht in Momo eine Muse, die seiner Fabulierkunst.

Diese darf nun keinesfalls mit der althergebrachten Kunst des Geschichtenerzählens verwechselt werden, wie sie etwa in Walter Benjamins berühmtem *Erzähler*-Essay beschrieben wird. Der traditionelle Erzähler gibt nur das zum Besten, was er selbst vernommen hat; er würde sich nicht im Traum als dessen Erfinder ausgeben. Gigi treibt dagegen ein grenzenloses Spiel mit aller Überlieferung und allem sonst Gehörten, wovon er nichts ernst nimmt und mit dem er veranstalten kann, was ihm gerade einfällt. Als »Dichter« (S. 39) verkörpert Gigi das Prinzip der ungehemmten subjektiven Willkür, des Unernstes und des Spiels und wäre darin als das Gegenteil des altehrwürdigen Erzählers anzusehen, welcher der Überlieferung seinen Respekt zollt, so sehr er diese auch der Gegenwart anpassen mag.

So willkürlich und unglaubwürdig sie sich auch ausnehmen, so finden Gigis Geschichten dennoch Anklang: »Kinder und Erwachsene drängten sich um ihn.« (S. 43) Auch der Erzähler ist voller Sympathie für Gigi, ja, er verfällt geradezu in eine Bewunderung dieses übersprudelnden Fabuliertalents. So lässt er es sich nicht nehmen, den Leser mit einer ausführlichen Kostprobe zu versorgen – mit der Erzählung von der Kaiserin Strapazia Augustina und dem König Xaxotraxolus (S. 43–46). Man hüte sich, hier nach einem tieferen Sinn zu fahnden!

Gewiss fehlt es in den Gigi-Passagen nicht an ironischen Untertönen; dennoch hat man den Eindruck, den Autor bei einer Schwäche erwischt zu haben. Michael Ende ist bekanntermaßen hingerissen von einer vermeintlich spontanen Fabulierkunst am Rande des Nonsens. Nicht zuletzt glaubt er hier wohl, sich ein Stück weit selbst porträtiert zu haben – nämlich als den vormaligen Autor der *Jim Knopf*-Bücher, die er ja angeblich ebenso locker und unbeschwert zu Papier gebracht hat. Um zu beweisen, dass Michael Ende einer solch leichtfüßigen Erzählkunst auch als ernstlich besorgter *Momo*-Autor nicht verlustig gegangen ist, darf Gigi am Schluss des ersten Teils noch einmal in die Vollen greifen:

Sein »Märchen vom Zauberspiegel« (S. 49–54) zählt für mich zu den schönsten Feenmärchen der deutschen Literatur des späten 20. Jahrhunderts.[6] Wer immer noch Zweifel an der Vertrautheit des Autors mit dem europäischen Feenmärchen hegt, möge sich hier eines Besseren belehren lassen!

In einem Punkt schätzt Michael Ende dabei seine Figur und damit möglicherweise auch sich selbst erneut falsch ein: So neu und einzigartig sind Gigis Einfälle und die seines Autors ganz und gar nicht. Auch dieser Geschichtenerzähler schöpft wie sein Erfinder aus einer großen literarischen Tradition – dies umso mehr, je weniger er sich dessen bewusst ist, umso mehr er alles für sein Eigengewächs hält. Eine Stelle ist in dieser Hinsicht geradezu verräterisch: »Übrigens hörte er sich selbst ebenso gespannt zu, denn er hatte keine Ahnung, wohin ihn seine Phantasie führen würde.« (S. 43) Gigi und mit ihm sein Autor haben, ohne es zu bemerken, die eigene Phantasie der Führung durch die literarische Tradition anheimgestellt: Diese ist es, die insgeheim die Kontrolle übernommen hat. – Wer Gigis Fabulieren nicht so zu schätzen vermag, wie der Autor es tut, sollte ihm dafür in einer anderen Hinsicht mit uneingeschränkter Sympathie begegnen: Der junge Kerl hegt »eine tiefe Liebe zu dem struppigen kleinen Mädchen [...] und hätte es am liebsten überallhin mitgeschleppt« (S. 43).

Die Vorstadtgesellschaft

Die Platzierung der Geschichte von Momo nicht im Zentrum einer Großstadt der Gegenwart, sondern an deren Rand, in einem Stadtviertel, das wenig Aufmerksamkeit genießt und von Touristen nur selten aufgesucht wird, legt die Frage nahe, ob wir es hier schon mit einer Epochendiagnose, einer soziokulturellen Gegenwartsanalyse zu tun haben. Ist nicht vielmehr ausdrücklich nur von einem Teilbereich der modernen Wirklichkeit die Rede? Und steht dieser gerade nicht exemplarisch für das Ganze? Weist er nicht vielmehr den Charakter einer Enklave auf? Dabei haben wir es nicht mit der insularen Konservierung einer vergangenen, vormodernen Gesellschaftsformation zu tun.[7] Die im ersten Romanteil geschilderte Vorstadtgesellschaft basiert ganz im Gegenteil auf zentralen Werten der Moderne: Zu ihren Grundlagen gehören die Anerkennung der Würde eines jeden Individuums, seiner Unersetzlichkeit und Einmaligkeit, seines Rechts auf freie Selbstentfaltung, sogar das Ausleben ungehemmter Subjektivität.[8] Für die Leute der Vorstadt symbolisiert Momo all diese Werte. Dabei gelangen diese keineswegs erst mit dem Auftauchen von Momo zur Geltung; die Genius- und Symbolfigur Momo trägt lediglich dazu bei, dass sich die Vorstadtbewohner ihrer Werte stärker bewusst sind als zuvor. Deren Beachtung und Befolgung sind dabei keineswegs automatisch garantiert; vielmehr wird immer wieder gegen sie verstoßen, wie sie bei Einzelnen auch in Vergessenheit geraten können. In diesen Fällen, insbesondere bei Konflikten und Streitereien, erklären die Vorstadtleute Momo zu ihrer Schutzheiligen, die sie dazu veranlasst, sich wieder auf die grundlegenden Werte zu besinnen, bevor in Streitfällen überhaupt ein Schiedsspruch gefällt werden muss.

Hier zeigt sich ein entscheidender Zug dieser Randgesellschaft: Sie kennt keinen Perfektionsanspruch. Sie geht von der Unvollkommenheit ihrer Mitglieder aus, die sie überall dort toleriert, wo sie niemandem schadet, die sie im Bedarfsfall aber korrigiert, ohne sogleich mit sozialem Ausschluss zu drohen. Keinesfalls aber nimmt sie sich vor, diese Unvollkommenheit ein für alle Mal auszumerzen.[9] Momos zuhörende Anteilnahme an ausnahmslos allen Leuten schließt deren Mängel und Schwächen ausdrücklich ein, wofür an erster Stelle ihre Freundschaft mit Beppo und Gigi, die alles andere als perfekt sind, ein augenfälliges Beispiel darstellt. Momo ist deshalb auch keine Symbolfigur für eine Gesellschafts- bzw. Sozialreform, die auf eine perfekte Ausformung menschlichen Zusammenlebens hinsteuert. Sozialutopisten dieser Art werden in einer der Binnengeschichten geradezu verspottet: Diese handelt von dem »überaus grausame[n] Tyrann[en] Marxenius Communus, genannt der Rote, [der] den Plan gefaßt hatte, die gesamte damalige Welt nach seinen Vorstellungen zu ändern« (S. 47). Solchen

Weltverbesserern wird Hybris und Vermessenheit attestiert, die letztlich auf eine profunde Menschenverachtung hinauslaufen.

Ähnliches wird den modernen Wissenschaften unterstellt, die gleichfalls einen Allmachts- und Perfektionsanspruch hegen würden. Deren Verspottung dient eine weitere Binnenerzählung, in welcher sich die angebliche wissenschaftliche Überlegenheit des Professors Eisenstein in der Konfrontation mit der »Überlieferung der Eingeborenen« vollständig blamiert (S. 32). Wissenschaftssatiren dieser Art erfreuen sich in der Märchennovellistik des 19. Jahrhunderts übrigens großer Beliebtheit. An Stellen wie diesen tritt nicht zuletzt der Kontrast zu der grundlegenden Gesinnung der *Jim Knopf*-Erzählungen deutlich hervor: Waren diese geprägt von dem grenzenlosen Vertrauen in die modernen Wissenschaften und die auf ihnen basierende moderne Technik wie vom – allerdings halbherzigen – Glauben an die Kraft des Menschen, Gesellschaftsutopien wahr werden zu lassen, so herrscht im *Momo*-Roman diesbezüglich eine gewisse Ernüchterung.[10] Wir haben es mit einer Skepsis gegenüber wichtigen Aspekten der Moderne zu tun, die allerdings nicht in einen vollständigen Antimodernismus umschlägt und zu einem Konservativismus mutiert, sondern an grundlegenden Prinzipien der Moderne festhält. Will man hieran ein Etikett heften, dann wäre es das eines nüchternen und humanen Liberalismus.

Der zweite Teil: Die grauen Herren

Wie nur allzu bekannt ist, läuft Michael Endes *Momo*-Roman auf eine Auseinandersetzung mit dem zur Entstehungszeit herrschenden Wirtschaftssystem hinaus. Der zweite Teil des Romans führt uns allerdings nicht eine bereits fest etablierte Gesellschaftsordnung vor; vielmehr schildert er deren Aufkommen und schrittweise Durchsetzung in der Vorstadtgesellschaft. Er beschreibt mit anderen Worten einen tiefgreifenden sozialen und ökonomischen Wandel. Um diesen erfassen zu können, muss vorderhand aufgezeigt werden, welche Verhaltens- und Handlungsweisen bislang vorgeherrscht haben. Zu fragen wäre also, auf welcher sozioökonomischen Basis die im ersten Teil geschilderte Vorstadtgesellschaft beruhte? Im Anschluss daran wären die neuen Formen wirtschaftlichen Handelns zu analysieren, welche die alte Wirtschaftsordnung verdrängen. Dieses Vorgehen läuft auf einen Systemvergleich hinaus: Welchen Gewinn und welchen Verlust bringen der Untergang des bisherigen und die Einführung des modernen Wirtschaftens für die davon betroffenen Menschen?

Es geht dem Roman dabei nicht um die Nachzeichnung einer historischen Entwicklung. Thematisiert wird nicht ein geschichtlicher Epochenwechsel; die Rede ist keineswegs von einem Übergang von einer wie auch immer gearteten Vormoderne in die Moderne oder dem Umschwung von einer ersten in eine zweite Moderne, einer frühbürgerlichen in eine spätkapitalistische Gesellschaft oder dergleichen mehr. In Endes Roman haben wir es vielmehr mit einer modellhaften Gegenüberstellung zweier Handlungssysteme zu tun, die nicht beansprucht, eine historische Entwicklung widerzuspiegeln.[11] Dementsprechend ist das Vorgehen des Romans ein exemplarisches: Der Wechsel von dem einen in das andere Handlungssystem wird anhand mehrerer signifikanter Einzelfälle vorgeführt, die exemplarischen Charakter besitzen. Hier macht sich der Einfluss des Brecht'schen epischen Theaters bemerkbar, dessen Anspruch es bekanntlich war, soziale und ökonomische Strukturen exemplarisch in Einzelszenen sichtbar zu machen.

Beschleunigung und Entfremdung

»Da war zum Beispiel Herr Fusi, der Friseur.« (S. 58) So wird der erste exemplarische Fall eröffnet, dem weitere folgen: der Fall des Wirtes Nino und des Maurers Nicola. Fusi ist kein »berühmter Haarkünstler«, doch ist er stolz auf sein Handwerk und deshalb auch »gut angesehen«. Seine Arbeit besteht nicht nur aus Haareschneiden und Rasieren; sie ist gleichzeitig auch Gedanken- und

Meinungsaustausch: »Er liebte es […] sehr, den Kunden weitläufig seine Ansichten auseinanderzusetzen und von ihnen zu hören, was sie darüber dachten.« So ist es nicht verwunderlich, dass Fusi seine Arbeit liebt: »Seine Arbeit bereitete ihm ausgesprochenes Vergnügen, und er wußte, daß er sie gut machte.« Zu Reichtum kann er auf diese Weise nicht gelangen; so ist er weiterhin »nicht arm und nicht reich« (ebd.). Fusi vermag sich in seine Arbeit einzubringen, weshalb sie als Teil seiner »Lebenszeit« angesehen werden darf.

Das neue Handlungssystem verlangt von ihm nun eine Beschleunigung seines Tuns: »[…] einfach schneller arbeiten und alles Überflüssige weglassen. Statt einer halben Stunde widmen sie sich einem Kunden nur noch eine Viertelstunde. Vermeiden sie zeitraubende Unterhaltungen.« Auch auf Nicolas Baustelle wird »ein anderes Tempo vorgelegt. […] Jeden Tag hauen wir ein ganzes Stockwerk drauf […]. Da ist alles organisiert, jeder Handgriff […].« (S. 82) Die Beschleunigung hat eine funktionale Reduktion von Arbeit zur Folge: Was nicht der reinen Dienstleistung bzw. Produktherstellung dient, erscheint jetzt als überflüssig. Doch war gerade in dem vermeintlich Überflüssigen die subjektive Anteilnahme am Arbeitsprozess enthalten, der eben nicht nur der Dienstleistung bzw. der Güterproduktion, sondern gleichzeitig auch der Herstellung sozialer Beziehungen wie der Befriedigung des Produzenten selbst diente. Wir haben es im neuen System also mit entfremdeter Arbeit zu tun.

Eine Beschleunigung findet jedoch auch in der Freizeit statt. Fusi hatte bisher neben der Arbeit viel Zeit für familiäre und soziale Aktivitäten, für Singen, Lesen und Treffen mit Freunden erübrigt. Auch die hierfür aufgewendete Zeit muss er jetzt kürzen und schließlich ganz streichen. Verallgemeinernd heißt es: »Selbst ihre freien Stunden mußten, wie sie meinten, ausgenutzt werden und in aller Eile so viel Vergnügen und Entspannung liefern, wie nur möglich war.« (S. 71) Darüber hinaus soll Fusi jede einzelne Freizeitaktivität daraufhin überprüfen, ob sie wirklich »nützlich« ist, ob sie mit anderen Worten sein wirtschaftliches Fortkommen fördert oder behindert. So hat Nicola, der Maurer, »einfach keine Zeit mehr für solche … Privatsachen« (S. 81). Man kann hier von einer Rationalisierung und Effektivierung aller Lebensbereiche sprechen, was zur Folge hat, dass sich die Menschen nirgendwo mehr einbringen und bei sich selbst sein können. Fusi erlebt, wie »seine Tage erst unmerklich, dann aber deutlich spürbar kürzer und kürzer [wurden]. Ehe er sich's versah, war schon wieder eine Woche, ein Monat, ein Jahr herum und noch ein Jahr und noch ein Jahr.« (S. 69) Das Leben vergeht mit ungeheurer Geschwindigkeit, ohne wirklich gelebt worden zu sein. Das eigene Leben ist den Menschen vollends abhandengekommen.

Die Menschen verlieren ihre Lust und Freude an der Arbeit – so auch Fusi: »Seine Arbeit machte ihm auf diese Weise überhaupt keinen Spaß mehr, aber das war ja nun auch nicht mehr wichtig.« (S. 69). Nikola war früher stolz auf seine Arbeit, »wenn wir was gebaut hatten, was sich sehen lassen konnte« (S. 82). Für die Gesellschaft der grauen Herren gilt: »Ob einer seine Arbeit gern und mit Liebe zur Sache tat, war unwichtig – im Gegenteil, das hielt nur auf. Wichtig war ganz allein, daß er in kurzer Zeit möglichst viel arbeitete.« (S. 71) So können die Menschen auch »keine richtigen Feste mehr feiern, weder fröhliche noch ernste« (ebd.). Zwar verdienen jetzt alle mehr Geld und können sich besser kleiden. »Aber sie hatten mißmutige, müde oder verbitterte Gesichter und unfreundliche Augen.« (S.70)

Dank der neuen Wirtschaftsordnung verändert sich schließlich auch das äußere Erscheinungsbild der großen Stadt: »Die alten Viertel wurden abgerissen und neue Häuser wurden gebaut, bei denen man alles wegließ, was nun für überflüssig galt. […] Es war viel billiger und vor allem zeitsparender, die Häuser alle gleich zu bauen.« (S. 71f.) Die »endlosen Reihen vielstöckiger Mietskasernen« hat der Autor in einer eigenen Zeichnung zu Papier gebracht; diese ist als ganzseitige Illustration dem zweiten Romanteil vorangestellt (S. 56; siehe Abb. 7). Äußere Lebenswelt und inneres Lebensprinzip entsprechen auf diese Weise einander: »Und genauso verlief auch das Leben der Menschen, die hier wohnten: Schnurgrade bis zum Horizont! Denn hier war alles genau berechnet und geplant, jeder Zentimeter und jeder Augenblick.« (S. 72) All dies scheint sich ohne nennenswerten Widerstand durchgesetzt zu haben: »Keiner wollte wahrhaben, daß sein Leben immer ärmer, immer gleichförmiger und immer kälter wurde.« (ebd.)

Abb. 7: Illustration des Autors zum zweiten Teil des Romans

Protestantische Ethik?

Das Leben in der neuen Wirtschaftsordnung besteht, auf einen Nenner gebracht, in dem vollständigen Verzicht auf aktuellen Lebensgenuss, auf in der Gegenwart angesiedelte Zeitspannen erfüllten Selbstseins und beglückender zwischenmenschlicher Beziehungen. Zum Tragen kommt hier nichts Geringeres als die von Max Weber beschworene protestantische Ethik: Dieser Verzicht wird den Menschen durch das Versprechen schmackhaft gemacht, in fernerer Zukunft all das genießen zu können, worauf sie bis dahin verzichtet haben. Das zukünftige andere Leben soll angeblich durch ein übergroßes Maß an Glück und Erfüllung gekennzeichnet sein. So bemerkt Nicola, der Maurer: »Irgendwann, wenn ich genug verdient hab', häng' ich meinen Beruf an den Nagel und mach' was anderes.« (S. 82)

Auch Fusi träumt, noch bevor er in den Strudel modernen Wirtschaftens gerät, von einem großen, sinnerfüllten »richtigen Leben«; im Vergleich dazu erscheint selbst sein bescheidenes, aber glückliches altes Leben als minderwertig (S. 58). Zukunftsträume dieser Art entspringen Lebens- und Sinnkrisen, von denen bereits im ersten Teil des Romans die Rede war. Für den Autor sind diese kein Spezifikum des modernen Wirtschaftslebens, sondern in allen Gesellschaftszuständen anzutreffen: »Aber es gibt eben manchmal Augenblicke, in denen […] alles kein Gewicht hat. Das geht jedem so.« (ebd.) Eine solche Krisenanfälligkeit gehört für den Autor offenbar zur Grundausstattung des Menschen. Deshalb gingen die Leute bereits vor dem Eindringen modernen Wirtschaftens zur Zuhörerin Momo. Nun aber drängt sich neben diese mit Momo verknüpfte Weise der Krisenbewältigung ein alternativer Lösungsweg: Für immer mehr Menschen scheint jetzt ein wirtschaftlicher Aufstieg nach den Prinzipien der neuen Ökonomie als die – womöglich attraktivere – Alternative in Frage zu kommen.

Bereits das im ersten Teil geschilderte Leben in der Vorstadt war, wie oben gezeigt, Prinzipien der Moderne verpflichtet; keineswegs handelte es sich um eine vormoderne oder gar archaische Gemeinschaft. Maßgeblich waren hier jedoch in erster Linie die *personalen* und *sozialen* Normen der Moderne: Individualität, authentisches Selbstsein, Mitleid, Fürsorge, Warmherzigkeit, wahre Freundschaft und Liebe. Mit Aufkommen des modernen Wirtschaftens wird gleichsam im Rückblick deutlich, dass die ökonomischen Grundprinzipien der Moderne in der Vorstadtgesellschaft, wenn überhaupt, dann nur sehr eingeschränkt zum Zuge gelangt waren. Hier waren die personalen und sozialen Werte der Moderne mit Vorrang ausgestattet, die ökonomischen Gesetze der Moderne dagegen nur insoweit zugelassen, als sie die mit Vorrang ausgestatteten personalen und sozialen Werte nicht gefährdeten.

Der Preis für die Bändigung der enormen, die Welt grundlegend verändernden wirtschaftlichen Kräfte der Moderne ist die Bereitschaft, sich mit einfachen Lebensverhältnissen abzufinden und jeder Entfesselung menschlicher Bedürfnisse und Wünsche vorzubeugen. Für den Autor des *Momo*-Romans scheint offenkundig eine unbegrenzte Entfaltung der ökonomischen Moderne mit einer Respektierung ihrer personalen und sozialen Werte unvereinbar zu sein.[12] An dieser Stelle fällt einem auf, dass Ende eine dritte Seite der Moderne in diesem Roman ausgeblendet hat: Gemeint ist die naturwissenschaftlich-technische Seite und die von ihr ausgehende Entfesselung der Produktivkräfte. Die hier zu verzeichnenden Errungenschaften der Moderne dürften die Menschheit aus einer Vielzahl von Zwängen und Notlagen befreit haben, was im *Jim Knopf* noch gepriesen wurde. Jetzt zeigt sich Michael Ende auch in dieser Hinsicht skeptisch, wie nicht zuletzt auch an seiner Haltung zur modernen Spielzeugkultur abzulesen ist.

Wandel der Kinderkultur

Das System der grauen Herren ist zwar in erster Linie ein wirtschaftliches Handlungssystem; dennoch hat es darüber hinausreichende Auswirkungen, wie ihm auch die Tendenz innewohnt, die eigenen Normen auf andere gesellschaftliche Bereiche zu übertragen. Im *Momo*-Roman wird dies exemplarisch am Beispiel der Kinderkultur veranschaulicht. Der bisherige Angriffspunkt der neuen Ökonomie war die Arbeit der Erwachsenen, ihre Bautätigkeit bspw. oder ihre Dienstleistung. Um die Kinder zu unterwerfen, muss sich der Angriff auf deren Freizeitaktivitäten richten, auf das kindliche Spielen also. Das bisher geschilderte Spielen der Vorstadtkinder fand in der Kindergruppe ohne Anwesenheit oder Beteiligung von Erwachsenen statt; es war ein spontanes Spiel, dessen Regeln von den Kindern selbst immer wieder neu erfunden wurden und das sich damit als ein Ausdruck ihrer unerschöpflichen Phantasie erwies; Spielmittel waren entweder vorgefundene Gegenstände oder von den Kindern selber leicht herzustellen, wodurch diese von äußeren Mächten unabhängig waren; es dominierten Phantasiespiele, Rollenspiele und Gruppenspiele; es fehlten bezeichnenderweise Bastel- und Konstruktionsspiele.

Die erste Veränderung ergibt sich durch das vermehrte Auftauchen von industriell verfertigtem Spielzeug: ein »ferngesteuerter Tank«, eine »Weltraumrakete« oder »ein kleiner Roboter« (S. 75) Mit diesen Spielsachen, so heißt es gleich zu Beginn, könne »man nicht wirklich spielen«. Sie machten alle eigene Phantasietätigkeit überflüssig: Sie seien »so vollkommen bis in jede kleinste Einzelheit hinein, daß man sich dabei gar nichts mehr selber vorzustellen brauchte«. Zudem bewegten sie sich weitgehend von selbst, was die Kinder zu Zuschauern herabsetze. »So saßen die Kinder oft stundenlang da und schauten gebannt und doch gelangweilt so einem Ding zu [...].« (Ebd.) Schließlich sei solch aufwendiges Spielzeug überaus teuer, was dazu führe, dass soziale Unterschiede von außen in die homogene Kinderspielgruppe hineingetragen würden. Unübersehbar ragt hier das industrielle Zeitalter in die Welt des Kinderspiels hinein, was vom Autor allerdings äußerst einseitig dargestellt wird. Komplett ignoriert hat er die überaus beliebten Konstruktionsspiele, die in den 1950er und 60er Jahren auf dem Vormarsch waren. So wurden die Lego-Steine bereits 1949 eingeführt, die nach und nach den Metallbaukasten bspw. von Märklin verdrängten.[13]

Sodann wird die zunehmende Medienausstattung der Kinder ins Visier genommen: Die Rede ist von einem »Kofferradio« (S. 75), von täglichem Kino-Besuch und von »Märchenschallplatten« (S. 77). Die hier genannten Kindermedien erscheinen als Ersatz für die fehlende Präsenz und Zuwendung der Eltern, die von der neuen Ökonomie restlos in Anspruch genommen werden: »Früher hat mein Vater mir abends, wenn er von der Arbeit gekommen ist, immer selber was erzählt. [...] Aber jetzt ist er eben nie mehr da. Oder er ist müde und hat keine Lust.« (Ebd.) Dafür bekommen die Kinder mehr Taschengeld. Dennoch »fühlten sich alle im Stich gelassen«. Die Eltern »mögen uns nicht mehr. Aber sie mögen sich selbst auch nicht mehr. Sie mögen überhaupt nichts mehr.« Da widerspricht ein Junge zornig: »Mich mögen meine Eltern sogar sehr. Sie können doch nichts dafür, daß sie keine Zeit mehr haben.« (S. 78) Ihre Liebe würden sie jetzt durch teure Geschenke zum Ausdruck bringen.

Zu guter Letzt wird Momo selbst zum Objekt der Verführung durch die neue Spielzeugkultur: Sie stößt in den Ruinen des Amphitheaters auf eine Puppe, die »wie eine schicke junge Dame oder eine Schaufensterfigur« aussieht und die sprechen kann, wenn auch nur wenige Sätze (S. 87). Mit der Puppe »Bibigirl« ist unverkennbar auf die Barbie-Puppe der Firma Mattel angespielt, die in Westdeutschland Mitte der 1960er Jahre auf den Markt kam. Wir haben es hier mit einem Ausstattungsspiel zu tun, welches die Kinder zu grenzenlosem Konsum verleiten soll. Die Puppe und deren männliches Pendant »Bubiboy«, dem auf dem Spielzeugmarkt die Figur des Ken entspricht, verlangen unentwegt nach neuer Kleidung und Ausstattung und sind darin nicht zuletzt auch Rollenvorgaben für die moderne Konsumgesellschaft. Momos Enttäuschung resultiert daraus, dass sie in der Puppe nicht bloß eine kindliche Phantasiegefährtin, sondern einen wirklichen, einen menschlichen Spielgefährten sucht. Die »fabelhafte Puppe« könne man eben »nicht liebhaben« (S. 93). Wahrhaftes Spielen kann sich danach nicht mit einer nur imaginierten zwischenmenschlichen Beziehung begnügen.

Die in *Momo* geführte Auseinandersetzung mit dem Wandel der kindlichen Spielkultur erweist sich insofern als einseitig, als sie von einem recht engen Spiel- und Spieleverständnis getragen wird. Dieses ist weder durch die aufgeklärten, noch durch die romantischen Spieltheorien beeinflusst. Das kindliche Spielen kann für den Autor nur dann als echt und authentisch gelten, wenn sich darin die kindliche Kreativität und schöpferische Phantasie uneingeschränkt zu entfalten vermögen. Alle Spielmittel und alles Spielzeug, welche die freie Erfindungsgabe und die Selbsttätigkeit von Kindern einschränken, erscheinen als verwerflich. Unverkennbar macht sich hier das Schiller'sche klassische Spielverständnis bemerkbar, das übrigens auch die Basis der zeitgenössischen Kritik an der damaligen industriellen Spiel- und Medienkultur abgegeben hat. Dass Letztere auch und gerade von den Kinderfiguren des Romans rundum abgelehnt wird, mutet nicht nur aus heutiger Perspektive als wenig realistisch an: »Darum kehrten sie schließlich doch wieder zu ihren alten Spielen zurück, bei denen ihnen ein paar Schachteln, ein zerrissenes Tischtuch, ein Maulwurfshügel oder eine Handvoll Steinchen genügten. Dabei konnte man sich alles vorstellen.« (S. 75). Die Zurückweisung der neuen Spielkultur durch die Kinder selbst ist innerhalb des Romans nicht zuletzt deshalb notwendig, weil diese soziale Gruppe zu den natürlichen Gegnern der neuen Ökonomie stilisiert wird und eine entscheidende Rolle im Widerstand spielen muss.

Die grauen Herren als allegorische Figuren

Es mag verwundern, dass bislang noch nicht von den grauen Herren gesprochen wurde. Dies war auch nicht erforderlich, lassen sich doch aus den ersten Kapiteln des zweiten Teils die Grundzüge des neuen Wirtschaftssystems erschließen, ohne die grauen Herren einzubeziehen. Da diese Gestalten zu den wohl bekanntesten Zügen des *Momo*-Romans gehören, ja, sich von dieser Grundlage gelöst und zu einem populären Alltagsmythos entwickelt haben, bedarf es an dieser Stelle keiner ausführlichen Charakterisierung mehr. Im Unterschied zur Diesseitsfigur Momo haben wir es bei den grauen Herren mit Jenseitsfiguren, anders gesprochen: mit phantastischen Wesen zu tun. Sie sind »keine Menschen«, sondern »haben nur Menschengestalt angenommen.« (S. 152f.) Sie gehören damit zu einem geläufigen Figurentyp der phantastischen Literatur: Gemeint sind all die phantastischen Wesen, die aus einer Jenseitswelt in die Wirklichkeit eindringen und sich aus dieser wieder zurückziehen können.

Momo diente den Leuten der Vorstadt als Symbolfigur: Sie symbolisiert eine nicht entfremdete Form des voll ausgebildeten erwachsenen Menschseins, ohne diese mit ihren Eigenschaften in nennenswerter Weise abzubilden. Man könnte hier von einem weitgehend willkürlichen Zeichen sprechen, auch wenn dies auf einige ihrer Wesenszüge nicht zutrifft. Bezüglich der grauen Herren folgt der Autor einem anderen Figurenkonzept: Diese Wesen spiegeln in ihren Eigenschaften und Verhaltensweisen den Sachverhalt wider, für den sie stehen. Hier wäre also von ikonischen, d.h. von den Gegenstand bildlich spiegelnden Zeichen zu sprechen. Letzteres wird in nicht unwesentlichem Maße dadurch begünstigt, dass es sich um phantastische Wesen handelt. Diesen können in nahezu unbegrenzter Weise Eigenschaften und Handlungsweisen zugeordnet werden, ohne dass auf physiologische, biologische, soziale und psychologische Aspekte Rücksicht genommen werden müsste. Phantastische Wesen lassen sich auf nahezu beliebige Weise formen und können deshalb besonders gut als Hohlspiegel für beliebige Sachverhalte dienen.

Die grauen Herren besitzen keine individuellen Züge; statt Namen tragen sie eine Kombination aus Buchstaben und Zahlen. Sie sind in »spinnwebfarbenes Grau gekleidet«, tragen »runde steife Hüte« und »eine bleigraue Aktentasche«, haben eine Gesichtsfarbe »wie graue Asche« und »rauchen kleine, aschenfarbene Zigarren« (S. 41f.). In diesen Eigenschaften spiegeln sich Monotonie, Gleichförmigkeit, Nüchternheit, Freudlosigkeit, Erlebnisarmut wider, wie sie der Roman als charakteristisch für ein Leben unter permanentem Rationalisierungs- und Effektivierungszwang ansieht. Eine wunderbare Eigenschaft stellt die von ihnen ausgehende Kälte dar; diese verweist auf die Rücksichts- und Mitleidslosigkeit einer Gesellschaft, die wirtschaftlichen Erfolg zum alleinigen Maßstab erklärt. Ihre Nahrung nehmen die grauen Herren mittels des Rauchens von Zigarren auf; dabei wird Lebenszeit in Rauch und Asche verwandelt. Die grauen Herren ernähren sich also von etwas Abgetötetem, etwas bereits Totem. An späterer Stelle heißt es mit Bezug auf die gestohlene Lebenszeit: »Aber diese Zeit stirbt buchstäblich, wenn sie von ihrem wahren Eigentümer losgerissen wird. Denn jeder Mensch hat *seine* Zeit. Und nur solange die wirklich seine ist, bleibt sie lebendig.« (S. 152)

Das grundlegende Prinzip des modernen Wirtschaftens, der möglichst weitgehende Aufschub von Lebensgenuss, ihre protestantische Ethik gewissermaßen, findet in der Institution der Zeitsparkasse seine allegorische Darstellung. Wir haben es dabei mit einer Sparkasse zu tun, die mit den Einlagen ihrer Kunden nicht treuhänderisch verfährt, sondern diese anderweitig einsetzt und verbraucht. Da sie dies ihren Kunden gegenüber verheimlicht, läuft ihr Geschäftsgebaren auf einen systematischen Betrug hinaus. Wie einer ihrer Agenten unerlaubterweise gesteht, ist »alle Zeit, die sie einsparen, […] für sie verloren … Wir reißen sie an uns … wir speichern sie auf … wir brauchen sie … uns hungert danach […].« Um dieses Geheimnis zu wahren, müssen ihre Agenten dafür sorgen, dass niemand herausbekommt, »was wir tun … Wir sorgen dafür, daß kein Mensch uns im Gedächtnis behalten kann …« (S. 97). So offen sie als Agenten der Zeitsparkasse auch auftreten, man muss sie vergessen haben, noch ehe der Betrug offenbar wird.

Die grauen Herren betreiben darüber hinaus die unentwegte Ausdehnung ihres Geschäfts des räuberischen Gewinns von menschlicher Lebenszeit: »Und wir brauchen mehr … immer mehr … denn auch wir werden mehr … immer mehr […].« (S. 97) Sie suchen Widrigkeiten zu beseitigen, Gefährdungen abzuwehren und gegnerische Kräfte auszuschalten. Ihr Ziel ist es, »die gesamte Zeit aller Menschen in [ihrer] Gewalt« zu haben

(S. 141). Sie tun all dies primär aus Gründen der Selbsterhaltung, ist doch allein das neue Wirtschaftssystem in der Lage, ihnen Nahrung zu verschaffen. Es macht sich bei ihnen jedoch auch eine Gier nach Macht bemerkbar: »[…] wer die Zeit der Menschen besitzt, der hat unbegrenzte Macht.« (Ebd.)

An dieser Stelle fragt es sich, ob die grauen Herren nicht nur das System als solches verkörpern, sondern darüber hinaus auch für eine bestimmte soziale Gruppe, Schicht oder Klasse stehen, die als eigentlicher Nutznießer dieser Wirtschaftsordnung zu identifizieren wäre. Der Roman gibt jedoch an keiner Stelle zu erkennen, welche Schichten er dazu zählen würde. Dass ihr Auftreten und ihre Kleidung an Bankangestellte denken lässt, besagt keinesfalls, dass damit schon Finanzkapitalisten als die Verantwortlichen gebrandmarkt würden. Weit davon entfernt, wirkliche Profiteure des Systems zu sein, sind die grauen Herren vielmehr selbst einer Fülle von Zwängen unterworden. Sie erweisen sich im Gegenteil als abhängige Angestellte von extremer Ängstlichkeit und Unterwürfigkeit. Von einer herrschenden Klasse, die von der Ausbeutung anderer lebt, ist an keiner Stelle die Rede. So könnte man den Eindruck gewinnen, dass dem neuen Wirtschaftssystem als solchem eine Tendenz zur Selbsterhaltung, zur unentwegten Ausdehnung, schließlich zu aggressivem Vorgehen gegen alternative Ordnungen innewohnt.

Die grauen Herren als mythische Handlungsmächte

Eine realistische Erzählung hätte aufzeigen, wie die neue Wirtschaftsweise sich in der Stadt gleichsam anonym ausbreitet und nach und nach von den Gewerbetreibenden teils gegen ihren Willen übernommen wird. Eine solche Erzählweise ist im *Momo*-Roman durchaus anzutreffen: Bei Nino, dem Wirt, und dem Maurer Nikola taucht kein grauer Herr auf, um sie für die neue Ökonomie zu gewinnen. Die grauen Herren könnten rollenmäßig darauf reduziert werden, wie Gespenster aus einer anderen Welt durch die Straßen zu wandeln. Die Menschen würden sich bei deren Anblick fragen, was diese Gestalten darstellen, und möglicherweise in ihnen eine Verkörperung des wirtschaftlichen Wandels erkennen, der sich gerade vollzieht. In einem solchen Fall ließe sich zwischen der allegorischen Verkörperung des Systems und dem System selbst eine klare Trennlinie ziehen; Bild und Sache wären deutlich voneinander geschieden.

Im Roman verhält es sich jedoch anders: Die grauen Herren fungieren nicht nur als Allegorien der neuen Ökonomie; sie sind darüber hinaus auch ein Bestandteil von dieser. Sie erweisen sich gleichzeitig als die Kräfte, die das System durchsetzen und ihm zu realer Existenz verhelfen. Es handelt sich bei ihnen um Jenseitswesen, die nur in der Diesseitswelt das eigene Überleben sicherstellen können, denn als lebenssichernde Nahrung kommt für sie allein die Lebenszeit in Frage, die sie realen Menschen entwinden. Dies kann nur mit Hilfe des neuen Wirtschaftssystems gelingen, dessen Fortexistenz für sie deshalb überlebenswichtig ist. Das aber heißt, dass sie die Sache, die sie bildlich repräsentieren, in der Realwelt gleichzeitig auch betreiben. Die Grenze zwischen Bild und gemeinter Sache wird damit unterlaufen: Allegorische Figuren werden zu realen Handlungsmächten, die mit dem, was sie bildlich darstellen, verschmelzen. Die allegorische Bildlichkeit hat sich mit anderen Worten zu einer Eigenschaft der Sache selbst entwickelt.

Wir haben es mit einem Vorgang zu tun, der für Gesellschaften mit abstrakten und anonymen Strukturen nicht ungewöhnlich ist. Tatsächlich handelt es sich bei der modernen Wirtschaft, wie sie in diesem Roman gezeichnet wird, um ein abstraktes und anonymes System von Handlungszwängen, für das kein Individuum bzw. keine soziale Gruppe als – wohlgemerkt – alleiniger Verantwortlicher und vorrangiger Profiteur auszumachen ist; aus eben diesem Grund kann es nur schwer erfasst und durchschaut werden. Unter solchen Gegebenheiten neigen die Menschen mehr oder weniger spontan dazu, sich die eigenen Verhältnisse nicht auf eine sachgerechte, sondern auf eine bildlich-allegorische bzw. mythologische Weise zu vergegenwärtigen. Sie ignorieren deren abstrakten und anonymen Charakter und transformieren sie in eine Wirklichkeit, für die einzelne menschliche oder außermenschliche Wesen verantwortlich zeichnen. Sie neigen dazu, die eigene Gesellschaftsordnung für ein Erzeugnis großer Persönlichkeiten oder mächtiger Eliten zu halten. Sie können die eigene Welt aber auch als das Werk göttlicher Wesen, als Einrichtung von Magiern, Naturgeistern oder unheilbringenden Dämonen ansehen. Wir haben es in diesen Fällen mit Mythisierungen abstrakter realweltlicher Strukturen zu tun, die nur zu oft in Verschwörungstheorien ausufern. Michael Endes Darstellung der modernen Wirtschaftswelt bedient sich also sowohl realistischer Verfahren, um mit Einführung der grauen Herren gleichzeitig auch von mythologischen Repräsentationsweisen Gebrauch zu machen.

Abstrakte soziale und ökonomische Strukturen lassen sich nur theoretisch erfassen. Wir haben es mit einem Gegenstand zu tun, der sich einer direkten erzählerischen Vergegenwärtigung entzieht. Erzählerisch lassen sich diese abstrakten Sozialstrukturen nur von einer bestimmten Seite her erfassen, in ihren Auswirkungen auf menschliche Individuen oder bestimmte soziale Gruppen nämlich – so geschehen in den ersten Kapiteln des zweiten Romanteils, wie oben gezeigt. Wer dagegen derlei abstrakte Systeme als solche auch zum Gegenstand einer Erzählung machen möchte, kommt um deren Personalisierung oder gar Mythisierung nicht herum. So problematisch Letzteres in (wirtschafts-)politischen Kontexten auch sein mag, so legitim scheint es auf dem literarischen Feld zu sein, wo abstrakte Sozialsysteme nicht anders erzählerisch vergegenwärtigt werden können.

Mit der Erfindung der grauen Herren hat Michael Ende das moderne Wirtschaftssystem in das Reich des Erzählbaren eingeholt. Es ist damit möglich geworden, Geschichten über die ökonomische Moderne zu erzählen. Gewiss kann man sich mit den Grenzen epischer Dichtung auch abfinden und akzeptieren, dass die moderne Ökonomie von dieser nicht mehr erfasst werden kann. Ein andernorts vielfach beschrittener Lösungsweg besteht darin, in Romane theoretische Passagen einzufügen, um wenigstens begrifflich das einzubeziehen, was sich dem Erzählen entzieht. Michael Ende hat sich demgegenüber dafür entschieden, die moderne Welt auch ohne ausgebreitete theoretische Einschübe erzählbar zu machen. Dass mit der Personalisierung bzw. Mythisierung ihrer anonymen Strukturen eine Verzerrung der realen Verhältnisse einhergeht, scheint ihm vernachlässigbar gewesen zu sein. Nach unserer Auffassung ist Michael Ende mit der Erfindung der grauen Herren und ihres Zeitsparkassen-Systems eine überaus passgenaue und eindrucksvolle Mythisierung der ökonomischen Moderne gelungen.[14] Die düsteren Gestalten haben deshalb einen Platz im kollektiven Gedächtnis unserer Gesellschaft verdient und wohl auch gefunden.

Aufkommender Widerstand

Die Ausbreitung des neuen Wirtschaftssystems bekommt Momo in der Weise zu spüren, dass immer weniger Leute zu ihr in das Amphitheater kommen, um zu sich selbst zu finden. Sie beschließt daraufhin, auf die Menschen der Vorstadt aktiv zuzugehen:

> Und so suchte Momo einen ihrer alten Freunde nach dem anderen auf. [...] sie sah nach allen, denen sie früher zugehört hatte und die davon gescheit, entschlossen oder froh geworden waren. Alle versprachen wiederzukommen. [...] viele alte Freunde kamen tatsächlich wieder, und es war fast so wie früher. (S. 87)

Zu den Bekehrten gehört auch Nino, der Wirt. Er öffnet sein Lokal wieder für all diejenigen Menschen, die früher gerne gekommen waren, aber nur wenig verzehrt und getrunken hatten. »[...] sie sind alle wieder da«, so Nino, »mit dem Aufschwung meines Lokals wird es wohl nichts werden. Aber es gefällt mir wieder.« »Wir werden schon weiterleben«, fügt seine Frau hinzu (S. 86). Hier schimmert unverkennbar eine Idealisierung einfacher Lebensformen durch, in welchen sich die Menschen auf ihre vermeintlich natürlichen Bedürfnisse besinnen und allen Luxus von sich weisen. Die von Momo anfänglich betriebene stille Form der Gegenwehr setzt bei den Menschen selbst an und sucht diese gegen die Verlockungen eines Wirtschaftsaufschwunges immun zu machen.

Sobald die hinter dem neuen Wirtschaftssystem steckenden obskuren Mächte, die grauen Herren, entdeckt worden sind, nimmt die Gegenwehr Fahrt an. Was bislang ein stiller Kampf um die Seelen der Menschen und für deren Immunisierung gegen die Verlockungen eines Wirtschaftsaufschwungs war, wandelt sich zu einem Kampf gegen Dämonen und deren betrügerische Absichten. Statt dem System die Basis in der Psyche der Menschen zu entziehen, wird jetzt gegen dessen figürliche Repräsentation, dessen allegorische Verkörperung in Gestalt der grauen Herren vorgegangen. Statt der Sache wird jetzt deren allegorische Verbildlichung bekämpft, so könnte man meinen. Dies trifft jedoch insofern nicht zu, als die Unterscheidung zwischen Bildebene und sachlicher Bedeutung in diesem Roman nicht bloß unterlaufen, sondern aufgehoben wird. Das Abbild wird real gesetzt, die allegorische Darstellung eines Sachverhalts wird diesem im Zuge seiner Mythisierung gewissermaßen einverleibt und damit zu einem Teil der Sache selber. Das moderne Wirtschaftssystem mutet nicht bloß an, nimmt sich nicht bloß aus wie die betrügerische Verschwörung einer obskuren Bande von Hinter- und Dunkelmännern; es ist in diesem Roman tatsächlich nichts Anderes als dies.

Hierdurch wird dessen Bekämpfung zu einer handfesten Angelegenheit, hat doch der Gegner jetzt eine greifbare Gestalt gewonnen. Gigis überbordende Phantasie sieht sich nun herausgefordert: Man bräuchte die grauen Herren nur aus dem Dunkel herauszureißen und »erkennbar« zu machen, dann würde niemand mehr in die Zeitsparkasse eintreten (S. 100). Man könnte auch nach dem Gebäude der Zeitsparkasse fahnden und deren Zeitspareinlagen stehlen (S. 101). Kein Wunder, dass Gigi »vom künftigen Ruhm als Befreier der Stadt« träumt (S. 103). Wie viele dieser Vorschläge, so zielt schließlich auch die gemeinsam beschlossene Aktion nicht direkt auf die grauen Herren, sondern auf die Menschen, die sich von ihnen nicht verführen lassen sollen. »Die Macht dieser grauen Herren«, so Gigi,

> liegt darin, […] daß sie unerkannt und im geheimen arbeiten können. Also ist das einfachste und wirkungsvollste Mittel, um sie unschädlich zu machen, daß alle Leute die Wahrheit über sie erfahren. […] Wir werden die Aufmerksamkeit der Öffentlichkeit auf uns lenken. […] dann wird sich die Welt mit einem Schlag ändern! Man wird niemand [!] mehr die Zeit stehlen können. (S. 107f.)

Aufgerüttelt werden soll die Öffentlichkeit durch eine »große Kinder-Demonstration« (siehe Abb. 8). Das Unternehmen, das an die damalige Schüler- und Studentenbewegung gemahnt, schei-

Abb. 8: Illustration des Autors zum achten Kapitel des Romans

tert vollständig; kein Erwachsener kommt zu Momo in das Amphitheater. »Gerade diejenigen Erwachsenen, die es am meisten anging, hatten von den Umzügen der Kinder kaum etwas bemerkt.« (S. 111)

Doch hat auch die Gegenseite aufgerüstet: Das Scheitern einer breiten Widerstandsfront schreiben sich die grauen Herren selbst als Verdienst zu. Für sie steht fest, »daß es uns ganz mühelos gelungen ist, die geplante Versammlung zu vereiteln, indem wir den Leuten einfach keine Zeit dazu ließen.« (S. 116) Zudem ist ihnen klar, wer zu ihren »Feinden« zählt: »Kinder [...] sind unsere natürlichen Feinde. Wenn es sie nicht gäbe, so wäre die Menschheit längst ganz in unserer Gewalt. Kinder lassen sich sehr viel schwerer zum Zeitsparen bringen als alle anderen Menschen.« (S. 116) Anvisiert sind Kinder hier in ihrer gesellschaftlichen Randposition wie in ihrer besonderen Psychologie: In modernen Gesellschaften bleiben Kinder zum einen von beruflichen und wirtschaftlichen Zwängen noch unberührt; zum anderen weisen sie eine größere Gegenwartsverhaftung auf und richten ihre Bedürfnisse und ihr Verhalten weniger nach Zielen aus, die in der Zukunft liegen. Die Unterwerfung dieser Randgruppe wird deshalb erst einmal hintenangestellt: »Kinder kommen erst zuletzt an die Reihe.« (S. 117) Eine grundsätzliche Gefahr stellt für die grauen Herren dagegen Momo dar: Sie wissen, dass dieses Kind »in seiner Wirkung auf andere Menschen unserer Arbeit ungemein im Wege ist« (ebd.). An späterer Stelle heißt es: »Dieses Kind ist kein gewöhnliches Kind. Wir alle wissen, daß es über Fähigkeiten verfügt, die uns und unserer Sache höchst gefährlich werden können.« (S. 137)

In Rede steht hier nicht das heimatlose Waisenkind, das Zuflucht bei den Leuten der Vorstadt gefunden hat; es geht vielmehr um Momo als Symbolfigur und Geniusgestalt, um das also, was sie für andere Menschen symbolisiert, wie um die Wirkung, die sie auf die Erwachsenen ausübt. Um ihre Symbolfunktion wie ihre Einflusskraft auszuschalten, muss sie wenn schon nicht physisch beseitigt, dann wenigstens gesellschaftlich isoliert und aus dem Verkehr gezogen werden: Es muss darum gehen, »dieses

Kind unschädlich [zu] machen« (ebd.). Es ist bezeichnenderweise der bedächtige Freund Beppo, der als Erster bemerkt, in welcher Gefahr Momo schwebt. Denn den grauen Herren ist bewusst, dass die Verhinderung einer Mobilisierung der Erwachsenen gegen die Zeitsparkasse nur einen Etappensieg darstellt, der ihre bedeutendste Feindin ungeschoren gelassen hat. Deshalb halten sie es für erforderlich, in einem nächsten Schritt Momos Freunde Beppo und Gigi von ihr abzuziehen: »Dieses Mädchen ist angewiesen auf ihre Freunde. [...] überlegen wir einmal, was aus ihr würde, wenn einfach niemand mehr da wäre, um ihre Zeit mit ihr zu teilen.« (S. 142) Darüber hinaus sollen nun auch die mit ihr verbündeten Kinder der Stadt unterworfen werden.

Meister Hora und seine Welt

Bevor der Autor die Umsetzung dieser Pläne schildert, sieht er sich genötigt, die den grauen Herren gegenüberstehende Seite mit einem zusätzlichen Gewicht auszustatten. Wenn es sich bei den grauen Herren schon um mythische Handlungsmächte handelt, dann müssen anscheinend auch ihre Gegenkräfte mit vergleichbaren mythischen Eigenschaften ausgestattet sein. So ist es nicht zufällig, dass zum Zeitpunkt der ersten Niederlage Momos und ihrer Verbündeten im Kampf gegen die grauen Herren eine weitere, bislang nicht in Erscheinung getretene mythische Gestalt in das Romangeschehen eintritt. Bei Meister Hora haben wir es dabei ebenfalls mit einer Jenseitsfigur zu tun, die gleichfalls einen allegorischen Charakter besitzt. Im Unterschied zu den grauen Herren ist es Meister Hora jedoch verwehrt, in die Realwelt der Menschen einzutreten. Um dort zu intervenieren, braucht Hora jemanden, der seine Botschaften überbringt, wie auch jemanden, der seine Anweisungen in der Menschenwelt ausführt. Der Bote wie die ausführende Kraft müssen – wie schon die grauen Herren – in der Lage sein, sich sowohl in der Diesseits- wie in der Jenseitswelt aufzuhalten. Die Botin Meister Horas ist, wie nur allzu bekannt, die Schildkröte Kassiopeia. Zum Ausführungsorgan seiner

Anweisungen muss Hora jedoch erst noch jemanden berufen; es wird keine andere sein als die Hauptfigur des Romans.

Um diese Rolle ausüben zu können, muss Momo eine Eigenschaft hinzugewinnen, die sie bislang nicht besessen hatte: Sie muss in der Lage sein, die Diesseitswelt zu verlassen und eine phantastische Welt zu betreten, ohne dabei ihre irdische Existenz einzubüßen. Diese Eigenschaft wird ihr durch Meister Hora zuteil, der sie durch seine Botin in seine Jenseitswelt holen lässt. Der Weg dorthin kommt einer Initiation gleich: Momo folgt der Schildkröte in einen »seltsamen Stadtteil« (S. 310), der den grauen Herrn »völlig unbekannt« ist und »ganz am Rande der Zeit liegt« (S. 129). Am Befahren und Betreten dieser Gegend hindert die grauen Herren eine »unbegreifliche« Kraft (S. 131). »Hier herein können sie nicht kommen, selbst wenn sie den Weg bis zur Niemals-Gasse wüßten«, wird Meister Hora später beteuern (S. 151) Wir haben es mit anderen Worten mit einem Bereich zu tun, in welchem die von den grauen Herren verkörperten Handlungsnormen nicht nur keine Geltung besitzen, sondern grundsätzlich ausgeschlossen sind. Doch spürt auch Momo zunächst einen unüberwindlichen Widerstand, der ihr wie eine Gegenströmung, dann wie ein gewaltiger Gegenwind vorkommt (S. 132). Die Schildkröte erteilt ihr den Rat, rückwärts zu gehen, was ihr ein Fortkommen ermöglicht. Dem äußerlichen Rückwärtsgang entspricht eine innere Umkehr: »Während sie nämlich so rückwärts ging, dachte sie zugleich auch rückwärts, sie atmete rückwärts, sie empfand rückwärts, kurz – sie lebte rückwärts.« (S. 133)

Der von Momo zurückgelegte Weg zur »Niemals-Gasse« stellte in gewisser Weise eine Reise in die Vergangenheit dar. Im Unterschied zur modernen Stadt der grauen Herren handelt es sich bei dieser um »ein enges Gäßchen«, dessen Häuser »wie lauter zierliche Paläste aus Glas, voller Türmchen, Erkerchen und Terrassen«, aussehen (S. 132). Was zunächst wie ein mittelalterliches Stadtviertel anmutet, ist jedoch nicht als solches gemeint: Die Häuser wirken vielmehr so, als hätten sie »undenkliche Zeiten auf dem Meeresgrund gestanden [...] und [seien] nun plötzlich aufgestiegen [...], von Tang und Algen überhangen und mit Muscheln und Korallen bewachsen.« (Ebd.) Hinter dem Tor des »Nirgend-Hauses« öffnet sich ein antik anmutender langer Gang, der von »nackten Männern und Frauen aus Stein« gesäumt wird. Sodann gelangt Momo in einen Saal, der »größer als die riesigste Kirche und die geräumigste Bahnhofshalle« ist (S. 144) Meister Hora tritt als älterer Herr in einer Tracht auf, die der Mode des späten 18. Jahrhunderts entspricht, verwandelt sich aber später in einen jungen Menschen und sieht nun »kaum älter aus als Momo selbst« (S. 146).

Die vielfältige und eklektisch anmutende Charakterisierung der Jenseitswelt von Meister Hora lässt den Schluss zu, dass hiermit nicht auf eine bestimmte frühere Geschichtsepoche oder eine bestimmte Stufe der Menschheitsentwicklung angespielt werden soll. Allem Anschein nach geht es um eine aller geschichtlichen Entwicklung voraus- und zugrundeliegende, eine allen Zeiten enthobene Sphäre. Dann würde Momos Rückwärtsgehen keine Rückkehr in frühere Epochen, sondern ein Zurückgehen in den Grund alles Zeitlichen symbolisieren. Bildlich wird der aller Zeit vorausliegende Charakter der Welt Meister Horas ausgedrückt in der Sammlung von »unzähligen Uhren jeder Gestalt und Größe«, welche die gewaltigen Säle ausfüllt (S. 144).

Momos Initiation findet ihren Abschluss mit der Lösung des Rätsels, das Meister Hora ihr stellt (S. 153–157). Sie hat sich damit als würdig erwiesen, vom Meister nun in dessen Geheimnis eingeweiht zu werden. Meister Hora wird hier gleichsam zur sprechenden Allegorie, zu einer Figur, die das eigene Tun erläutert. Er repräsentiert nichts Geringeres als die menschliche Lebenszeit als solche, die im Herzen wurzelnde »Zeit aller Menschen« (S. 159), mit anderen Worten: die Idee eines nicht entfremdeten, eines erfüllten Lebens.[15] Dabei spiegelt sich das, was er verkörpert, weniger in seiner Gestalt, seinem Aussehen, seiner Kleidung wider, wie dies bei den grauen Herren der Fall war. Der Autor bedient sich hier eines traditionellen Charaktertyps – desjenigen des alten Weisen bzw. des greisen Zauberers. Aussagekräftig sind vielmehr

Horas Tun und Handeln: »Meine Pflicht ist es, jedem Menschen die Zeit zuzuteilen, die ihm bestimmt ist.« (Ebd.) Das empfangende Organ auf Seiten der Menschen ist das Herz: Diese haben »ein Herz, um damit die Zeit wahrzunehmen. Und alle Zeit, die nicht mit dem Herzen wahrgenommen wird, ist […] verloren […].« (Ebd.)

Die Wirkungsmacht von Meister Hora unterliegt jedoch einer weitreichenden Begrenzung: Es ist ihm versagt, die Menschen zur Wahrnehmung der ihnen zugeteilten Lebenszeit anzuhalten, wie er auch nicht verhindern kann, dass diese ihnen gestohlen wird. Momos Ansinnen, er möge es so einrichten, »daß die Zeit-Diebe den Menschen keine Zeit mehr stehlen können«, muss Hora deshalb zurückweisen. Dies könne er nicht, »denn was die Menschen mit ihrer Zeit machen, darüber müssen sie selbst bestimmen. Sie müssen sie auch selbst verteidigen. Ich kann sie ihnen nur zuteilen.« (Ebd.) Diese Machtbegrenzung gibt letztlich den Grund dafür ab, dass Hora die Diesseitswelt nicht betreten darf: »Ich verlasse das Nirgend-Haus niemals.« (S. 151) Jegliche Einmischung Horas in weltliches Handeln und Geschehen würde die den Menschen gewährte Entscheidungsfreiheit beeinträchtigen, wenn nicht gar aufheben.

Hierin unterscheidet sich diese mythische Gestalt von den grauen Herren: Diese sind darauf angewiesen, dass die Menschen ihnen tatsächlich folgen, d.h. sich den von ihnen repräsentierten Handlungsnormen unterwerfen. Denn an ihre Nahrung, die Lebenszeit, können sie nur gelangen, indem sie diese den Menschen stehlen – ein mühsames Geschäft, wie sie selber eingestehen. Der eigentliche Wirkungskreis der grauen Herren ist deshalb die Diesseitswelt der Menschen, und sie können sich nur so lange am Leben halten, wie die Menschen bereit sind, die eigene Lebenszeit zu opfern. Es sind die Menschen selber, die ihnen »die Möglichkeit [geben], sie zu beherrschen.« (S. 153)

So begrenzt seine Wirkungsmacht auch sein mag, in einer solchen Abhängigkeit befindet sich Meister Hora nicht. Er ist für die Fortdauer seiner Existenz nicht darauf angewiesen, dass die

Menschen die ihnen zugeteilte Lebenszeit auch tatsächlich wahrnehmen. Der Roman wird denn auch in seinem dritten Teil eine Menschenwelt vorführen, in welcher sich bis auf Momo alle den Prinzipien der grauen Herren bzw. der ökonomischen Moderne unterworfen haben, ohne dass dadurch die Existenz Meister Horas und seiner Welt tangiert würde. Die Konsequenz hieraus kann nur lauten, dass Meister Hora die Lebenszeit nur als eine dem Menschen grundsätzlich zustehende Möglichkeit repräsentiert, nicht aber zugleich auch deren Realisierung. An dieser Stelle muss eine weitere Einschränkung in Betracht gezogen werden: Meister Hora ist nicht der Schöpfer der Lebenszeit, er macht sie nicht selbst, sondern ist nur deren »Verwalter« (S. 159). Hieße das etwa, dass die Lebenszeit ein den Menschen von Gott gegebenes Gut darstellt? Von einer Meister Hora noch übergeordneten Instanz ist im Roman jedoch an keiner Stelle die Rede. So bleibt nur zu schlussfolgern, dass für den Roman die Möglichkeit einer erfüllten Lebenszeit auf grundlegende Weise zum Menschen als solchem gehört und zu dessen ureigener Ausstattung zählt, anders gesprochen: dessen Begriff ausmacht. Damit wird deutlich, wovon auch Hora noch abhängig ist: Mythisch gesprochen wird es ihn geben, solange es Menschen gibt, mögen diese auch hinter ihrem Begriff zurückbleiben. Der Begriff des Menschen bleibt auf unwiderrufliche Weise in Geltung, so sehr sich die wirklichen Menschen auch von ihm abgewandt haben mögen.

Zweierlei Mythologien

Der Roman wartet mit zwei mythischen Mächten auf. Im Fall der grauen Herren lag dem die Absicht zugrunde, nicht bloß die Auswirkungen der wirtschaftlichen Moderne auf die Menschen, sondern auch das moderne Wirtschaftssystem als solches erzählbar zu machen, was nur mittels seiner phantastischen Personalisierung möglich war. Der Roman begnügt sich damit jedoch nicht; er möchte auch die in Anspruch genommene Vorstellung vom Wesen des Menschen, gegen die die Wirtschaftsmoderne verstößt, noch erzählbar machen. Dies kann mittels der Darstellung von Menschen erfolgen, die auf exemplarische Weise und wider alle Zeitläufte ein erfülltes Leben führen, die so dem Begriff des Menschen gerecht werden und wahre humane Züge tragen. Dieser Weg wird im ersten Romanteil eingeschlagen. Damit ist aber noch nicht der Begriff des Menschen als solcher in das Romangeschehen eingebunden. Als ein Abstraktum entzieht auch dieser sich jeglicher erzählerischen Vergegenwärtigung, es sei denn, man personalisierte auch dieses Abstraktum noch. Im Fall von Meister Hora wie in dem der grauen Herren hat also das Ausweichen ins Phantastische, der Wechsel zur mythischen Rede, seinen Ursprung in der Absicht, auch abstrakte Verhältnisse, Normen und Wesensvorstellungen noch als Handlungsmächte erzählbar zu machen.

Nun ist die mythische Rede im *Momo*-Roman keineswegs naiv, sondern in beträchtlichem Maße selbstreflexiv. Im Fall der grauen Herren ist es Meister Hora, der den subjektiven Ursprung dieser mythischen Mächte namhaft macht. Der – auf die grauen Herren sich beziehende – zentrale Satz lautet: »Sie entstehen, weil die Menschen ihnen die Möglichkeit geben, zu entstehen.« (S. 153) Sie wurzeln in nichts anderem als in der Phantasie der Menschen. Sie stellen eine mehr oder weniger unwillkürlich entstandene Phantasmagorie dar, die von ihren Urhebern jedoch als vermeintlich objektive, ihnen feindlich gegenübertretende Macht erfahren wird. Wir haben es also mit einer Art seelischer Abspaltung zu tun, einer Form der Abkapselung von Ich-Anteilen, die mit Angst, Scham oder Schuld beladen sind. Dies würde beispielsweise das seltsame Auftreten des grauen Herrn bei Fusi erklären. »Wir wissen, dass Sie ein Sparkonto bei uns eröffnen wollen«, sagt der graue Herr dem ahnungslosen Friseur. »Sie sind Anwärter bei uns.« (S. 59) Hier hat es den Anschein, als repräsentiere der graue Herr ein Begehren von Fusi selbst, welches diesem bislang noch unbewusst geblieben war, das mit dem dann erfolgten Beitritt zur Zeitsparkasse aber bewusstgemacht und in sein Ich integriert wird.

Vergleichbares muss auch für die mythische Gestalt des Meister Hora und dessen Umgebung gelten. Mit Blick auf die zahllosen Uhren im Nirgend-Haus bemerkt Hora: »Sie sind […] höchst unvollkommene Nachbildungen von etwas, das jeder Mensch in seiner Brust hat.« (S. 159) Wie die tickenden Uhren, so schlägt auch das menschliche Herz einen Takt – denjenigen der ablaufenden Lebenszeit. Beziehen sich die Uhren noch auf etwas, das ausnahmslos allen Menschen gemeinsam ist, so verhält es sich mit den weiteren, teils allegorischen, teils symbolischen Räumen, Dingen, Lichterscheinungen in Horas Welt – der »goldenen Dämmerung«, der »runden Kuppel«, der »Säule von Licht« (S. 161), dem »Sternenpendel«, der »herrlichen Blüte« (S. 162f.), den »unzähligen Klängen« und »Harmonien« (S. 164) – anders: Bei diesen haben wir es zum einen mit Verbildlichungen grundlegender Eigenschaften der Erde und des Kosmos zu tun, zum anderen mit Verbildlichungen elementarer Gesetzmäßigkeiten nicht nur des menschlichen, sondern allen Lebens – wie beispielsweise Werden und Vergehen oder Leben, Tod und Wiedergeburt. Erwies sich Hora bereits als die mythische Personalisierung eines abstrakten Begriffs, der allgemeinen Bestimmung des Menschen, so haben wir es auch hier mit bildlichen Repräsentationen von Begriffen zu tun, die aus der Kosmologie und der Biologie stammen.

Wo aber wäre deren menschlicher Ursprung, damit auch derjenige von Meister Hora anzusiedeln? Die Räume und Orte wie die Zeit, die Momo an der Hand von Hora durchschritten hat, und damit auch Hora selbst sind nirgendwo anders zu finden als im Inneren, im Herzen grundsätzlich aller Menschen. Dort nehmen sie allerdings für jeden Einzelnen eine gesonderte Gestalt an: Was Momo erlebt hat, »war nicht die Zeit aller Menschen. Es war nur deine eigene Zeit.« (S. 165) Doch ergibt sich hier eine bedeutsame Einschränkung: Diese inneren Räume bleiben den meisten Menschen verschlossen; mit »gewöhnlichen Augen« kann man sie »nicht sehen«. Wer aber kann sie erblicken, wer vermag sie sich bewusst zu machen und in Worte zu fassen? »Aber dort hinkommen kann nur, wer sich von mir tragen läßt«, sagt

Meiser Hora (ebd.). Zu dieser Menschengruppe zählt offenkundig auch Momo.

Was hebt sie jedoch von all den Menschen mit »gewöhnlichen Augen« ab? Eine Stelle könnte hierüber Auskunft geben. Momo fragt Hora:

> Sag mal […] was ist denn die Zeit eigentlich? […] Nein, ich meine […] die Zeit selbst – sie muß doch irgend etwas sein. Es gibt sie doch. Was ist sie denn wirklich? […] Sie ist da […] das ist jedenfalls sicher. Aber anfassen kann man sie nicht. Und festhalten auch nicht. […] Vielleicht ist sie so was wie der Wind? Oder nein! Jetzt weiß ich's! Vielleicht ist sie eine Art Musik, die man bloß nicht hört, weil sie immer da ist. (S. 158)

Momo nimmt hier eine Haltung ein, die seit alters her als der Ursprung philosophischen Denkens gekennzeichnet ist; sie gerät ins Staunen über die allerselbstverständlichsten Dinge. Statt des gewöhnlichen ist also ein philosophischer Blick vorausgesetzt, um in die letzten Geheimnisse des Kosmos, des Lebens und der Menschheit vorzudringen.

Im *Momo*-Roman lassen sich demnach zwei verschiedenartige Mythologien ausmachen: Die grauen Herren beziehen sich auf ein Phänomen der Alltagswelt und stellen eine mythische Personalisierung eines abstrakten wirtschaftlichen Handlungssystems dar. Man könnte hier von einer *gesellschaftlichen* Mythologie, einer Mythisierung von gesellschaftlichen Phänomenen sprechen, der es nicht um die Aufdeckung von Ursprüngen und Ursachen, sondern um eine Illustrierung von Eigenschaften geht. Die grauen Herren und ihre Zeitsparkasse sind unbeschadet ihres anfänglichen geheimnistuerischen Vorgehens prinzipiell allen Menschen der Diesseitswelt des Romans zugänglich und können eben deshalb als eine populäre Alltagsmythe bezeichnet werden. Im Gegensatz dazu handelt sich bei Meister Hora und seiner Welt um eine durchaus esoterische Mythologie: Diese bezieht sich auf etwas, das grundsätzlich zwar allen Menschen gemein ist, das aber dennoch nur ausgewählten Menschen zugänglich ist – und zwar nur solchen, die bereit sind, das Gewöhnliche zu hinterfragen und staunend nach dem Grund allen Seins zu fragen. Es bietet sich an, hier von einer *philosophischen* Mythologie zu reden, da sie eine Verbildlichung philosophischer Begriffe darstellt. Diese Art der Mythologie kann auf eine ehrwürdige Tradition zurückblicken; Michael Ende dürfte sie vornehmlich in der deutschen Romantik, insbesondere im Werk des Novalis angetroffen haben. Auf einen Grundgedanken der Romantik geht darüber hinaus Endes Auffassung zurück, dass Kinder für eine solche philosophische Mythologie besonders empfänglich sind. Momo verhält sich während ihres Aufenthalts in Horas Welt denn auch wie ein wirkliches Kind, so dass das gesamte zwölfte Kapitel als eine regelrechte Lehrstunde für das gelten darf, was heutzutage unter dem Etikett ›Philosophieren mit Kindern‹ läuft.

Welche Bedeutung haben der Aufenthalt bei Meister Hora und die Einweihung in dessen Geheimnisse für Momo und den weiteren Handlungsverlauf? Die grauen Herren wissen es nur zu gut: Sie befürchten, dass »jener Sogenannte das Mädchen Momo gegen uns ausrüsten wird! Wir werden einer uns völlig unbekannten Gefahr gegenüberstehen.« (S. 139) Sie nehmen jedoch davon Abstand, »das Mädchen Momo und die mit ihr verbundene Gefahr aus der Welt [zu] schaffen« (S. 140). Sie sehen in ihr jemanden, der ihnen den bislang vergeblich gesuchten Weg zu Meister Hora weisen könnte. Denn in jenem »Sogenannten« sehen die grauen Herren ihren mächtigsten Gegner, den sie dementsprechend auszuschalten suchen. Würden sie an seiner Stelle sitzen, »wir hätten auf einen Schlag die gesamte Zeit aller Menschen in unserer Gewalt. Und wer die Zeit der Menschen besitzt, der hat unbegrenzte Macht! Meine Herren, bedenken Sie, wir wären am Ziel! Und dazu könnte uns das Mädchen Momo nützen […].« (S. 141)

Was aber würden die Entmachtung Meister Horas und eine Weltherrschaft der grauen Herren bedeuten? Sie liefen auf eine vollständige Eliminierung aller Vorstellungen vom Wesen des Menschen, von dessen Würde und dessen Anspruch auf ein erfülltes Leben, hinaus und würden damit allem Widerstand gegen die moderne Zeitökonomie die Grundlage, die innere Orientierung entziehen. Der *homo oeconomicus* nach Maßgabe der grauen Herren wäre damit zum Wesen des Menschen erhoben, womit die Menschheit im bisherigen emphatischen Sinne überflüssig geworden wäre, wie es an einer Stelle des dritten Teils heißen wird: »Sie selbst [die Menschen, HHE] haben die Welt so weit gebracht, daß für ihresgleichen kein Platz mehr ist. *Wir* werden die Welt beherrschen!« (S. 228) Ein gesellschaftlicher Mythos hätte sich damit die Würde des Philosophischen zugelegt.

Der dritte Teil: Die Stunden-Blumen

In den ersten fünf Kapiteln des dritten Teils (13. bis 18. Kapitel) befinden wir uns erneut in der Diesseitswelt des Romans. Momo erwacht und findet sich im Amphitheater, ihrer Heimstätte, wieder, ohne zu wissen, wie sie dorthin gelangt ist. Gemäß einem alten Märchenmotiv ist in der Realwelt mehr als ein Jahr vergangen, wie sie erst später erfahren wird. Momo hat diesen Zeitraum schlafend überbrückt, ohne ihre seltsamen Erlebnisse zu vergessen. Sie ist in der Lage, sich »ganz deutlich« an all das zu erinnern, was ihr auf dem Weg in die Niemals-Gasse und während ihres Aufenthaltes bei Meister Hora widerfahren ist. Während ihres Heilschlafs sind ihr die Worte dafür zugewachsen, wie es Meister Hora vorausgesagt hatte (S. 166). Später erinnert sie sich daran, »daß Meister Hora gesagt hatte, sie müsse einen Sonnenkreis schlafen wie ein Samenkorn in der Erde.« (S. 189)

Momo hat etwas hinzugewonnen: Sie ist jetzt eine in die Geheimnisse des Lebens und des Kosmos Eingeweihte; man geht nicht fehl, wenn man sie als eine Erleuchtete bezeichnet: »Momo fand in ihr [der Erinnerung an Meister Hora, HHE] nun nicht mehr nur das, was sie gesehen und gehört hatte, sondern mehr und immer noch mehr.« (S. 169f.) Sie erinnert sich nicht nur an die eine, bei Hora geschaute, die eigene Lebens- oder Stundenblume – »Wie aus einem unerschöpflichen Zauberbrunnen stiegen tausend Bilder von Stundenblumen auf. Und bei jeder Blume erklangen neue Worte. Momo brauchte nur aufmerksam in sich hinein zu lauschen, um diese nachsprechen, ja sogar mitsingen zu können.« (S. 170) Ihr Wissen bleibt im Bereich bildlicher Vorstellungen, ohne in die Sphäre abstrakter philosophischer Begrifflichkeit vorzudringen; es bleibt in die Form des Mythologischen eingebunden und entspricht damit der Art und Weise, in welcher mit Kindern philosophiert werden kann. Allerdings ist Momo nicht gegen Unsicherheit und Zweifel gefeit. So fragt sie sich, ob »am Ende alles nur ein Traum gewesen [war]. War das alles gar nicht wirklich geschehen?« (Ebd.) Gewissheit verschafft ihr die Schildkröte Kassiopeia, die für eine geraume Zeit ihre Begleiterin bleiben wird.

Rücksichtslose Durchmodernisierung

Mit dem 13. bis 16. Kapitel sind wir nicht nur zurück in die Diesseitswelt versetzt; mit diesen wird auch die realistische bzw. sozialkritische Erzählung fortgesetzt, die, wie bereits gesehen, einen bedeutenden Strang des *Momo*-Romans bildet. Was fügen diese Teile des Romans dem sechsten und siebten Kapitel am Beginn des zweiten Teils Neues hinzu? Es geht jetzt um die Unterwerfung der bislang noch geschonten Freunde Momos unter die Herrschaft der grauen Herren und ihrer Zeitökonomie. Diese Absicht bekundeten die grauen Herren bereits im zweiten Romanteil: »Wir werden einfach alle diese Personen von ihr abziehen, daß sie sie nicht mehr erreichen kann. Dann wird die arme kleine Momo völlig allein sein.« (S. 143)

Begonnen sei mit Nino, dem Wirt, der sich von der neuen Weise des beschleunigten und ertragsorientierten Wirtschaftens wieder losgesagt hatte. Er hat mittlerweile sein Lokal in ein modernes Schnellrestaurant mit breiter Fensterfront umgewandelt und wird von seiner ungeduldigen Kundschaft so gehetzt, dass er nur wenige Worte mit Momo wechseln kann (S. 192ff.). Wir haben es mit einer Paradeeinrichtung moderner Beschleunigung auch in den Arbeitspausen und der Freizeit zu tun.[16] Immerhin spendiert Nino Momo täglich eine Mahlzeit und sorgt so für ihr Überleben. Was den in exemplarischen Fallstudien dargestellten sozioökonomischen Wandel angeht, fügt diese Episode dem Roman nichts Wesentliches hinzu, sieht man einmal davon ab, dass der Essensbereich bislang allenfalls gestreift wurde. Sie ist denn auch mehr für den Handlungsverlauf bedeutsam, insofern Momo hier wichtige Informationen erhält und bspw. den jetzigen Wohnort von Gigi genannt bekommt.

Sodann geht es um die Gruppe der Kinder, die nicht in das Wirtschaftsleben integriert ist und deshalb nicht für das Zeitsparen gewonnen werden kann. Bereits im zweiten Teil wurden Kinder zu den »natürlichen Feinden« der grauen Herren gezählt. War damals vorrangig von der Korrumpierung der Kinder durch die moderne Spielzeugindustrie die Rede, so kommen jetzt sehr viel drastischere Maßnahmen zum Tragen: Die auf der Straße und im Amphitheater spielenden Kinder werden eingesammelt und gegen ihren Willen »in verschiedene Kinderdepots gesteckt«. In diesen kasernenartigen Einrichtungen werden die Spiele »von Aufsichtspersonen vorgeschrieben, und es waren nur solche, bei denen sie irgend etwas Nützliches lernten« (S. 187). Paolo, Franko und Maria, denen Momo später noch einmal begegnet, tragen »eine Art grauer Uniform« und wirken »seltsam erstarrt und leblos«. Auch Kinder dürfen ihre Zeit »nicht mehr nutzlos vertun«; sie spielen »Lochkarten […] das ist sehr nützlich, aber man muß höllisch aufpassen.« Auf Spaß kommt es dabei nicht an (S. 216). In diesen Passagen sind alle Motive der Ende'schen Schulkritik versammelt, die einem bereits aus dem ersten Band des *Jim Knopf* bekannt sind – man denke hier an die autoritäre Schule von Frau Mahlzahn. Hinzu kommt nun allerdings die Reserve gegen eine Didaktik, die sich spielerischer Methoden bedient und die Frau Mahlzahn noch unbekannt war. Die Propagierung spielerischen Lernens und sogenannter Lernspiele in der Tradition von Aufklärung und Reformpädagogik stellte ein Charakteristikum der späten 1960er und frühen 70er Jahre dar; sie stößt bei Ende auf

Ablehnung, weil damit der eigentliche Sinn kindlichen Spielens pervertiert werde.

Korrumpierung eines Geschichtenerzählers

Die Wandlung Gigis und dessen Integration in die moderne, profitorientierte Unterhaltungsindustrie fügt dagegen der Zeit- und Gesellschaftskritik des Romans eine neue und keineswegs unbedeutende Facette hinzu.[17] Kurz nach Momos Verschwinden, so wird berichtet, war ein Zeitungsartikel über Gigi erschienen, unter der Überschrift »Der letzte wirkliche Geschichtenerzähler« (S. 172). Dies hatte ihm größeren Zulauf verschafft, doch war er seiner bisherigen Erzählpraxis erst noch treu geblieben. Er hatte erzählt, »was ihm gerade einfiel«, und sich »standhaft [geweigert, HHE], die gleiche Geschichte zweimal zu erzählen, selbst als ihm das doppelte Geld dafür geboten wurde« (ebd.). Gigis ursprüngliches Geschichtenerzählen ist bei aller Bizarrerie unmittelbarer Ausdruck seiner schöpferischen Imagination, seiner Kreativität und Originalität. Dabei »hatte ihn seine Phantasie ihre schwebenden Wege geführt und er war ihr unbekümmert gefolgt« (S. 176). Hier schimmert, wie oben bereits angedeutet, die Genie-Ästhetik des späten 18. Jahrhunderts durch, nach der alle Poesie als authentischer Ausdruck des schöpferischen Subjekts gilt.

Gleichzeitig zeigt sich hier ein weiteres Mal, wie wenig Gigis Erzählkunst etwas mit dem althergebrachten Geschichtenerzählen zu tun hat. Gigis genialisches Erzählen konnte ehedem durch eine kongeniale Zuhörerin, wie Momo sie darstellte, beflügelt werden; deshalb »begann Momo ihm sehr zu fehlen, denn seine Geschichten hatten keine Flügel mehr […]« (ebd.). Bei ihrer Wiederbegegnung wünscht sich Gigi denn auch, Momo möge bei ihm wohnen: »Du sollst nur da sein und mir zuhören. Vielleicht fallen mir dann wieder wirkliche Geschichten ein, solche wie damals […].« (S. 209) Nicht zuletzt sind einzelne von Gigis Geschichten einer Person privatim gewidmet und sollen dieser »ganz allein gehör[en]« (S. 173). Sie erweisen sich damit nicht nur als ein Ausdruck des genialischen Schöpfertums, sondern auch als die Manifestation von Zuneigung. Als eine regelrechte Liebeserklärung an Momo darf man Gigis »Märchen vom Zauberspiegel« ansehen, das am Ende des ersten Teils steht und oben bereits zur Sprache gekommen ist.

Gigi wird erst von einem Reiseunternehmen, dann von Rundfunk und Fernsehen engagiert: »Dort erzählte er nun dreimal wöchentlich vor Millionen von Zuhörern seine Geschichten, und er verdiente eine Menge Geld.« (S. 172). Er beginnt, mit seinen Einfällen »haushälterisch« umzugehen und »seine Geschichten noch einmal zu erzählen, nur mit neuen Namen und ein bißchen verändert«. Seine Geschichten werden dabei nicht nur in Eile hervorgebracht, sondern von den Zuhörern auch »hastig verschlungen […] und sofort wieder vergessen«. Der Erzähler lässt sich schließlich zu einem Vertrauensbruch hinreißen: »Gigi war so benommen von diesem Tempo, daß er, ohne sich zu besinnen, hintereinanderweg alle Geschichten preisgab, die nur für Momo bestimmt waren.« (S. 173)

Gigis literarische Hervorbringungen sind zu einer Ware geworden, die als Tauschwert zur Erzielung eines immer höheren Einkommens eingesetzt wird und dazu dient, Gigis Traum eines Lebens in Luxus und Wohlstand zu verwirklichen. Dabei sind Gigi die negativen Seiten seines Aufstiegs zum Star der Unterhaltungsindustrie sehr wohl bewusst: Er spürt, dass seine Geschichten keine aufrichtigen Äußerungen von ihm selbst mehr sind, sondern schiere Betrügereien und Lügen (S. 176). »Er machte sich zum Hanswurst, zum Hampelmann seines Publikums, und er wußte es. […] Und so wurden seine Geschichten immer alberner oder rührseliger. Aber das tat seinem Erfolg nicht etwa Abbruch, im Gegenteil […].« Gigi beginnt »seine Tätigkeit zu hassen« und verliert dabei »alle Selbstachtung« (S. 176f.). Auch dieser Kulturschaffende geht jetzt also mürrisch und schlecht gelaunt einer entfremdeten Arbeit nach.

Nur kurz erwägt Gigi einen alternativen Weg: Als prominenter Künstler könnte er sich an die Spitze einer Bewegung stellen, um gegen die Machtentfaltung der grauen Herren vorzugehen: »Er war doch nun jemand, so sagte er sich, dessen Stimme Gewicht hatte und auf den Millionen hörten. Wer, wenn nicht er, konnte den Menschen die Wahrheit sagen! Er wollte ihnen von den grauen Herren erzählen!« Der Anruf eines grauen Herrn hindert ihn an der Umsetzung dieses Vorhabens. Dabei wird auch hier der Eindruck erweckt, als melde sich mit diesem Anruf bloß ein verdrängter Anteil von Gigis eigener Psyche: »Du hast zwar bisher noch nicht persönlich das Vergnügen mit uns gehabt, aber Du gehörst uns schon längst mit Haut und Haar.« (S. 174f.) Der Anrufer droht damit, »daß dein schöner Erfolg genau so schnell vorbei sein wird, wie er gekommen ist«, um dann zu fragen: »Ist es denn nicht viel angenehmer, reich und berühmt zu sein?« (S. 176) Bei der späteren Begegnung mit Momo hat Gigi diese Alternative, den Weg des aktiven Widerstandes, seltsamerweise wieder vergessen. Als Ausweg erwägt er jetzt, »den Mund [zu] halten, nichts mehr [zu] erzählen, [zu] verstummen, vielleicht für den Rest meines Lebens […].« Wieder »ein unbekannter, armer Teufel« zu sein, wäre für ihn jedoch »die Hölle«. Seine jetzige verachtete Tätigkeit »wäre zwar auch eine Hölle, aber wenigstens eine bequeme« (S. 208f.).[18]

Erpressung eines Straßenkehrers

Beppo ist die einzige Erwachsenenfigur des Romans, die sich den grauen Herren nicht eigenhändig unterwirft und sich von ihnen auch nicht korrumpieren lässt. Es ist der Einzige, der sich auf die Suche nach der verschwundenen Momo macht, wie er auch schon zuvor väterlich um das Mädchen besorgt war. Ist Gigi trotz des Altersunterschieds für Momo, wenn nicht ein potentieller Liebhaber, dann wenigstens ein guter und enger Freund, so erweist sich Beppo als eine Art Vaterersatz. Beppo hat sich bereits im mittleren Teil des Romans als jemand erwiesen, der drohende Gefahren voraussieht und sich über die Entschlossenheit der grauen Herren keine Illusionen macht. Seine Hellsichtigkeit gerät ihm im dritten Teil des Romans allerdings zum Verhängnis: Bei der Suche nach Momo gerät er wiederholt an Polizeibehörden, die seinen Erzählungen und Warnungen keinen Glauben schenken. Beppos Berichte über das Vordringen der grauen Herren halten sie für Ausgeburten einer krankhaften Phantasie, für ein schieres »Ammenmärchen« (S. 180). Weil Beppo auf der Wahrheit seiner Schilderungen besteht, wird er schließlich in ein »Krankenhaus für Nervenleiden« eingeliefert (S. 181), wo er zum Studienobjekt der psychiatrischen Fachärzte wird.

Die Episode gemahnt auf den ersten Blick an bestimmte Handlungszüge aus der phantastischen Literatur, in denen Berichte über phantastische Wesen oder Ereignisse auf den Unglauben der Mehrheit stoßen. Wer in diesen Werken die Wahrheit der Schilderungen bezweifelt, tut dies, weil er das Geschilderte für unwahrscheinlich, für unvereinbar mit den Wirklichkeitsgesetzen hält. Im *Momo*-Roman steht die Anwesenheit der grauen Herren in der Diesseitswelt des Romans jedoch außer Zweifel; diese können prinzipiell von allen wahrgenommen werden, wie kurzzeitig auch immer. Weil diese dunklen Mächte bestrebt sind, so verdeckt wie möglich zu agieren, sind sie vielen noch nicht begegnet. Diese neigen dazu, die Berichte anderer über die grauen Herren für übertrieben und bizarr zu halten. Hier liegt kein Realitätszweifel, sondern eine Abwehr von Bedrohlichem vor. Die Behördenvertreter wollen die drohende Gefahr nicht wahrhaben und erklären den Warnenden für unzurechnungsfähig.

In der Nacht erscheint ein grauer Herr an Beppos Krankenhausbett: Er behauptet, dass Momo in ihrer Gewalt sei, dass sie aber bereit seien, sie unter bestimmten Bedingungen freizulassen. Zu den Bedingungen zählt absolutes Stillschweigen über die grauen Herren und als Lösegeld die Erbringung von »hunderttausend Stunden eingesparter Zeit« durch extrem beschleunigtes Straßenkehren. Der um Momo besorgte, arglose Beppo willigt in den Handel ein und darf am nächsten Morgen die Klinik verlassen. Wir haben es also mit einer förmlichen Erpressung zu tun. Der zurückgekehrte Straßenkehrer »kehrte [...] nicht mehr wie früher

[...], sondern jetzt tat er es hastig und ohne Liebe zur Sache und nur um Stunden einzubringen. [...] er wäre lieber verhungert, als sich selbst so untreu zu werden. Aber es ging ja um Momo, die er freikaufen mußte [...].« (S. 184) Auch Beppos Tätigkeit hat damit zwangsweise Züge einer entfremdeten Arbeit abgenommen.

Einsamkeit und Resignation

Der Verlust ihrer Freunde und Bündnispartner lastet schwer auf Momo. Ihre Freunde sind für sie »unerreichbar«. Die grauen Herren sprechen es aus: »Es gibt niemand [!] mehr, mit dem du deine Zeit teilen kannst. [...] Du bist abgesondert von allen Menschen.« (S. 225) Aus Angst vor den Verfolgern wagt sie sich nicht mehr ins Amphitheater; sie lässt »sich einfach mittreiben in dem Strom der immer eiligen Menschenmassen« (S. 220). Verloren gegangen ist schließlich auch die Schildkröte Kassiopeia. Was Momo jedoch nie verlässt, ist »die lebendige Erinnerung an das Erlebnis bei Meister Hora, an die Blumen und die Musik« (S. 214). Doch droht angesichts ihrer vollständigen Isolation selbst diese Erinnerung noch ihre tröstende Wirkung gänzlich zu verlieren, kann Momo diese doch mit niemandem teilen. »Niemand war da, der ihr zuhörte, außer den Bäumen und den Vögeln und den alten Steinen.« (Ebd.) Momo taugt nicht für ein Eremitendasein; sie ist im Gegenteil auf die Rolle als Genius geeicht und bedarf als solche des Zugangs zu Menschen. Nach dem Aufenthalt bei Meister Hora scheinen die Rollen allerdings vertauscht zu sein: Statt selber die Zuhörerin zu sein, bedarf Momo nun der Menschen als Zuhörer, ist sie doch nun reich an Wissen über die Geheimnisse von Mensch und Kosmos, das weiterzureichen sie sich verpflichtet fühlt. »Es gibt Reichtümer, an denen man zugrunde geht, wenn man sie nicht mit anderen teilen kann.« (S. 215) In Augenblicken höchster Bedrängnis hat dieses Wissen jedoch immer noch eine tröstende Wirkung für Momo selbst: »Aber dann dachte sie an die Blumen und an die Stimmen der großen Musik, und im Nu fühlte sie sich getröstet und gestärkt.« (S. 224)

Im Augenblick tiefster Verzweiflung lässt der Autor seine Protagonistin aus der Rolle als Geniusfigur heraustreten. Momo ist die einzig übrig Gebliebene, die die Fahne des Widerstands gegen die grauen Herren hochhalten kann; sie muss sich deshalb um die eigene Existenz sorgen – und zwar um der Menschheit willen. Eben dies empfindet das Mädchen mit einem Mal als selbstsüchtig und egoistisch: »Die ganze Zeit hatte sie nur an sich, an ihre eigene Verlassenheit, an ihre eigene Angst gedacht! Und dabei waren es doch in Wirklichkeit ihre Freunde, die in Not waren.« (S. 222) Nach diesen Überlegungen »fühlte sie plötzlich eine seltsame Veränderung in sich«, so heißt es (S. 223). Dem Autor war offenkundig bewusst, dass hier ein Rollenwechsel zu geschehen hat.

Die nachfolgenden Sätze kündigen anscheinend eine ganz neue Momo an: »Das Gefühl der Angst und Hilfslosigkeit war so groß geworden, daß es plötzlich umschlug und sich ins Gegenteil verwandelte. Es war durchgestanden. Sie fühlte sich nun so mutig und zuversichtlich, als ob keine Macht der Welt ihr etwas anhaben könnte […].« (Ebd.) Der im zweiten Teil des Romans geschilderte Kampf gegen die grauen Herren wurde von Momos Freunden und Verbündeten ausgefochten; sie selbst war lediglich eine Verkörperung des Widerstandsgeistes. Hat die allein übrig gebliebene Momo sich nun selbst in eine Aktivistin, eine Kämpferin verwandelt? Hat sie sich zu einer Jeanne d'Arc des antikapitalistischen Widerstands aufgeschwungen? Ehrt es nicht jeden Widerstandskämpfer, wenn er bereit ist, sein Leben für die Sache aufzuopfern? So heißt es denn auch: »[…] es kümmerte sie überhaupt nicht mehr, was mit ihr geschehen würde.« (Ebd.)

Aufopferung für die Freunde?

Für welches Ziel aber will Momo sich selbst nicht mehr schonen? Sie scheint nicht mehr um Mensch und Gesellschaft bekümmert zu sein, sondern ausschließlich um das Überleben und Wohl ihrer Freunde. »Wenn es überhaupt noch jemand [!] gab, der ihnen Hilfe bringen konnte, dann war sie es. Mochte die Möglichkeit, die grauen Herren dazu zu bewegen, ihre Freunde freizugeben, auch noch so winzig sein, versuchen mußte sie es wenigstens.« (S. 222) Bei der neuen Momo handelt es sich offenkundig nicht um eine politische Aktivistin, sondern um eine Kämpferin für private Anliegen, so menschlich diese auch sein mögen. Sie beabsichtigt nun, sich den grauen Herren zu stellen, mit anderen Worten: sich selbst aufzuopfern, um dadurch ihre Freunde zu retten. Sie will den Weg einschlagen, den bereits Beppo gegangen ist, der ebenfalls meinte, durch eine Selbstaufgabe Momo retten zu können. Beide, Beppo und Momo, beweisen hier ein Höchstmaß an Uneigennützigkeit und Mitmenschlichkeit, verkennen aber aufgrund ihrer eigenen Gutgläubigkeit und Naivität die politische Dimension des hier vorliegenden Konflikts.

Was wäre denn gewonnen, wenn Momo durch Selbstaufopferung ihre Freunde rettete? Die Machtgelüste der grauen Herren würden dadurch nicht in die Schranken gewiesen. Letztere machen Momo sogar noch ein Angebot, das eine Selbstaufgabe ganz überflüssig machen würde: »Du bekommst […] deine Freunde zurück und ihr könnt wieder euer altes, lustiges Leben führen. Das ist doch ein lohnendes Angebot! […] denk doch an dich und deine Freunde. Was machst du dir Gedanken um Meister Hora. Das laß doch seine Sorge sein.« (S. 227) Auch dass sie dieses Angebot nicht annimmt, liegt an ihrer Loyalität gegenüber ihren Freunden aus der Stadt. Die aus Freundschaft resultierende Verpflichtung hat an dieser Stelle zwar einen menschlichen, aber keinen politischen Wert; sie steht vielmehr für den Rückzug von allem politischen Handeln. In Bezug auf das politische Handlungsziel ihrer Freunde stellt Momos Rollenwechsel keinen Gewinn dar, wie es auf den ersten Blick erscheinen könnte; wir haben es vielmehr mit einem Abfall, einem Irrewerden an sich selbst als politischer Symbolfigur zu tun.

Aufgrund ihrer vollständigen Isolation verliert Momo alle Züge einer politischen Symbolfigur und kann in dieser Rolle den grauen Herren deshalb auch nicht mehr gefährlich werden. Eine Bedrohung stellt sie einzig noch als Trägerin eines höheren Wissens, insbesondere des Geheimnisses um die »Stunden-Blumen«, dar (S. 226). Sie könnte dieses Wissen anderen mitteilen, sind ihr hierfür doch die Worte zugewachsen. Fremden Mächten den Zugang zu den Quellen dieses Wissens zu weisen, würde diesen die Möglichkeit eröffnen, dieses zu manipulieren und zu entstellen, und eben daran sind, wie bereits erwähnt, die grauen Herren interessiert. Weil diese irrigerweise annehmen, mit Hilfe von Momo einen Zugang zu Meister Hora finden zu können [u.E. müsste es so lauten, damit es zum Rest des Satzes passt, bitte prüfen], haben sie bisher von ihrer Beseitigung abgesehen. Als sie erfahren, dass Momo sich an den Weg zu Hora nicht mehr erinnern kann, entfällt auch dieser letzte Schonungsgrund (S. 228). Momo hätte das Angebot eines Rückzugs mit ihren Freunden ins Private also ohnehin nicht nutzen können, war dieses doch an die Bedingung geknüpft, den Weg zu Meister Hora zu verraten. Damit aber kann von einem vollständigen Scheitern allen Widerstandes gegen die Herrschaft der grauen Herren gesprochen werden. Was kann noch geschehen, so fragt sich Momo, »nachdem alle Hoffnung für sie und ihre Freunde ein für alle Mal dahin war?« (S. 230) Zuvor schon hatte sie mit dem Gedanken gespielt, Meister Hora zu bitten, »ihr keine Zeit mehr zuzuteilen, oder ihr zu erlauben, bei ihm in Nirgend-Haus für immer zu bleiben.« (S. 215) Beides liefe im Übrigen auf dasselbe hinaus – auf einen Freitod nämlich. Versteht sich, dass Meister Hora dies nicht zulassen kann; er schickt seine Botin Kassiopeia im rechten Augenblick, um Momo zu sich zu holen.

Die Rettung naht

Ein erstes Scheitern ihrer Bemühungen erleben allerdings auch die grauen Herren. Zwar heften sie sich in großen Massen an die Fersen von Momo und Kassiopeia, doch ist ihnen der Zutritt zu Meister Horas Reich verwehrt. Das Nirgend-Haus ist von einem unsichtbaren Schutzwall umgeben, der bewirkt, dass die eindringenden grauen Herren sich in Nichts auflösen. Da sie nur aus

»gestohlener Zeit« bestehen und diese im Nirgend-Haus wieder zurück- und aufgesogen wird, so Meister Horas nachträgliche Erklärung dieses seltsamen Phänomens, bleibt von ihnen nichts mehr übrig (S. 238). Die davongekommenen grauen Herren beschließen daraufhin, ihre Strategie zu ändern. Da sie nicht direkt zu Hora gelangen und seiner habhaft werden können, versuchen sie ihn zu »erpressen« (S. 241). Sie beginnen damit, das Nirgend-Haus vollständig in eine Zigarrenrauchwolke einzuhüllen. Die Folge wäre eine Kontaminierung der von Meister Hora ausgesendeten Lebenszeit, was verheerende Auswirkungen hätte: Die Menschen würden in Antriebslosigkeit, Unlust und Missmut versinken und an der »Krankheit« der »tödlichen Langeweile« zugrunde gehen – mit anderen Worten: ebenfalls zu grauen Herren mutieren (S. 243). Letztlich wäre damit auch Meister Hora die Existenzgrundlage entzogen, kann es ihn doch, sollte unsere obige Deutung dieser Symbolfigur zutreffen, nur geben, solange es noch Menschen gibt, die sich frei entscheiden können – für welche Seite auch immer. Diese Konsequenz wird im Roman allerdings nicht angedeutet, wie auch nicht zur Sprache kommt, dass sich damit auch die grauen Herren ihrer Lebensgrundlage berauben würden.

In jedem Fall sieht Meister Hora sich jetzt herausgefordert: »Aber nun kann ich nicht länger warten. Ich muß etwas tun.« (S. 244) Damit sind wir an einen Wendepunkt des Romangeschehens gelangt, der uns in ähnlicher Weise bereits in den Schlusspartien des *Jim Knopf* begegnet ist: Mit der neuerlichen Aktion der grauen Herren – dem Einräuchern des Nirgend-Hauses – wie mit Horas noch ausstehenden Gegenmaßnahmen sind die menschlichen Vertreter als eigenständige Handlungsmacht demissioniert und zu bloßen Zuschauern eines Kampfes zwischen mythischen Gestalten herabgesetzt. Wie sich später herausstellt, sind sie nicht einmal Zuschauer dieses Kampfes, von dem sie mehrheitlich gar nichts mitbekommen haben (S. 267). Die Angelegenheit tragen die mythischen Mächte gewissermaßen unter sich aus.

Bei Momos erstem Aufenthalt im Nirgend-Haus zeigte sich Meister Hora zufrieden über die Widerstandsaktionen von Momos Freunden und Verbündeten, insbesondere über die große Kinderdemonstration: »Um aber wieder auf Dich und deine Freunde zu kommen, [...] muß ich dir mein Kompliment machen. Eure Plakate und Inschriften haben mich außerordentlich beeindruckt.« (S. 151) Jetzt kann Hora seine Enttäuschung über die Menschen nicht verbergen: »Ich habe bis jetzt darauf gewartet, daß die Menschen selbst sich von diesen Plagegeistern befreien würden. Sie hätten es gekonnt, denn sie selbst haben ihnen ja auch zum Dasein verholfen.« (S. 243f.) Die Enttäuschung dürfte auch Momos Freunde, also Gigi und Beppo, betreffen, während den Kindern keine Vorwürfe zu machen wären, wurden sie doch zwangsweise in die Depots eingeliefert. Ausgenommen dürfte auch Momo sein, hat sie sich doch auch in größter Bedrängnis geweigert, Meister Hora zu verraten: »Selbst wenn ich's könnte, ich tät's nicht.« (S. 228)

Mit dem Entschluss, aktiv zu werden, gewinnt die Figur des Meister Hora eine neue Facette: Wir sahen sie oben als Verkörperung authentischer menschlicher Lebenszeit nicht *in actu*, sondern nur *in potentia*, als bloße Möglichkeit und unabhängig davon, ob diese von Menschen auch angenommen und realisiert wurde. Jetzt wird er darüber hinaus zu einer Instanz, die auch dafür sorgt, dass eine Realisierung von nicht entfremdeter Lebenszeit prinzipiell möglich bleibt und nicht grundsätzlich ausgeschlossen wird. Er schreitet ein, wenn eine Möglichkeit in eine prinzipielle Unmöglichkeit umzuschlagen droht. Hora symbolisiert also eine Möglichkeit des Menschen und garantiert diese zugleich, indem er gegen das Aufkommen von Verhältnissen einschreitet, die jegliche Realisierbarkeit des Möglichen ausschließen würden. Er tut dies allerdings nur im äußersten Notfall – dann nämlich, wenn die Menschen nicht mehr in der Lage sind, dies selber zu bewerkstelligen.[19]

Eine weitere Facette gewinnt auch die Momo-Figur: Da Hora seine Welt nicht verlassen und in die Menschenwelt eintreten kann, bedarf er eines Wesens, das seinen Plan in die Tat umsetzt. Momo wird beauftragt, den grauen Herren die Nahrung zu entziehen und so für deren Verschwinden zu sorgen. Hora vermag freilich nur grobe Anweisungen zu geben; wo die grauen Herren die gestohlene Zeit versteckt und gelagert haben, weiß auch er nicht. So hängt der Erfolg der durchaus riskanten Aktion von Momos Mut und Geschicklichkeit ab:

> Ich muß dich in eine Gefahr schicken, die gar nicht zu ermessen ist [...]. Und es wird von Dir abhängen, Momo, ob die Welt für immer still stehen wird, oder ob sie von neuem beginnen wird, zu leben. Willst Du es wirklich wagen? [...] du wirst ganz und gar auf dich gestellt sein und ich werde dir nicht mehr helfen können. Ich nicht und niemand sonst. (S. 244)

Mit der durchaus zögerlichen Übernahme dieser überaus gewichtigen Aufgabe – geht es doch um nichts Geringeres als um die Rettung der Menschheit – verwandelt sich Momo in eine Heldin, die aus einem Gefühl der vollständigen Niedergeschlagenheit wieder zu Stärke, Mut und Entschlossenheit findet.

Erlösung durch eine überirdische Macht

Allerdings haben wir es bei dieser Heldin nicht mit einem Handeln allein aus eigener Ermächtigung und eigener Willensstärke zu tun. So sehr es auch auf sie selbst ankommen mag, so bleibt sie doch nur die Ausführende bei der Durchsetzung der strategischen Vorhaben Meister Horas. Zudem wird ihr die Schildkröte Kassiopeia an die Seite gestellt: »Die Vorstellung, nicht ganz allein zu sein, machte ihr Mut.« (S. 245) So gleicht Momo in diesem letzten Abschnitt des Romans weniger den Heroen der antiken und mittelalterlichen Heldenepen, sondern mehr den Heldenfiguren volkstümlicher Schwankerzählungen.[20] Deren vermeintliche Heldentaten verdanken sich ihrer Geschicklichkeit, Pfiffigkeit und Listigkeit oder aber dem schieren Zufall. Dem Autor scheint es darauf angekommen zu sein, Momo auch in ihrer Rolle als Vertreiberin der grauen Herren nicht abheben zu lassen. Auch jetzt noch bleibt sie sich als kleines Mädchen treu.

Immerhin ist es doch ein Mensch, Momo nämlich, der die Menschheit vom Übel der grauen Herren befreit, so könnte man meinen. Doch zögert man, Momo am Ende für die wirkliche Retterin der Menschenwelt dieses Romans zu halten. Zwar ist von ihrem »größten Abenteuer« die Rede (S. 247), doch wirkt sie bei der Verfolgung der grauen Herren wie eine Getriebene, die nicht so recht weiß, wie ihr geschieht. Immer wieder hält sie verdutzt und verängstigt an, um von Kassiopeia förmlich mit der Nase auf die nächsten Schritte hingewiesen zu werden. So muss sie auch nicht zum Angriff übergehen, da sich die grauen Herren mangels lebensnotwendiger Nahrung vor ihren Augen von selber in nichts auflösen. Die Vernichtung dieser bösen Mächte bleibt im Wesentlichen das Verdienst von Meister Hora, der die Zeit für eine Stunde angehalten und die grauen Herren damit von allem lebendigen Nachschub abgeschnitten hat. Momo gelingt es lediglich, den Zugriff auf die Vorrats- bzw. »Zeit-Speicher« zu vereiteln. Aufs Ganze gesehen bleibt die Beseitigung des erdrückenden Übels eine Folge des strategischen Handelns einer überirdischen Macht und nicht eine autonome Errungenschaft der Menschen.

Dabei hatte der Roman durchaus Möglichkeiten eines menschlichen Widerstands aufgezeigt: Zu denken wäre hier an die Kinderdemonstration, durch welche die Erwachsenen mobilisiert werden sollten. Auch Gigi erwägt Widerstandsaktionen, die von bekannten Kunst- und Kulturschaffenden hätten getragen werden können. Im Roman scheitert eine der beiden Aktionen, während die andere von vornherein für aussichtslos gehalten wird. Bezüglich des in der Menschheit selbst angelegten Befreiungspotentials und Befreiungswillens gelangt der Roman zu einer ziemlich pessimistischen Einschätzung. Unweigerlich sieht man sich an dieser Stelle auf die Entstehungszeit dieses Werks verwiesen: In dieser herrschte auf vielen Seiten der Eindruck vor, dass die von Studenten und Schülern ausgelöste Revolte von 1968 gescheitert sei.

Prinzipiell ausgeschlossen wäre es nämlich keineswegs, die Handlung des Romans auf eine Selbstbefreiung der Menschen hinauslaufen zu lassen: Könnten sich Beppo und Gigi nicht zu

Gallionsfiguren eines revolutionären Bündnisses von Arbeitern und Intellektuellen entwickeln, das unter dem Banner Momos auf den Sturz des Kapitalismus hinwirken würde? Jenseits der damaligen sogenannten K-Gruppen wusste man in diesen Jahren allerdings nicht so recht, wer denn nach dem Scheitern der Studentenbewegung und dem Misslingen einer Arbeitermobilisierung als revolutionäres Subjekt noch in Frage kommen könnte. Anscheinend sah sich auch Michael Ende zu diesem Zeitpunkt nicht in der Lage, eine Antwort auf die Frage nach dem revolutionären Subjekt zu geben. Liegt hier etwa ein Pessimismus aus Verlegenheit und Ratlosigkeit vor?

Ein Märchenschluss?

An der Idee einer Befreiung der Menschheit vom Joch der kapitalistischen Zeitökonomie wollte Michael Ende nun doch festhalten und dies in seinem Roman auch zum Ausdruck bringen. Damit wäre ein pessimistischer Ausgang der Romanhandlung jedoch nicht vereinbar gewesen. Um Hoffnung – wie brüchig auch immer – zu wecken, bedurfte es bei allem Pessimismus doch eines positiven Endes. Hierin liegt nach unserer Auffassung das profunde Dilemma des Romanschlusses. Der Autor entzieht sich diesem unauflöslichen Dilemma durch eine Flucht ins Märchenhafte und erfüllt damit die im zweiten Untertitel gemachte Ankündigung, dass wir es mit einem »Märchen-Roman« zu tun haben.

Auf welches Märchenverständnis aber gründet sich diese Klassifizierung? Es dürften hier zwei gemeinhin anerkannte Eigenschaften dieser Erzählgattung eine Rolle spielen: Zum einen weisen Märchen durchweg einen positiven Schluss, ein glückliches Ende auf. Sie münden in einen Zustand wiederhergestellter Harmonie und allseitiger Befriedung. Hier zeigt sich eine gewisse Nähe zu der Ernst Bloch'schen Auffassung, nach welcher Märchen die Hoffnung des einfachen Volkes auf ein zukünftiges befreites Leben wachhalten. Zum anderen wissen Märchen den glücklichen Endzustand nur auf eine höchst wunderbare und damit unnachahmliche Art und Weise herbeizuführen. Das in der Regel ziemlich unwahrscheinliche Märchenglück wird nur erträumt, bloß herbeiphantasiert. Beide Züge kennzeichnen auch den Schluss des *Momo*-Romans: Der anfängliche harmonische Zustand ist vollends wiederhergestellt – und zwar auf eine wunderbare Weise durch den Eingriff einer jenseitigen Macht, eines *deus ex machina*. Der Roman hält damit an der Idee eines erfüllten, nicht entfremdeten Lebens fest, erweist sich aber bezüglich der Realisierung dieser Idee als ein bloßes Märchen.[21]

Wie wenig wir den Schluss des Romans für bare Münze nehmen sollen, zeigen die sich häufenden Ironie-Signale. An dieser Stelle sei nur der märchenhafte Höhepunkt angeführt: Nachdem Momo die Tür zu dem »Zeit-Speicher« geöffnet hat, strömt eine Wolke aus Stundenblumen, »ein Sturm aus lauter befreiter Zeit« (S. 264), heraus, von dem das Mädchen erfasst wird. Sie wird davongetragen »als sei sie selbst eine Blume, hinaus aus den finsteren Gängen, hinauf über die Erde und hinauf über die große Stadt«. Bald aber senkt sich die Blumenwolke, »und die Blumen fielen wie Schneeflocken auf die erstarrte Welt [...], um dorthin zurückzukehren wohin sie eigentlich gehörten: in die Herzen der Menschen.« (S. 265).

Unmerklich hat sich damit eine fundamentale Änderung des Weltzustandes ergeben: »Alle Leute hatten nämlich plötzlich unendlich viel Zeit. Natürlich war darüber jedermann außerordentlich froh [...].« (Ebd.) Es dauert nur wenige Augenblicke, bis sich alle Freunde und Verbündeten wieder um Momo scharen (S. 266f.); das gutgesinnte Romanpersonal versammelt sich gleichsam zu einem Schlusstableau auf der Bühne. Wer's glaubt, wird selig – so schimmert es zwischen den Zeilen dieser letzten Romanpassagen hervor. Dabei hat die Ironie in diesen Absätzen nichts Aufdringliches, nichts Bitteres an sich; ihr haftet im Gegenteil etwas Rührendes, Melancholisches und Sentimentales an. Man könnte von einer Ironie mit glänzenden Augen sprechen, kurz und gut: von einer romantischen Ironie, die der Unvollkommenheit und Endlichkeit allen wirklichen Lebens und der Ferne aller Glückserfüllung eingedenk bleibt.

Unsere Interpretation des Romans mündet also in die Annahme eines doppelten, eines exoterischen und eines esoterischen Handlungsschlusses: Auf der exoterischen Ebene mündet der Roman märchenhaft in die Wiederherstellung der gestörten Harmonie der Weltordnung, in einen klassischen mythischen Sieg also, während er auf der esoterischen Ebene in Disharmonie und Ausweglosigkeit mündet.[22] Er lässt für unsere Begriffe keinen Zweifel daran, welche der beiden Schlussvarianten ernst zu nehmen ist, tut aber gleichzeitig so gut wie alles, um eben dies zu kaschieren. Er gibt sich nach außen hin optimistisch, während er im Innern dabei ist zu verzagen. Er steht damit in einer Erzähltradition, deren Anfänge in die deutsche Romantik zurückreichen. So weisen etwa einzelne Erzählungen E.T.A. Hoffmanns einen höchst ambivalenten Schluss auf: Im *Goldenen Topf* (1814/19) etwa oder in *Nußknacker und Mausekönig* (1816) entschwinden die Protagonisten am Ende in ein paradiesisches Jenseits, wo sie im wirklichen Leben doch gescheitert sind.

Epilog

Damit ist ein Stichwort gefallen und die Frage nach den im *Momo*-Roman wirksamen literarischen Traditionen angeschnitten. Dieser Frage im Detail, gründlich und sorgfältig nachzugehen, würde den hier gesteckten Rahmen sprengen. Wir begnügen uns deshalb mit Andeutungen und Stichworten. Wir haben es mit dem Fortschreiben höchst verschiedener, auf den ersten Blick unvereinbarer Erzähl- und Gattungstraditionen zu tun. Was die sozialkritischen Passagen des Romans angeht, so lassen diese nach meinem Eindruck eine Beeinflussung durch das Brecht'sche epische Theater erkennen.[23] Wir haben es mit relativ selbständigen Szenen zu tun, die eine markante Situation aufgreifen, anhand derer gesellschaftliche Veränderungen sichtbar gemacht werden. Wie bei Brecht, so haben wir es auch hier mit einer knappen, gedrungenen Darstellungsweise zu tun, die sich keinerlei Ausschweifungen erlaubt. Dabei werden die aufgebotenen Figuren – wie bei Brecht – in ihren Nöten und Zwängen ernst genommen und alles vermieden, was sie bloßstellen oder gar lächerlich machen könnte. An einer satirischen Herabsetzung der menschlichen Figuren ist dem Autor nicht gelegen. Die für das epische Theater charakteristische kühle Distanz zum Dargestellten, die aller Mitleidsdramatik vorbeugen soll, scheint bei Ende jedoch gemäßigter auszufallen; eine gewisse mitfühlende Anteilnahme am Schicksal der Figuren ist durchaus zu spüren. Die kommentierende Erzählerrolle würde der Erzählerfigur des epischen Theaters gut anstehen, wie sich die Kapitel 6 und 7, 13 bis 15 überhaupt für eine Dramatisierung geradezu anbieten. Tatsächlich ist kaum ein Werk der Gegenwartsliteratur so häufig auf die Bühne gebracht worden wie Michael Endes *Momo*-Roman.

Romantische Einflüsse

War in den *Jim Knopf*-Erzählungen noch keinerlei Einfluss der Romantik zu erkennen, so verhält es sich jetzt anders. Der Stil des *Momo*-Romans hat nichts mehr mit dem humorvoll-witzigen, bisweilen leicht ironischen Ton des vorausgegangenen Werks gemeinsam, das darin, wie gezeigt, dem aufgeklärten europäischen Feenmärchen verpflichtet war. Der Tonfall des späteren Werks ist demgegenüber ernst, ergriffen, ja tendenziell andächtig und legendarisch; er will einen spüren lassen, dass es um eine tief bewegende Geschichte geht, in welcher ein unendlich bedeutungsvolles Geschehen dargestellt wird. Wir haben es mit einer naiv, ja, geradezu fromm wirkenden Erzählweise zu tun, die sich gleichzeitig äußerst bedeutungsschwanger gibt. Stets hat man den Eindruck, dass es um mehr geht als nur um den konkreten Fall. Wo dennoch zum Mittel der Ironie gegriffen wird, stoßen wir auf eine ganz andere, eine wehmütige, eben eine romantische Ironie. Ein Stück weit scheint dieser Stil bei Autoren der Romantik abgeschaut zu sein – bei Ludwig Tiecks *Sternbald*-Roman (1798), den *Herzensergießungen* (1797) oder dem *Ofterdingen*-Roman des Novalis (1802) –, wobei auch hier eine gewisse Abschwächung nicht zu übersehen ist. Diesen Werken der Frühromantik dürften auch einzelne Figuren, Motive und Symbole entnommen sein, was bei der Blumensymbolik am auffälligsten hervortritt.[24] Die Figur des Meister Hora erinnert entfernt an den Einsiedler und Arzt Sylvester aus dem *Ofterdingen*-Roman, der den Protagonisten in die Geheimnisse der Natur einweiht. Diesen und weiteren Bezügen nachzugehen, muss späteren Nachforschungen überlassen werden.

Auf einen etwas abseitigeren Vorläufer sei an dieser Stelle dennoch hingewiesen. Gemeint ist eine Märchenkomödie für das Marionettentheater, das aus der Feder von Franz Pocci stammt: *Prinz Rosenrot und Prinzessin Lilienweiß oder Die bezauberte Lilie. Romantisches Zauberspiel in drei Aufzügen*, erschienen 1859. Die Position der grauen Herren wird hier von dem Zauberer Negromanticus eingenommen, dessen üble Aktivitäten u.a. darin bestehen, »schöne Jungfrauen« zu entführen und diese in Blumen zu verwandeln. Zu deren Aufbewahrung hat Negromanticus in seinem Zaubergarten ein großes Beet angelegt. Rosenrot, der Befreier, weiß sofort Bescheid: »Sieh' her das Blumenbeet. Dies werden wohl unsere verzauberten Fräulein sein.« Die Blumen antworten im Chor: »Wir sind es ja, wir Blumen aller Arten, / Die schon so lange auf Erlösung warten. / O kommt, befreit uns durch den Zweig der Eiche, / Damit der böse Zauber von uns weiche.« Darauf Rosenrot: »Wer könnte noch zögern, das süße Werk zu vollbringen? […] Göttliche Fee Liebinniglich! In deinem Namen berühre ich die Blumen, damit sie wieder Mädchen werden.«[25] Der Hinweis auf Pocci soll zeigen, dass Michael Ende aus einem Reservoir romantischer Motive und Symbole schöpft, das bereits Mitte des 19. Jahrhunderts eine beträchtliche Popularität besessen hat.

Schauermotive à la E.T.A. Hoffmann

Was die Verschränkung von realistischer und mythologischer Darstellungsweise angeht, so wäre man bei der Suche nach literaturhistorischen Ausgangspunkten auf die Erzählungen E.T.A. Hoffmanns verwiesen. In diesem Punkt erweist sich der *Momo*-Roman als ein wahrhaft hoffmanneskes Werk, das mit Schauermotiven nicht spart. Wie bei E.T.A. Hoffmann, so haben wir es auch hier mit einer doppelten, einer Diesseits- und einer Jenseitswelt zu tun.[26] Recht deutlich verlaufen die Grenzen zwischen Meister Horas Reich und der Vorstadtwelt, wie auch die hier stattfindenden Schwellenüberschreitungen ausführlich gestaltet werden. Bei den grauen Herren handelt es sich um – mit magischen Fähigkeiten ausgestattete – Jenseitsfiguren, die in der Menschenwelt ihr übles Wirken entfalten. Was sie jenseits ihres realweltlichen Auftritts sind, wird uns allerdings vorenthalten. Offen bleibt darüber hinaus, ob ihnen überhaupt noch eine Jenseitswelt zusteht, die in jedem Fall eine Gegenwelt zu derjenigen Meister Horas darstellen müsste, ein Totenreich, einen Hades, christlich gesprochen: eine Art Hölle. Davon aber ist keine Rede!

Die grauen Herren hausen in einer gewaltigen, Schauer erregenden Baugrube, zu der grundsätzlich jedermann Zugang hat. Haben wir es möglicherweise mit abtrünnigen und auf ewig heimatlosen Jenseitsfiguren zu tun – christlich gesprochen mit gefallenen und verstoßenen Engeln, die zu einem Dasein in der Endlichkeit verdammt und jenseits ihrer grauen menschlichen Hülle nichts sind? Dann wäre der Plan, sich Meister Horas zu bemächtigen, gleichzeitig ein Versuch der Wiedergewinnung einer Jenseitsposition, der Wiedererlangung von ursprünglicher Gottesnähe. Im Roman wird diese Möglichkeit nicht in Erwägung gezogen, womit das Böse als ein Nichts im Verhältnis zum Guten ausgewiesen wäre, dem allein Substanz und Absolutheit zukommen würde. Damit böte der Roman bei allem düsteren Ausgang doch noch einen Trost – die metaphysische Gewissheit nämlich, dass bei aller Herrschaft des Bösen allein das Gute Bestand haben kann.

Die Phantastik im engeren Todorov'schen Sinne, die bei E.T.A. Hoffmann einen gewichtigen Platz einnimmt, taucht im *Momo*-Roman dagegen nicht mehr auf.[27] Von einem Zweifel an der Realität der grauen Herren wie auch an der Existenz von Meister Hora und seiner Welt ist nirgendwo die Rede; die Ungewissheit als Schlüsselelement von Phantastik findet sich an keiner Stelle, weshalb auch nicht von einem phantastischen Roman gesprochen werden sollte. Allerdings deutet sich schon bei E.T.A. Hoffmann eine Verlagerung von der Ungewissheit, von der Frage nach dem Wirklichkeitscharakter hin zu der Frage nach der Bedeutung des Wunderbaren und Mythischen an. Diese Verlagerung ist in Michael Endes Roman zum Abschluss gelangt. Unter Zugrundelegung aktueller Gattungsdifferenzierungen sollte man deshalb von einem Fantasy-Roman sprechen.[28] Angesichts seiner Verwobenheit mit einem realistischen Stadtroman läge es nahe, ihn der Subgattung der *urban fantasy* zuzurechnen.

Ein wahres Volksbuch

Wer bereit ist, sich unvoreingenommen auf Michael Endes *Momo* einzulassen, der kann über den enormen Anspruch dieses Romans nur ins Staunen geraten. Beansprucht wird nicht mehr und nicht weniger als eine Gesamterfassung der gesellschaftlichen Moderne mit den Mitteln des Erzählens von Geschichten. Wir haben es nicht eigentlich mit einem zeitgeschichtlichen, auch nicht mit einem klassischen Gesellschaftsroman zu tun; wir würden eher von einem sozialphilosophischen, teils auch von einem geschichtsphilosophischen Erzählwerk sprechen. Umso irritierender ist die Tatsache, dass die Michael Ende-Forschung der letzten anderthalb Jahrzehnte diesen Roman ziemlich aus den Augen verloren hat. Die sechs Jahre später erschienene *Unendliche Geschichte* hat entschieden mehr Aufmerksamkeit auf sich gezogen. Im Unterschied zu dem späteren Werk besitzt der *Momo*-Roman nicht einmal ansatzweise eine jüngere Auslegungs- und Interpretationsgeschichte, geschweige denn, dass ihm der Platz in der westlichen deutschsprachigen Nachkriegsliteratur zugewiesen worden wäre, der ihm zukommt.

Ein Grund hierfür mag sein, dass sich Endes *Momo* zu einem populären, ja, äußerst populären Roman entwickelt hat und deshalb doch wohl kaum eine intellektuelle Herausforderung darstellen könne. Tatsächlich hat dieses Werk das Zeug zu einem wahren Volksbuch der Gegenwart, das von Lesern jeden Alters und höchst unterschiedlichen Bildungsgrades verschlungen werden kann. Was sind die Ingredienzen dieser Popularität? *Erstens* die Brecht'sche gedrungene, plastische und klare Gesellschaftsanalytik von großer Eindringlichkeit; *zweitens* die der Romantik abgelauschte schlichte, geradlinige und ergreifende Erzählweise, die den Verzicht auf alle narrativen Techniken des modernen Romans impliziert; *drittens* der Verzicht auf reflexive Einschübe in Gestalt von langatmigen theoretischen Erzähler- oder Figurenäußerungen, wie sie für viele moderne Romane charakteristisch sind; stattdessen *viertens* der Einsatz von phantastischen Bildelementen von geradezu unglaublicher Treffsicherheit und Eingängigkeit, aufgrund derer man diesem Roman bescheinigen darf, einen gewichtigen Beitrag zu einer Mythologie der Moderne geleistet zu haben. Die große Leistung des Romans besteht darin, abstrakte gesellschaftliche Verhältnisse sowie grundlegende philosophische Ansichten in eine Erzähl- und Bildsprache übersetzt zu haben, ohne all diese gewichtigen Gehalte grundlegend zu entstellen oder zu verflachen. *Fünftens* der auf der wörtlichen Ebene, auf der Oberfläche angesiedelte märchenhafte Schluss, der vom Sieg des Guten kündet und dessen ironische Relativierung auf geschickte Weise kaschiert wird. *Sechstens* die Verschleierung moderner Autorschaft im Epilog.

Hier gibt der Autor vor, die Geschichte von Momo gar nicht selbst erfunden, sondern von einem Fremden erzählt bekommen zu haben (S. 269). Dabei spielt es keine Rolle, um wen es sich bei dem fremden Überlieferer handelt. Ein echtes Volksbuch kann nun einmal nicht der kreativen Phantasie eines modernen Literaten entsprungen sein; es muss vielmehr so aussehen, als sei es aus kollektiver Überlieferung hervorgegangen und von anonym bleibenden Leuten mündlich weitergegeben worden, bis einer unter den Zuhörern das Erzählte »aus dem Gedächtnis« niedergeschrieben hat (ebd.). Darüber hinaus pflegen Volksbücher auch nicht von einmaligen Ereignissen, von historisch-konkreten und womöglich nachprüfbaren Vorgängen zu berichten. Ihre

Geschichten können in der Vergangenheit liegen, doch auch in der Zukunft sich noch ereignen. Es geht in Volksbüchern um exemplarische Vorgänge zeitenthobenen Charakters, aus denen alle Zeiten eine Lehre ziehen können. Entgegen aller vorgezeigten Abneigung des Autors Michael Ende gegen belehrende Dichtung sind echte Volksbücher ohne einen belehrenden Charakter nicht vorstellbar, was nicht zuletzt auch auf *Momo. Die Geschichte von den Zeitdieben und von dem Kind, das den Menschen die gestohlene Zeit zurückbrachte* zutreffen dürfte.

Der Epilog ist ein Beleg dafür, dass der Autor auf durchaus bewusste Weise mit althergebrachten Erzählformen und -gattungen gespielt hat, womit er sich übrigens von Bertolt Brecht gar nicht so sehr unterscheidet. Ob er dabei speziell an die sogenannten Volksbücher gedacht hat, sei dahingestellt. Literarisch versiertere Leser sollten sich durch die erzählerische Schlichtheit von *Momo* jedenfalls nicht täuschen lassen. Schon gar nicht darf hieraus auf eine ästhetische bzw. poetologische Zurückgebliebenheit des Autors geschlossen werden. Wir haben es im Gegenteil mit einem subtilen Spiel mit althergebrachten Formen, mit einer kunstvoll inszenierten Naivität zu tun. Diese wird an einzelnen Stellen denn auch reflexiv durchbrochen – dort nämlich, wo der Ursprung aller Mythisierungen in der menschlichen Phantasie zur Sprache gebracht wird. Nicht zuletzt sollte man sich durch die vorgespiegelte Naivität nicht dazu verleiten lassen, diesen Roman hinsichtlich seines Gehalts zu unterschätzen. Gewiss dürfte die – auf den ersten Blick oft nicht auszumachende – Bedeutung der Geschichten und der Bildelemente dieses Werks von der Mehrzahl der Leser nur erahnt werden, ohne dass sie diese schon in Worte fassen und auf den Begriff bringen könnten. Wer sich dennoch vornimmt, die hintergründige Bedeutung der zahlreichen Einzelepisoden und mannigfaltigen Bildelemente aufzuschlüsseln und begrifflich zu erfassen und darüber hinaus die höchst unterschiedlichen, aber doch kunstvoll verschlungenen literarischen Verfahren namhaft zu machen, steht vor einer beträchtlichen intellektuellen Herausforderung.

Abb. 9: Umschlagtitel der Erstausgabe von 1979 im K. Thienemanns Verlag, Stuttgart; Gesamtausstattung Roswitha Quadflieg

Rückkehr der Mythen
Die unendliche Geschichte (1979)

Mythos und Moderne

Zwischen dem *Momo*-Roman und der 1979 erschienenen *Unendlichen Geschichte*[1] (siehe Abb. 9) lassen sich viele Brücken schlagen.[2] Wir wollen eine der Verbindungslinien herausgreifen; sie betrifft den Aspekt der literarischen Mythisierung sowohl gesellschaftlicher Verhältnisse als auch allgemeinmenschlicher Daseinsbedingungen. Mit der Einführung der grauen Herren und ihrer Zeitsparkasse suchte Michael Ende im *Momo*-Roman eine abstrakte und zugleich komplexe Wirtschaftsordnung erzählbar zu machen, anders gesprochen: ins Bild zu setzen und in eine dramatische Handlung zu überführen. Die mythische Welt Meister Horas diente wiederum der Verbildlichung philosophischer Grundannahmen, soweit sie die *conditio humana* betreffen. Zwar weckte die Rede von den grauen Herren eine Reihe von Assoziationen an antike und christliche Mythen, wie sich auch die Welt von Meister Hora aus Allegorien und Symbolen zusammensetzte, deren Herkunft vornehmlich aus der deutschen Romantik erkennbar war. Doch spielte die Abhängigkeit des mythischen Bildkomplexes von den grauen Herren wie desjenigen von Meister Hora von älteren und jüngeren mythologischen Traditionen für das Romangeschehen als solches keine Rolle. Der Roman war ausschließlich an der wirklichkeitserschließenden Leistung und der erzählerischen Ergiebigkeit dieser mythologischen Bildlichkeit interessiert; ihm ging es um eine literarische Auseinandersetzung mit der gegenwärtigen Gesellschaftsformation nicht zuletzt mit Hilfe allegorisch-symbolischer Darstellungsverfahren.

Eben dies dürfte in den 1970er Jahren in besonderem Maße auf Ablehnung gestoßen sein. Jedenfalls scheint die damalige Verdächtigung, er bediene sich mythologischer Darstellungsweisen, den Autor dazu veranlasst zu haben, sich mit dieser speziellen Frage gesondert zu befassen und diese ins Generelle zu wenden: Welche Rolle können alte und neue Mythen bei der literarischen bzw. künstlerischen Auseinandersetzung mit der Gegenwart spielen? Tun Literatur und Kunst gut daran, sich der mythischen Rede nicht mehr zu bedienen? Soll die öffentliche Rede auf alle mythische Bildlichkeit verzichten? Soll das private Leben jeglicher mythischen Ausdrucksweise entsagen? Ist all dies unumgänglich, wenn man an den emanzipatorischen Grundwerten der Moderne festhalten will? Eine Bejahung dieser Fragen würde zur Folge haben, dass man sich um die überlieferten Mythenerzählungen und Heldensagen aus der Frühzeit nahezu aller Kulturen nicht mehr zu kümmern bräuchte. Dieses große kulturelle Erbe der Menschheit dürfte man dann wissenschaftlichen Spezialisten überlassen, ansonsten aber der allgemeinen Vergessenheit anheimgeben, da es mit den Denk- und Redeweisen der modernen Gesellschaft nicht vereinbar wäre.

Dass die drohende Eliminierung des mythologischen Erbes der Menschheit für Michael Ende eine gravierende kulturelle Verarmung bedeutet hätte, dürfte allgemein bekannt sein. Es handelte sich für ihn um einen fatalen Zug moderner Gesellschaften, gegen den er mit der *Unendlichen Geschichte* anzuschreiben beabsichtigte. Die mit diesem Werk anfänglich verbundene aufgeregte Besorgtheit und Alarm schlagende Rhetorik wirkt aus dem Abstand mehrerer Jahrzehnte allerdings kaum noch nachvollziehbar: Während die im *Momo*-Roman aufgezeigten gesellschaftlichen Probleme nicht nur aktuell geblieben sind, sondern sich noch zugespitzt haben dürften, sind die im späteren Werk beklagten Defizite allem Anschein nach ausgeräumt. Längst hat zumindest die populäre Kultur der Gegenwart ihren Frieden mit der mythologischen Überlieferung gemacht und diese geradezu bis zum Überdruss ausgeschlachtet. Aktuell geblieben war die *Unendliche Geschichte* deshalb weniger auf Grund ihres Problemgehalts und ihres warnenden Charakters: Hochgehalten wurde sie vielmehr als das repräsentative deutschsprachige Werk einer Literaturgattung, die populärkulturell eine unangefochtene Dominanz errungen und alles Provokatorische abgelegt hat. Endes umfangreicher Roman verdankte seine fortdauernde Präsenz in beträchtlichem Maße dem späteren Aufstieg der Gattung der Fantasy, die sich schnell auch im Medium des Films, der Fernsehserien und des Computerspiels breitmachte. Die mythenselige, ja, mythenversessene Gegenwart scheint die Botschaft der *Unendlichen Geschichte* geradezu im Übermaß beherzigt zu haben.

Ein Kaleidoskop von Mythen

So will denn die *Unendliche Geschichte* einer damals vermeintlich mythenfeindlichen Gesellschaft die Augen öffnen für den unermesslich reichhaltigen Schatz überlieferter Mythen aus den verschiedensten frühzeitlichen Kulturen. Dies geschieht nicht in einer antiquarischen Absicht und auch nicht aus einem geschichtswissenschaftlichen oder ethnologischen Interesse heraus. Erwiesen werden soll vielmehr die unverminderte Lebenskraft dieser Überlieferung. Von den überlieferten Mythen geht, so die Unterstellung, gegenwärtig noch eine Strahlkraft und Faszination aus, der sich auch die moderne Kultur nicht zu entziehen vermag. Man müsse sich dabei frei machen von jeder Verpflichtung auf Überlieferungstreue; es könne auf der breitenkulturellen Ebene nicht darum gehen, nach der ursprünglichen Bedeutung und der authentischen Gestalt von Mythen zu fahnden. Es gelte vielmehr, in ihnen ein Arsenal von Stoffen für gegenwärtiges Erzählen zu sehen, sie als einen Fundus von Motiven, Bildern und Symbolen zu behandeln, aus denen neue und originelle Mythen geschaffen werden könnten. Dies macht die Suche nach der Herkunft der in der *Unendlichen Geschichte* aufgebotenen Bildelemente und Symbole keineswegs überflüssig. So sieht denn auch ein Schriftstellerkollege wenige Jahre nach Erscheinen von Endes Roman »ein Heer von Doktoranden der Germanistik [...] an der Arbeit, die Herkunft bestimmter Bilder und Motive [...] bei Ende aus den Schriften der deutschen Romantik, dem Buddhismus, der Anthroposophie und esoterischer Literatur [...] aufspüren«.[3]

Über diese bereits in der 1980er Jahren einsetzende Quellenrecherche sei hier knapp Bericht erstattet. Das obige Zitat hat sich die 1988 erschienene Frankfurter Dissertation von Claudia Ludwig zum Motto gewählt; deren Untertitel lautet *Michael Endes Phantásien – Symbolik und literarische Quellen*.[4] Ein erstes Kapitel geht den der griechischen Mythologie entlehnten Elementen nach. Sodann geht es um die Einflüsse fernöstlicher Philosophie und Religion, anschließend um die Übernahmen aus der antiken und mittelalterlichen Heldendichtung. Ein späteres Kapitel stellt die *Unendliche Geschichte* in die Tradition der deutschen Romantik, vornehmlich von Novalis und E.T.A. Hoffmann, zuvor wurde die Tradition der Phantastik bzw. der Fantasy – MacDonald, Beagle und Tolkien – als Anregungsreservoir inspiziert. Der zweite Teil der Arbeit bietet einen Abriss der phantásischen Symbolwelten – beginnend mit dem Amulett Auryn, sodann der Schlangen-, Drachen- und Werwolf-Symbolik, der Blumen- und Pflanzensymbolik, schließlich der Handlungs-, Figuren- und Krankheitssymbolik.

Die 1992 erschienene Monographie des ägyptischen Germanisten Baher M. Elgohary, der auch die *Unendliche Geschichte* ins Arabische übersetzt hat, beschäftigt sich in einem Abschnitt mit »orientalischen Affinitäten«; einleitend heißt es: »Der Orient hat als Wiege der phantastischen Literatur immer große Wirkung auf die Weltliteratur ausgeübt.«[5] – In der Monographie der ungarischen Germanistik Hajna Stoyan von 2004 wird den Bezügen auf die Antike, die Romantik und die fernöstliche Philosophie, aber auch auf Musik und Architektur nachgegangen; anschließend werden einzelne Elemente von »Endes Symbolwelt« angesprochen. Ausführlicher geht es um die Beziehungen zu einzelnen Werken Goethes und der Goethezeit.[6] Der Ausstellungskatalog *Michael Ende. Magische Welten* des Deutschen Theatermuseums München enthält nicht das, was der Titel andeutet; geboten wird vielmehr ein von Roman Hocke und Uwe Neumahr verfasster umfangreicher und reich bebilderter Abriss von Leben und Werk des Autors.[7]

Ganz anders verhält es sich mit einer Veröffentlichung des Jahres 2009, die zudem für alle nichtwissenschaftlichen Leser sehr viel leichter zugänglich sein dürfte. Gemeint ist das von Roman und Patrik Hocke verfasste *Phantásien-Lexikon*, das im Thienemann Verlag, dem Verlag Michael Endes, herausgekommen ist. Hier finden sich Artikel zu Figuren, Schauplätzen, Landschaften, Themen, Motiven und Symbolen, angeordnet in alphabetischer Reihenfolge und versehen mit zahlreichen Querverweisen. Aufgenommen wurden allerdings auch »Begriffe, die für das poetische Konzept Michael Endes von Bedeutung sind«[8]; genannt seien hier die Lemmata »Archetypen«, »Bedeutung«, »kulturgeschichtliche Bezüge«, »Buch«, »Buch im Buch«, »Erinnerung«, »Erzählen«, »Eskapismus«, »Film«, »Geschichte(n)«, »Gut und Böse«, »Initiale«, »Innenwelt«, »Kabbala«, »Kind«, »Kunst«, »Märchen«, »Name«, »Phantasie«, »Phantastische Kunst«, »Spiegel im Spiegel«, »Symbol«, »Traum«, »Wirklichkeit«, »Zauberei« und »Zeit«. Die Aufzählung soll deutlich machen, dass wir es hier nicht nur mit einer Orientierungshilfe für mehr oder weniger mythen- und symbolinteressierte Leser zu tun haben; in dem Nachschlagewerk versteckt sich eine – wie verstreut auch immer dargebotene – literaturwissenschaftliche Auseinandersetzung mit der *Unendlichen Geschichte*, die von der Forschung nicht ignoriert werden sollte.

Als sei des Guten noch nicht genug getan, lässt sich eine 2013 erschienene Dissertation ein weiteres Mal auf die Suche nach »Endes literarischen und ideengeschichtlichen Quellen« ein. Im dritten, knapp 100seitigen Teil der Arbeit von Linda Müller mit dem trivialisierenden Titel *Einmal Phántasien und zurück*[9] werden die bereits bekannten Herkunftsgebiete abgeschritten: das Altertum und die antike Mythologie, die fernöstliche Kultur, die Bibel, die Heldendichtung und das Mittelalter, die Romantik und das Märchen. Hinzugetreten sind: Okkultismus, Tarot und Esoterik, Rudolf Steiner, Siegmund Freud und C.G. Jung. Wie schon in der frühen Studie von Claudia Ludwig werden auch klassische Kinderliteratur und Werke der Phantastik/Fantasy als Einflussfaktoren ins Spiel gebracht: Es handelt sich um Werke von Astrid Lindgren (*Mio, mein Mio*) und Saint-Exupéry (*Der kleine Prinz*) wie von Beagle und Tolkien.

Wir beabsichtigen hier nicht, in Konkurrenz zu diesen quellenkritischen Studien zu treten, wie wir auch auf eine Auseinandersetzung mit deren Feststellungen verzichten wollen. Doch zeigt bereits unsere knappe Übersicht, mit welch überbordender Fülle von Themen, Motiven, Mythen und Symbolen wir es bei diesem Werk zu tun haben.

Eklektizismus und/oder Postmoderne

Nun ist die von Michael Ende aufgebotene Fülle von Mythen und Symbolen nicht durchweg positiv bewertet worden. Bereits 1984 erwägt Frederik Hetmann: »Möglich, daß viele der Episoden in Phantásien entschlüsselbar sind. Möglich aber auch, daß sie nichts als phantastisch-phantasievolles Spiel sein wollen, wofür viele Leser sie wohl ausschließlich nehmen.«[10] 1991 sieht Heidi Aschenberg bei aller Wertschätzung der »Gesamtkonzeption« der *Unendlichen Geschichte* doch Defizite bei deren Durchführung und Ausgestaltung: »Der Autor hätte, ohne seinem Grundentwurf Abbruch zu tun, überflüssige und die Aufmerksamkeit des Lesers unnötig strapazierende Längungen [...] vermeiden können, wenn er seine unbekümmerte Fabulierlust in die Disziplin genommen hätte. Kürzungen, vor allem in der zweiten Hälfte, wären dem Text nur zugute gekommen.« Endes Ausführlichkeit wirke »hinsichtlich der Funktionalität des erzählten Geschehens nur ärgerlich redundant und langweilig«. Dass der Autor »sich für die Herausbildung der phantastischen Welt der von der literarischen Tradition vorgegebenen Erzähltechniken, Konzepte und Motive spielerisch bedient und in seinem Roman synkretistisch zusammenbindet«, werde leichtfertig als postmodern apostrophiert; dennoch bleibe es »eine beliebige Komplexion des Erzählten«.[11]

Ein Jahr zuvor hat Gertrud Lehnert auf die Fülle der verarbeiteten Traditionen und Prätexte hingewiesen. In der *Unendlichen Geschichte* würden »Handlungsverläufe, Themen, Motive und Bilder eingesetzt [...], die anderswo bereits präfiguriert« seien. Verwendet würden Märchenmuster, Strukturen des Abenteuer-

und des Bildungsromans, sodann anthropologische Modelle der Selbstfindung und der Initiation. »Darüber hinaus aber wimmelt der Roman geradezu von versteckten Anspielungen auf Malerei und Literatur, die oft nur assoziativ erschlossen werden können.« Kennzeichen dieses »künstlerischen Verfahrens der Intertextualität« sei die »Beliebigkeit der Anspielungen«. Es handele sich »um ein rein spielerisches Rekurrieren auf Prätexte und Präbilder, das seinen Sinn in sich selber trägt und gerade deshalb den erwachsenen Leserinnen und Lesern signalisiert, daß sie einen postmodernen Text vor sich haben.«[12]

Phantasie, Mythologie, Phantásien

Dass der Autor der *Unendlichen Geschichte* die phantastische, die Jenseitswelt des Romans als Phantásien bezeichnet hat, veranlasste die rasch sich einstellenden Interpreten dazu, den Begriff der ›Phantasie‹ ins Spiel zu bringen, was nicht ohne Folgen blieb. Nach unserer Auffassung erklärt sich eben hieraus eine Reihe von schiefen Formulierungen und begrifflichen Zweideutigkeiten. Schuld daran scheint uns nicht zuletzt die mehrdeutige Verwendung des Wortes ›Phantasie‹ zu sein: Im allgemeinen Sprachgebrauch wird unter ›Phantasie‹ ein Seelenvermögen verstanden, gleichzeitig aber auch dessen Erzeugnisse, dessen Hervorbringungen. Während die deutsche Sprache bei anderen psychischen Vermögen eine klare terminologische Unterscheidung ermöglicht – bspw. diejenige von Vorstellungskraft und Vorstellungen oder Einbildungskraft und Einbildungen –, entspringt der menschlichen Phantasie eben nichts anderes Phantasie. Zur Kenntlichmachung der Differenz wird oft auf die Opposition von Singular und Plural zurückgegriffen: Die Phantasie bringt danach Phantasien hervor. An dieser Stelle wird deutlich, wie unerlässlich für Michael Ende der Akzent auf dem zweiten Buchstaben ›a‹ gewesen ist: Die irreguläre Betonung erzeugt eine andere Bedeutung: Mit der anderen Betonung halten wir das Wort spontan für eine geographische Kategorie, einen Ländernamen oder die Bezeichnung eines Kontinents – in Anlehnung an andere geographische Termini wie Australien oder Indonesien, die ebenfalls auf der drittletzten Silbe betont werden.

Wenn – wie im *Phantásien-Lexikon* und an vielen anderen Stellen geschehen – das Land Phantásien als das »Reich der Phantasie«[13] bestimmt wird, fragt sich, was damit gemeint sein kann. Sollte hier von der Phantasie als einem Vermögen die Rede sein, dann kann diese nicht in Phantásien angesiedelt sein; dessen Ort ist allein die menschliche Psyche. Es kann sich also nur um einen Genitivus objektivus handeln: Demnach wäre mit Phantásien ein von der Phantasie hervorgebrachtes Reich, eine Phantasiewelt gemeint. Doch ist auch diese Bestimmung Phantásiens nicht präzise genug: Die menschliche Phantasie ist nämlich auch in der Lage, Welten zu imaginieren, die zwar nirgendwo existieren, aber dennoch mit den grundlegenden Gesetzmäßigkeiten unserer realen Welt übereinstimmen, und diese mit Personen zu bevölkern, die zwar erfunden, aber dennoch realen Menschen nachgebildet sind. Dabei hält sich die Phantasie bei dem Entwurf einer imaginären Welt an Regeln, die der Wirklichkeit entnommen sind; man könnte von einer »gebundenen Phantasie« sprechen.[14] Hier ließe sich Goethes Rede von einer »exakten sinnlichen Phantasie« anschließen, »ohne welche doch eigentlich keine Kunst denkbar ist«.[15] Michael Endes Phantásien stellt nun, wie allzu bekannt, kein imaginäres Reich dieser Art dar; es handelt sich vielmehr nach allgemeinem Sprachgebrauch um eine phantastische Welt.

Es kann also nicht um die menschliche Phantasie im Allgemeinen, sondern nur um eine spezielle Ausprägung der Phantasie gehen, um eine Einbildungskraft nämlich, die Bilder und Vorstellungen hervorbringt, die keinerlei mimetische Qualitäten, keinerlei Analogie zur realen Welt aufweisen. Diese können an Weltbilder früherer, vormoderner Epochen angelehnt sein, aber auch originäre Schöpfungen darstellen. Hierfür hat die philosophische Tradition den Begriff der ›produktiven Einbildungskraft‹ bereitgestellt; es kann auch von einer freien, schöpferischen Phantasie gesprochen werden. Bei den Hervorbringungen dieser freien Phantasie kann es sich um rein spielerische Gebilde ohne tiefere Bedeutung handeln, aber auch um Vorstellungen und Bilder, welche die menschlichen Daseinsbedingungen deuten und mit Sinn versehen. Letztere können sich wie etwa bei Tolkien zu einer in sich zusammenhängenden *secondary world* auswachsen; deren Schöpfer halten sich dann oft für Ebenbilder des Schöpfergottes.[16] Auch Michael Ende sieht in dieser »schöpferischen Kraft die höchste aller menschlichen Kräfte«, wie ein Text aus dem Nachlass bekundet, den wir ausnahmsweise einmal heranziehen wollen: »Die schöpferische Kraft im Menschen vermehrt, stärkt, steigert das Sein, mit dem sie in Berührung kommt [...]. Sie ist die Fähigkeit des Menschen, die Wirklichkeit des Seienden vollkommen zu machen.«[17] Man darf hierin eine moderne Funktionsbestimmung der Mythologien vormoderner Kulturen sehen. Phantasie meint im Kontext der *Unendlichen Geschichte* mithin stets etwas ganz Bestimmtes: Gemeint ist allein die mythenschaffende Kraft des Menschen, dessen Fähigkeit, daseinserhellende und sinnstiftende mythische Bildwelten hervorzubringen.[18]

Diese höchste aller menschlichen Kräfte gehört für Michael Ende auf untrennbare Weise zum Menschen; er ist »davon überzeugt, daß sie in jedem Menschen angelegt ist, daß darin seine wahre Gottähnlichkeit liegt«.[19] Innerhalb der *Unendlichen Geschichte* wird diese Auffassung durch die abschließenden Äußerungen Koreanders bekräftigt. Danach steht der Weg nach Phantásien prinzipiell allen Menschen offen: »Es gibt eine Menge Türen nach Phantásien [...].« Diese Möglichkeit bleibt vielen allerdings verborgen: »Viele Leute merken nichts davon.« (S. 427) Dennoch bedarf diese menschliche Kraft keiner Rettung, ist sie doch bei einem jeden prinzipiell vorhanden und angelegt. Sie kann jedoch ungenutzt und unentwickelt bleiben: »Es gibt Menschen, die können nie nach Phantásien kommen [...].« (S. 426) Die mythenschaffende Kraft des Menschen bedarf deshalb lediglich einer Erweckung, einer Belebung und Aktivierung.

Wie aber kann die mythenbildende Phantasie des Menschen unter den Rahmenbedingungen einer Gesellschaft, »die Formen von Mythos, Symbolik, Ritual und Magie reduziert, veräußerlicht, vermarktet und mechanisiert« hat,[20] wiederbelebt werden? Dies kann, so lautet die Antwort der *Unendlichen Geschichte*, in nachmythischen Zeitaltern bspw. mittels der Begegnung mit den und der Befruchtung durch die Mythologien vormoderner, archaischer Kulturen geschehen. Das in diversen Quellenmedien aufbewahrte mythologische Erbe der Vorzeit könne jederzeit in der Vorstellungswelt der Menschen wiederbelebt werden und sich dort zu weitläufigen imaginären Reichen entfalten. Phantásien stellt nichts anderes als ein Arsenal mythischer Vorstellungen und Bilder dar, die vom Standpunkt der Moderne aus rückblickend immer schon als Hervorbringungen der schöpferischen menschlichen Einbildungskraft zu bewerten sind. Um sich seiner mythenschöpferischen Kraft zu versichern, muss sich der Mensch der Moderne mit anderen Worten auf den Weg nach Phantásien machen.

Neue Mythologie

Der Rückgriff auf die mythologische Überlieferung der Vorzeit kann für Ende nicht, wie oben bereits vermerkt, auf eine möglichst getreue Wiedergabe der einzelnen Mythologeme hinauslaufen. Es geht nicht um eine Rekonstruktion ihrer ursprünglichen Gestalt, ihrer Entstehungs- und Wanderungsgeschichte wie ihrer originären sakralen oder säkularen Funktionen. Sie sollen vielmehr dazu dienen, die mythenschaffende Kraft zu aktivieren, die für Michael Ende zur Ausstattung auch noch des modernen Menschen gehört. Sie sollen lediglich den Stoff abgeben, an dem sich die Phantasie moderner Individuen entzünden könne. Die überlieferten Mythologeme müssten eine mehr oder weniger weitreichende Umgestaltung erfahren, auf neue Weise miteinander kombiniert und anderen Darstellungsintentionen dienstbar gemacht werden. »Arbeit am Mythos«[21] heißt im Kontext der *Unendlichen Geschichte* dessen freie Bearbeitung mit dem Ziel, diesen tauglich zu machen für die Daseinserhellung nicht vorzeitlicher, sondern gegenwärtiger Verhältnisse. Es gelte, dem Mythischen Sinngebungen zu entlocken, die auf die Gegebenheiten der Moderne bezogen sind. Phantásien, die phantastische Welt der *Unendlichen Geschichte*, stellt aufs Ganze gesehen eine neue Mythologie dar, die sich einer – unterschiedlich weitreichenden – schöpferischen Umformung überlieferter älterer und jüngerer Einzelmythen verdankt, teils aber auch aus neuen Mythen besteht.

In einer Hinsicht muss eine solche neue Mythologie hinter ihren vorzeitlichen Ausprägungen allerdings zurückbleiben: Sie kann nicht mehr zu einem verbindlichen Kollektivbesitz, zu der identitätsstiftenden Rahmenerzählung einer ganzen Kultur aufsteigen. »Der Mythos als Darstellung eines abschließenden Horizonts unseres Wissens und Verhaltens in großen Gestalten«, so Christoph Jamme, »ist heute blanke Utopie; wir leben in einer anderen Welt.«[22] Dem trägt die *Unendliche Geschichte* insofern Rechnung, als sie gar nicht erst den Versuch unternimmt, einen Kollektivmythos wiederaufzurichten. Erneut bleibt es Koreander im Schlussgespräch überlassen, dies klarzustellen. Er bestätigt Bastians Vermutung, wonach »die Unendliche Geschichte [...] für jeden anders« ist. Ein jeder, der einmal in Phantásien gewesen und wieder zurückgekehrt sei, kenne die Kindliche Kaiserin unter einem anderen Namen – unter dem Namen, den er selbst ihr gegeben habe (S. 426f.). Man könnte hier von einer individuellen Mythologie[23] sprechen; deren sinnstiftende Wirkung würde sich auf den Horizont einer individuellen Biographie beschränken, ohne eine darüber hinausgehende Verbindlichkeit zu beanspruchen, so sehr sie auch von anderen geteilt werden mag. Sollte die Lebensgeschichte eines jeden Einzelnen eine »wirkliche Geschichte« darstellen, dann folgt daraus: »Jede wirkliche Geschichte ist eine Unendliche Geschichte.« (Ebd.)

Die Rettung Phantásiens

Es gehört zu den Eigentümlichkeiten der Wirkungsgeschichte von Michael Endes Roman, dass nicht einmal darüber Einigkeit herrscht, was dessen eigentliches Thema ist. Wir haben uns mit dem hier gewählten Einstieg in dieser Frage wie folgt festgelegt: Wir sind der Auffassung, dass es in der *Unendlichen Geschichte* um das Verhältnis von Mythos und Moderne geht. Der Roman wäre damit einzureihen in den Kontext der (kultur)philosophischen Diskussionen über die Grenzen neuzeitlicher Rationalität, über Entmythologisierungs- und Remythologisierungsprozesse, über die Chancen und den möglichen Gewinn einer Wiederherstellung archaischer Mythen bei gleichzeitiger Respektierung grundlegender Werte der Moderne.[24] Debatten dieses Inhalts sind zur Entstehungszeit des Romans und weit darüber hinaus geführt worden, wie deren Aufarbeitung durch Christoph Jamme zu entnehmen ist, auf die wir bereits hingewiesen haben.

Misst man die *Unendliche Geschichte* unter dem Aspekt ihrer grundlegenden Thematik an dem vorausgegangenen Roman, dann wäre von einer erheblichen thematischen Eingrenzung zu sprechen. In *Momo* geht es um die moderne Gesellschaft als Ganze, um deren kulturelle, gesellschaftliche und ökonomische Reproduktionsmechanismen. Demgegenüber beschränkt sich der nachfolgende Roman thematisch auf eine Auseinandersetzung mit den grundlegenden *Denk*formen der Moderne, gegen deren mythenzerstörende Tendenzen er Stellung bezieht. Dabei bleiben Rationalität und Kausalitätsdenken der Neuzeit lediglich als Folie im Hintergrund, ohne selbst ausführlicher thematisiert und kritisiert zu werden; Letzteres war in gesellschaftstheoretischer Hinsicht bereits im *Momo*-Roman geschehen. Die *Unendliche Geschichte* beschränkt sich auf eine Rehabilitierung des mythischen Denkens als einer auch in der Moderne unentbehrlichen Form der Selbsterhellung und Sinnstiftung. Hieraus erklärt sich, dass die gesellschaftliche und politische Sphäre zwar angesprochen, als Schauplatz des Romangeschehens aber gänzlich ausgeschlossen bleibt. Innerhalb des Romans ist die moderne Welt nur in einem Ausschnitt präsent: in Gestalt einer um einen Jungen zentrierten Schul- und Familiengeschichte.

Die mythenzerstörerischen Tendenzen der modernen Denkformen erscheinen im Roman in bildlicher Umsetzung als eine unsichtbare, kaum fassbare Bedrohung Phantásiens. Das imaginäre Reich der menschheitsgeschichtlichen Mythen ist dabei, sich schrittweise aufzulösen, was zur Entstehung von etwas führt, das man als schwarze Löcher charakterisieren könnte. Im Roman ist von der Ausbreitung des Nichts die Rede. Mit der allmählichen Eliminierung Phantásiens durch das Absolut-Setzen neuzeitlicher Rationalität schwinden die Chancen einer Regenerierung der mythenschaffenden Phantasie des Menschen, deren Fortbestand gemäß der Bildsprache des Romans nur mittels eines vorübergehenden Aufenthalts in Phantásien gewährleistet werden kann.

Mit der hieraus sich ergebenden Notwendigkeit einer Rettung Phantásiens vor der schrittweisen Zersetzung ist das grundlegende Handlungsschema des Romans gegeben. Gegenüber dem für die Fantasy typischen und heutzutage allzu geläufigen Handlungsschema der Weltenrettung wäre bereits an dieser Stelle festzuhalten, dass es nicht wie in *Momo* um eine wie auch immer geartete grundlegende Veränderung der gesellschaftlichen Wirklichkeit geht, sondern lediglich um die Bewahrung bzw. Wiederherstellung einer Form der geistigen Verarbeitung von Wirklichkeit; die aktuelle und zukünftige Beschaffenheit der Wirklichkeit als solche gerät innerhalb der *Unendlichen Geschichte*, wie zu zeigen sein wird, nur sehr eingeschränkt in den Blick.

Damit stellt sich die Frage, wer denn die Rettung Phantásiens bewerkstelligen soll. Der Roman wartet hier nicht mit einer selbst mythologischen Antwort auf. Er verzichtet darauf, eine mythische Gestalt aufzubieten, die aus eigener Machtvollkommenheit in der Lage wäre, Phantásien vor dem Untergang zu bewahren. Das Fortleben der mythischen Bildwelten soll sich nicht innermythischen Kämpfen und auch nicht außergewöhnlichen Taten einzelner mythischer Heroen verdanken. Für den Autor kommen hier einzig die Menschen der Gegenwart in Frage. Es liegt mit anderen Worten in der Entscheidung einzelner menschlicher Individuen, ob sie dem Mythischen in ihrem Leben noch oder wieder einen Platz einräumen wollen. Bezüglich der Handlungslogik des Romans heißt dies: Es muss der einzelne Mensch bereit sein, sich nach Phantásien zu begeben, um dort die für die Rettung notwendigen Handlungsschritte auszuführen.

Diese bestehen bekanntlich darin, der Kindlichen Kaiserin einen neuen Namen zu geben, wie die Uralte Morla erstmals preisgibt. Gleichzeitig stellt sie fest: »Keiner von uns [...], kein Wesen in Phantásien kann ihr einen neuen Namen geben.« (S. 61) Später stellt die Kindliche Kaiserin Atréju gegenüber fast: »Die Rettung liegt bei den Menschenkindern. Eines, ein einziges muß kommen und mir einen neuen Namen geben. Und es wird kommen.« (S. 169) Diese Lösung stellt die handlungsmäßige Umsetzung des oben bereits angedeuteten grundlegenden Mythenverständnisses des Romanautors dar: Während die mythenschaffenden Kulturen der Vorzeit, der Antike und der nachfolgenden vormodernen Zeitalter die Mythen mehr oder weniger für verbindliche Glaubensinhalte ansahen und keineswegs für menschengemacht hielten, muss die Moderne deren Ursprung ganz in die produktive Einbildungskraft des Menschen verlegen. Dem folgt die *Unendliche Geschichte* darin, dass nicht nur die Rettung Phantásiens, sondern auch, wie zu zeigen sein wird, die Schaffung neuer Mythen einem wirklichen »Menschenkind« vorbehalten bleibt. Man darf hier von der Verankerung und erzählerischen Umsetzung eines konsequent modernen Mythenverständnisses im Roman sprechen.

Die Familien- und Schulgeschichte

Wenn die Wiederbelebung mythischen Denkens wie die Schaffung neuer Mythen, die nach unserer Ansicht das eigentliche Thema der *Unendlichen Geschichte* darstellen, nur das Werk wirklicher Menschen sein können und eben dies im Roman auch zum Ausdruck kommen soll, verbietet sich das Konzept einer in sich geschlossenen mythischen Welt, wie es uns aus den Werken Tolkiens geläufig ist. Unumgänglich wird vielmehr die Einführung einer zweiten Welt, die in ihren grundlegenden Gesetzmäßigkeiten der unseren entspricht. Diese sei hier als Wirklichkeitswelt bezeichnet und der phantastischen Welt Phantásiens gegenübergestellt.[25] Sie wird in erster Linie benötigt, um die menschlichen Wesen, denen die Rettung der mythischen Vorstellungswelten obliegen soll, erzählerisch einzuführen und gleichzeitig deren Bereitschaft zu einer solchen Tat überzeugend zu begründen. Michael Ende eröffnet seinen Roman mit der Schilderung eben dieser Wirklichkeitswelt und der Einführung der als Retter vorgesehenen menschlichen Figur, um erst danach die Welt Phantásiens aufscheinen zu lassen.

Dieses Vorgehen hat zu Interpretationen Anlass gegeben, die in der *Unendlichen Geschichte* in erster Linie die Geschichte des Menschenkinds Bastian Balthasar Bux sehen; danach handelt es sich um eine Erzählung über die imaginäre Reise eines Schülers und dessen anschließende Rückkehr in den Schoß der (unvollständigen) Familie. Diese Interpretationen, die dem Muster vieler phantastischer Erzählungen für junge Leser verpflichtet sind,[26] verfolgen eine der unsrigen diametral entgegengesetzte Fragerichtung. Sie suchen zu ergründen, welche Bedeutung die Rettung Phantásiens für die psychische Entwicklung des menschlichen Romanhelden hat, welche Funktion die einzelnen Etappen der imaginären Reise für dessen persönliche Entwicklung haben. Wir fragen demgegenüber umgekehrt, wie das menschliche Wesen beschaffen sein muss, um das zu vollbringen, was die phantásische Welt von ihm erwartet. In welcher Lage muss der betreffende Mensch sich befinden, welche besonderen Interessen muss er hegen, um sich auf ein solches Abenteuer einzulassen und die Bereitschaft für eine solch bedeutungsschwere Rettungstat zu entwickeln? Während wir die Familien- und Schulgeschichte des Bastian Balthasar Bux vornehmlich unter dem Gesichtspunkt ihrer Eignung für die Rettung und Neuerschaffung Phantásiens zu interpretieren suchen, geht es der gegenläufigen Interpretationsrichtung um die Funktion der mythischen Welt für die Entwicklung eines mutterlosen Schülers und Außenseiters. Handelt es sich bei der *Unendlichen Geschichte*, so wäre zugespitzt zu fragen, in erster Linie um einen (kultur)philosophischen Roman oder um einen psychologischen, einen Bildungs- oder Entwicklungsroman?[27]

Ein Schuljunge und seine Bücherleidenschaft

Erneut steht man vor der Frage, warum ein »Junge von vielleicht zehn oder elf Jahren« (S. 5) vom Autor als Retter Phantásiens vorgesehen worden ist. Einige der Gründe hierfür sind uns bereits bei der Besprechung der Momo-Figur aus dem vorangegangenen Roman begegnet. Realistisch gezeichnete Erwachsenenfiguren besitzen eine bestimmte gesellschaftliche Stellung und berufliche Spezialisierung; sie stehen damit für eine besondere, wie auch immer eingeschränkte Ausprägung der menschlichen Wesensbestimmung. Anders verhält es sich mit Kindern: Deren Aufwachsen und deren Schullaufbahn stellen etwas dar, das in Gesellschaften wie der unseren allen Menschen unterschiedslos widerfährt. Wer auf der Suche nach menschlichen Gestalten ist, bei denen Allgemeinmenschliches mehr oder weniger spontan ansichtig wird, landet nicht nur, aber doch schnell bei Kindern. Die Rettung Phantásiens könnte prinzipiell auch von einem Antiquar oder einem Zahntechniker vorgenommen werden, doch bedürfte beides einer besonderen Erklärung. Weil Kinder dagegen noch vor aller arbeitsteiligen Spezialisierung stehen, eignen sie sich in besonderer Weise für eine Repräsentation von Menschlichem schlechthin. Kinderfiguren haben darüber hinaus den Vorteil, kein Vorleben zu besitzen, das ihre Persönlichkeit geprägt hat. Demgegenüber muss bei Inanspruchnahme von Erwachsenenfiguren nicht zuletzt auch deren Biographie berücksichtigt werden. Kinderfiguren sind deshalb in erzählerische Hinsicht ökonomischer.

Bei Momo und Bastian Balthasar Bux handelt es sich um Diesseitsgestalten, um in der Wirklichkeitswelt beider Romane angesiedelte und weitgehend realistisch gezeichnete kindliche Figuren. Doch während bei Momo die persönlichen Umstände nur angedeutet werden und für das weitere Romangeschehen ohne

Bedeutung bleiben, wird die Lebenswelt Bastians sorgfältig ausgeleuchtet. Während Momo recht schnell zu einer Projektionsfläche für andere wird und nur noch als Symbolfigur von Interesse ist, bleibt Bastian eine Figur, deren Einmaligkeit Bestand hat und die in der Wirklichkeitswelt des Romans nach unserer Auffassung für nichts anderes und niemand anderen steht, mit anderen Worten: die nichts von einer Symbolfigur an sich hat. Bei ihm handelt es sich nicht zuletzt um ein ganz und gar gewöhnliches Kind und keinesfalls um eine außergewöhnliche Erscheinung. Wir haben es nicht mit einem werdenden Künstler, einem herausragenden Genie auf der Suche nach seinem Talent zu tun, wie Pascal Tremblay meint.[28] Der Bastian-Figur ist mit der Phantasieauffassung des Autors ein Rahmen vorgegeben, dem sie nicht widersprechen darf. Für Ende ist die mythenschaffende Einbildungskraft des Menschen nicht nur Ausnahmenaturen – Dichtern, Künstlern, Religionsstiftern oder Propheten etwa – vorbehalten, sondern prinzipiell in jedem Einzelnen angelegt, mag dieser noch so durchschnittlich sein. Jede Überhöhung der Bastian-Figur zu einer außergewöhnlichen Gestalt muss dieser Prämisse zuwiderlaufen; zur Rettung Phantásiens qualifiziert ist er gerade als gewöhnlicher und durchschnittlicher Mensch.

Michael Ende muss nichtsdestotrotz zu Beginn der *Unendlichen Geschichte* das in allen Details überzeugende Bild eines 11- bis 12jährigen Jungen entwerfen, der Leidenschaften besitzt, wie sie für diese Altersgruppe in den 1970er Jahren als ganz und gar untypisch galten. Wenn denn dieser Roman eine gewisse Zeitgebundenheit ausstrahlt, dann in diesen einleitenden Passagen. Der Roman-Beginn würde sich, in die heutige Gegenwart verlegt, jedenfalls ganz anders ausnehmen. Um mit dem Wichtigsten zu beginnen: Bastian muss nicht nur mit einer mächtigen Leidenschaft für Bücher (S. 11), sondern auch mit ganz und gar unzeitgemäßen Lektürevorlieben ausgestattet sein. Diese seine Lieblingslektüren kann er weder im Deutschunterricht dieses Jahrzehnts kennengelernt, noch aus den damaligen Beständen der Kinder- und Jugendbibliotheken bezogen haben. Er kann sie nur noch in einem

Antiquariat auftreiben, von wo er sie mangels ausreichenden Taschengeldes zudem noch stehlen muss (S. 12). Bastian bevorzugt Bücher, die ihn aus der Wirklichkeit entführen, und hegt deshalb eine Abneigung gegen die von der Kritik dieses Jahrzehnts favorisierte sozialrealistische Kinder- und Jugendliteratur. Letztere handele von den »ganz alltäglichen Begebenheiten aus dem ganz alltäglichen Leben irgendwelcher ganz alltäglicher Leute«. Davon habe er »ja schon in Wirklichkeit genug, wozu sollte er auch noch davon lesen?« Auch sagen ihm Bücher mit ausdrücklich erzieherischem Charakter nicht zu – Bücher also, von denen »man immer, mehr oder weniger deutlich, zu was gekriegt werden« soll (S. 26).

Bastians Vorliebe gilt im Gegenteil Büchern, »die spannend waren oder lustig oder bei denen man träumen konnte«. Er liest Bücher, »in denen erfundene Gestalten fabelhafte Abenteuer erlebten und wo man sich alles mögliche [!] ausmalen konnte« (ebd.). Dazu könnten durchaus alte Heldengeschichten, Sagen der Vorzeit, Drachen- und Monstererzählungen und dergleichen mehr gehören. Bastian kapriziert sich damit auf eine Lektüre, die von der zeitgenössischen Kinder- und Jugendliteraturkritik vehement bekämpft wurde. So ist es nicht verwunderlich, dass diese Passagen als ein in den Roman geschmuggeltes kinderliterarisches Bekenntnis des Autors gelesen worden sind.[29] Der spürbare polemische Unterton dürfte jedenfalls auf den Autor zurückgehen und mit der Romanfigur selbst wenig zu tun haben. Dennoch sollte man diese Stellen nicht überbewerten, zumal sie nicht einmal auf das eigene Werk Michael Endes zutreffen.[30] Bastian wäre jedenfalls für die vorgesehene Aufgabe, Phantásien zu retten, gänzlich ungeeignet, wenn er vornehmlich oder gar ausschließlich an realistischer Literatur, an direkter erzählerischer Wirklichkeitserschließung interessiert, mit anderen Worten: wenn er ein idealer kindlicher Leser der 1970er Jahre wäre.

Bastian muss sich nicht nur hinsichtlich seiner Lektürevorlieben als geeignet erweisen; er muss sich auch durch eine bestimmte Art und Weise des Lesens bzw. der Literaturrezeption auszeichnen.

Auch in dieser Hinsicht würde er den Lese- und Literaturdidaktikern der 1970er Jahre, die das distanzierte, das kritische Lesen auf ihre Fahnen geschrieben hatten, nicht zusagen. Bastian taucht förmlich mit Haut und Haaren in seine Lektüren ein und vergisst die Welt um sich herum. Er vergießt »bitterliche Tränen«, wenn »eine wunderliche Geschichte zu Ende ging und man Abschied nehmen mußte von den Gestalten, mit denen man gemeinsam so viele Abenteuer erlebt hatte, die man liebte und bewunderte, […] und ohne deren Gesellschaft einem das Leben leer und sinnlos erschien« (S. 11). Eine nicht endende, eine unendliche Geschichte hat er sich deshalb immer schon gewünscht, pflegte er doch mit seinen Gedanken »nur ungern in die Wirklichkeit zurück[zukehren]« (S. 25). Die zeitgenössische Literaturdidaktik würde hier von einer evasorischen und identifikatorischen Lektürepraxis sprechen. Doch wären nach unserer Auffassung auch diese Stellen überbewertet, würde man in ihnen eine mehr oder weniger versteckte programmatische Äußerung des Autors über die ideale Form der Literaturrezeption sehen. Wir haben es hier mit der Charakterisierung einer literarischen Figur zu tun, die keineswegs als Vorbildfigur gedacht, die nicht in allen ihren Verhaltensweisen, ja, möglicherweise in gar keinen als mustergültig anzusehen wäre, auch wenn einzelne von ihnen vom Autor mit Wohlwollen und Sympathie beschrieben sind.

Eine weitere Eigenschaft des Bücher- und Lesenarren ist für die Erfüllung seiner Aufgabe von Nutzen: Bastian vermag sich all das, was er liest bzw. sich erzählt, überaus plastisch zu vergegenwärtigen. Was er »wirklich kann«, ist: »Sich etwas vorstellen, so deutlich, daß er es fast sah und hörte.« Er hört beim Lesen einer entsprechenden Szene förmlich »das Knarren der dicken Stämme und das Brausen des Windes in den Baumwipfeln«, vernimmt die Stimmen akustisch und vermeint, »den Geruch von Moos und Walderde zu riechen« (S. 26). Man ist geneigt, den zehn- bis elfjährigen Jungen für einen Eidetiker zu halten – einen Menschen mit besonders lebhafter Vorstellungstätigkeit, der einmal – auch lesend – gewonnene Wahrnehmungsbilder äußerst getreu wiederauf leben lassen und geradezu für wirkliche Szenerien halten kann.[31] So gleicht die Beendigung der Lektüre bei Bastian der Benommenheit und Verwirrtheit beim Auftauchen aus einem Traum: Lesend und Geschichten erzählend »vergaß er manchmal alles um sich herum und wachte erst am Schluß auf wie aus einem Traum« (ebd.). So sehr Bastians Leseverhalten hier auch extreme Züge tragen mag, so prädestiniert erweist er sich damit für ein lesendes Eintauchen in mythische Welten.

Außenseiter- und Waisenkind

Eine solche Bücherleidenschaft entwickelt sich in der Regel bei zurückgezogenen Kindern, die viel alleine sein wollen oder müssen. Unter den Schülern ist Bastian bekanntlich ein Außenseiter, der gehänselt und gemobbt wird, ohne sich wehren zu können (S. 8f.). Anlass hierfür ist nicht zuletzt sein seltsames Verhalten: Er spricht mit sich selber, erzählt sich Geschichten und erfindet unsinnige Namen und Wörter. So hat er »Angst vor den anderen Kindern, die sich über ihn lustig machten und keine Gelegenheit ausließen, ihm zu beweisen, wie ungeschickt und wehrlos er war« (S. 13). Im Sportunterricht zielen die Klassenkameraden mit dem Ball auf ihn; am Kletterseil hängt er »mit puterrotem Kopf wie ein Mehlsack am Ende des Seils«, ohne auch nur einen »halben Meter in die Höhe [zu] kommen« (S. 54f.). Hinzu kommt, dass seine schulischen Leistungen nicht berückend sind und er bereits eine Klasse wiederholen musste. Der Antiquar Koreander bringt es drastisch auf den Punkt: »ein Versager auf der ganzen Linie« (S. 9).

Nicht weniger trostlos ist Bastians familiäre Situation. Nach dem krankheitsbedingten Tod der Mutter ist auch die Beziehung zwischen dem Vater und ihm geradezu erstorben, so dass Bastian sich wie ein Waisenkind vorkommt. Um den Vater hat sich eine »unsichtbare Mauer« gebildet, »durch die niemand dringen konnte«. Er wirkt abwesend: »Vater sagt nichts. Er sagt nie was. Es ist ihm alles ganz gleich.« (Ebd.) Er ist unfähig, auf seinen Sohn einzugehen, und insbesondere, mit ihm über den Tod der Mutter zu sprechen (S. 35). Bastian ist also nicht nur in der Schule und unter den Spielkameraden isoliert, sondern auch auf familiärer Ebene allein gelassen. Dabei mangelt es ihm nicht an Spielsachen aller Art und an Gerätschaften für alle nur denkbaren Hobbys. Er »hatte alles, was er sich nur wünschen konnte. […] Aber er machte sich im Grunde nichts aus alldem.« (S. 34f.) Schließlich fehlt es ihm auch in körperlicher Hinsicht an Selbstvertrauen. Wenn er sich im Spiegel betrachtet, kann er nur den Kopf schütteln: »Schön war er wahrlich nicht mit seiner dicken Figur und den X-Beinen und diesem käsigen Gesicht.« (S. 94)

Alfred Clemens Baumgärtner sieht hier »eine Variante des hinlänglich bekannten Außenseitermotivs« vorliegen: »Zum wiederholten Male die Geschichte vom sensiblen Kind, das von den verständnislosen Mitmenschen in die Vereinzelung […] getrieben wird.«[32] Hajna Stoyan hat die Zeichnung der Bastian-Figur in Beziehung zu bestimmten kinderliterarischen Konventionen der 1970er Jahre gesetzt. Für sie handelt es sich um »ein typisches […] Motiv der Kinderliteratur der siebziger und achtziger Jahre: ein sensibles Kind in einer gefühllosen Umgebung.«[33] Auch für David Kröll stellt Bastian als Typus des Außenseiters eine »in der problemorientierten Jugendliteratur der Zeit beliebte Figur« dar.[34] Tatsächlich hat Bastian wenig zu tun mit den starken und aufmüpfigen Kinderfiguren, wie wir sie etwa aus den Stücken des GRIPS-Theaters oder den frühen Kinderbüchern einer Christine Nöstlinger kennen. Auch wenn Letztgenannte den kinderliterarischen Zeitgeist der 1970er Jahre eher verkörpern dürften, mangelt es allerdings auch nicht an schwachen kindlichen Protagonisten; erwähnt seien hier nur Peter Härtlings Hirbel oder der verängstigte Junge Joachim aus Tormod Haugens *Die Nachtvögel*.[35]

Wichtiger scheint der Kritik jedoch die angebliche Verwandtschaft mit einem romantischen Figurentyp zu sein: dem des Sonderlings, wie wir ihn besonders aus Werken von E.T.A. Hoffmann kennen. Claudia Ludwig führt den Studenten Anselmus aus dem *Goldenen Topf* wie auch Peregrinus Tyss aus *Meister Floh* als Vorläufer Bastians an.[36] Den vielfältigen Bezügen zur Märchenwelt eines E.T.A. Hoffmann geht auch Hajna Stoyan nach: Bastian entspricht für sie nicht nur dem romantischen Typus des verträumten Sonderlings; er »ist ebenfalls ein verkappter Poet, wie Hoffmanns Märchenhelden, Anselmus, Bathasar und Peregrinus Tyss.« An anderer Stelle ist vom »Dichterjüngling Bastian Balthasar Bux« die Rede.[37] Dass zwischen dem kindlichen Protagonisten der *Unendlichen Geschichte* und den Helden einzelner Märchennovellen E.T.A. Hoffmanns Ähnlichkeiten bestehen, ist offensichtlich und gar nicht zu bestreiten. Dennoch zögern wir, Bastian als einen verkappten Poeten, gar als einen Dichterjüngling zu bezeichnen, was naheliegt, wenn man ihn allzu sehr auf den besagten romantischen Figurentypus des Sonderlings festlegt. Wir möchten überhaupt bezweifeln, dass wir es mit einer romantischen Figurenzeichnung zu tun haben. Die Bastian-Geschichte stellt unseres Erachtens im Gegenteil eine hochmoderne sozialpsychologische Charakterstudie dar, die sich auf eine kindliche Notlage und deren Überwindung bezieht und sich aller Ausblicke in spätere Lebensphasen enthält.

Dass der Roman nicht von Bastians Heranreifen zum Dichter handelt, wird noch zu zeigen sein. An dieser Stelle sei auf empirische Forschungen zum Phantasieren von Kindern verwiesen, die gut ein Jahrzehnt nach Erscheinen der *Unendlichen Geschichte* vorgenommen wurden und deren Ergebnisse den hohen Realitätsgehalt von Endes Bastian-Erzählung bestätigen. Thomas Weis hat sich mit einer sehr zugespitzten Form kindlichen Phantasierens befasst, dem Phänomen des kindlichen Phantasiegefährten, wie ihn auch Bastian im ersten Teil des Romans besitzt – in Gestalt Atréjus nämlich. Gefragt wurde u.a. nach den Entstehungsbedingungen solcher Phantasieaktivitäten. Eine ausgesprochene Phantasiebegabung stellt dabei, so Weis, keine zwingende Voraussetzung dar; entscheidend seien vielmehr bestimmte Lebensumstände, genauer gesagt: »gewisse Konstellationen in der familiären Umwelt des Kindes und gewisse Dispositionen in der kindlichen Persönlichkeit«.[38] Aus der empirischen Erhebung hätte sich jedenfalls keine Bestätigung der »Begabungshypothese« ergeben: »Das Phänomen der Phantasiegefährten [...] kommt auch bei Kindern mit einer geringen Ausprägung der Phantasie vor, umgekehrt gibt es sehr phantasievolle Kinder, die keine Phantasiegefährten erfinden.« Unabhängig davon hätten sich »Kinder, die einen Phantasiegefährten erfunden haben, als [...] phantasievoller und erzählkompetenter erwiesen [...] als die Kinder einer Kontrollgruppe.« Der geäußerten Vermutung, es könnte sich »um einen als ›Dichterkind‹ bezeichneten Persönlichkeitstyp handeln, der auf eine spätere schriftstellerische Betätigung hinweist«, sei mit Zurückhaltung zu begegnen: »Wenn auch nicht gesagt werden kann, daß das Phänomen der Phantasiegefährten ein zuverlässiges Indiz auf eine Hochbegabung ist [...], so darf man doch in dem Phänomen ein ernstzunehmendes Phantasieschaffen vermuten, das seinen Schatten weit vorauswirft [...].«[39] Auf unseren Kontext übertragen hieße dies, dass Bastians Verhalten durchaus ein Anzeichen für eine außergewöhnliche Begabung sein kann, aber nicht unbedingt sein muss. Stellt man hier nun Michael Endes oben bereits angesprochene Auffassung in Rechnung, nach der die mythenproduzierende Phantasie allen Menschen und nicht nur Ausnahmeerscheinungen zu eigen ist, dann liegt es näher, in Bastian ein normales Kind zu sehen. Äußerungen, die dessen besondere Fähigkeiten hervorheben, führen mithin nicht zwingend zu dem Schluss, dass wir es mit einem zukünftigen Dichter zu tun haben.

Umso bedeutender sind die äußeren Umstände: Zu den Bedingungsfaktoren gehören nach Thomas Weis das Vorhandensein von Rückzugsmöglichkeiten und eine ausreichende »Gelegenheit zum Alleinsein«. Diese würden »zum Erfinden von Phantasiegefährten und zur Entfaltung der Phantasie« anregen, wie »umgekehrt eine gut entwickelte Phantasie« es ermögliche, »das Alleinsein [zu] ertragen und als einen Zustand der Bereicherung [zu] erfahren«. Bei vielen der untersuchten Kinder habe es sich jedoch nicht um eine selbstgewählte Einsamkeit gehandelt; diese hätten sich »zum Zeitpunkt des Erfindens des Phantasiegefährten sehr einsam und von ihren Eltern alleine gelassen« gefühlt. In

Frage kämen als Bedingungsfaktoren aber auch »Kontaktschwierigkeiten des Kindes« mit Blick auf gleichaltrige Spielgefährten. Viele Kinder würden »auf Dauer auf ihre Phantasie zurückgeworfen […], weil ihnen verfügbare Gesprächs- und Spielpartner fehlen« und sie sich einsam und isoliert fühlten. Die Folgen solch einer erzwungenen Isolation könnten »von einer pessimistischen Lebensauffassung über ein geringes Selbstwertgefühl bis hin zur Depression reichen«. Schließlich kämen »psychische Konflikte verschiedener Art als Bedingungen« in Frage, »die Kinder zum Erfinden von Phantasiegefährten veranlassen.« In unserem Zusammenhang sind unter der Vielzahl der von Weis genannten Konflikte die von ihm so genannten »stark belastenden Ereignisse« von Bedeutung; dazu zählt er: »Tod der Eltern, eines Familienmitgliedes oder eines Freundes, Verlust von Spielgefährten infolge eines Umzugs, ungewollte Stiefeltern«.[40] In die Gruppe der von Thomas Weis untersuchten phantasieaktiven Kinder dürfte sich die Figur des Bastian Balthasar Bux ohne Weiteres einfügen lassen.[41]

Geeignet für eine höhere Aufgabe

Wir rekapitulieren an dieser Stelle die Vorgaben für die Familien- und Schulgeschichte Bastians: Eine Wiederbelebung des mythischen Erbes wie auch die Schaffung neuer Mythen kann allein von Menschen der heutigen Welt bewerkstelligt werden. Um dies zu demonstrieren, muss der Roman mit einem in der Gegenwart wurzelnden menschlichen Protagonisten aufwarten. Dies erfordert die Einführung einer neben der phantastisch-mythischen Welt Phantásiens angesiedelten Wirklichkeitswelt. Die ins Auge gefasste Wiederbelebung des Mythischen kann sodann prinzipiell von allen Menschen vollzogen werden. Bei dem Protagonisten darf es sich deshalb nicht um eine menschliche Ausnahmegestalt, bspw. um ein Genie, einen Dichter oder Seher, handeln, sondern er muss im Grundsatz ein gewöhnlicher Mensch sein. Auf den Weg nach Phantásien können sich grundsätzlich alle Menschen machen – und zwar zu allen Zeitpunkten ihres Lebens. Die Wiederbelebung des Mythischen ist auch nicht die Angelegenheit nur eines Lebensalters, bspw. der Kindheit, was durch die Auswahl eines kindlichen Protagonisten nahegelegt sein könnte.[42] Es gibt des Weiteren keinen vorgegebenen, normierten Weg nach Phantásien; in diese phantastische Welt kann auf die unterschiedlichste Weise und durch die Nutzung ganz verschiedener Medien, also nicht nur mit Hilfe einer Buchlektüre, eingedrungen werden. Abhängig ist dies von den jeweils vorliegenden persönlichen Dispositionen und den gegebenen äußeren Umständen. Die Wiederbelebung des Mythischen ist für den Autor dieses Romans außerdem nicht eine Sache von Kollektiven oder gar Völkern bzw. Nationen, sondern eine Angelegenheit ausschließlich von Individuen und sie geschieht auf eine jeweils andere, besondere Art und Weise. Der in der *Unendlichen Geschichte* präsentierte Weg des Schuljungen Bastian nach Phantásien hat deshalb nichts Exemplarisches an sich, wie auch die Figur des Bastian nichts Mustergültiges an sich hat. So dürfen etwa seine Lektürevorlieben und sein Leseverhalten nicht als vorbildlich angesehen werden, sondern nur als individuelle Gewohnheiten.

Gewiss handelt es sich bei Bastian um einen ziemlichen Außenseiter; daraus darf jedoch nicht geschlossen werden, dass prinzipiell nur Außenseitern der Weg nach Phantásien offensteht. Dennoch fragt sich, warum der Autor gerade diese kindliche Figur mit ihren nicht gerade unproblematischen Dispositionen und ihren prekären Lebensumständen für die – besser gesagt: für eine unter unendlich vielen möglichen Rettungen Phantásiens ausgewählt hat. So wenig aus der Bastian-Geschichte auch prinzipielle Schlussfolgerungen abzuleiten sind, so sagt sie doch etwas über gewisse Wahrscheinlichkeiten aus. Unter den damaligen gesellschaftlichen Bedingungen, in einer durchrationalisierten und mythenfeindlichen Kultur, war es sehr viel wahrscheinlicher, dass Außenseiter sich der weitgehend verdrängten mythischen Bildwelten annahmen. Unter seinerzeitigen Schülern dürften eher isolierte, einsame, introvertierte Charaktere Gefallen daran gefunden haben, sich mit einem Buch zurückzuziehen und in Phantasiewelten abzutauchen. Der Autor geht bei der Auswahl des Protagonisten vom dem aus, was dieser leisten soll, um dann den Charaktertyp auszuwählen, der unter den gegebenen Bedingungen am ehesten, d.h. mit hoher Wahrscheinlichkeit, der vorgesehenen Aufgabe nachzukommen vermag. Dabei darf das Handeln seines Protagonisten nicht als aufgepfropft, als äußerlich abverlangt erscheinen; es muss als eigen motiviert dargestellt werden, als aus dessen persönlichen Dispositionen und äußeren Lebensumständen mit hoher Plausibilität entspringend. Der Roman muss mit anderen Worten bezüglich der in der Gegenwart wurzelnden kindlichen Retterfigur den Kriterien des psychologischen Realismus entsprechen.[43] Das Außenseitertum Bastians interessiert deshalb nicht als solches, sondern nur als Lebensumstand eines einzelnen Kindes, das wegen seiner – nicht zuletzt auch hierdurch bedingten – Lektürepraxis und seinen imaginativen Fähigkeiten im Zentrum der Aufmerksamkeit steht.

Antiquariat und Schulspeicher

Der auf die Hauptfigur bezogene psychologische Realismus schließt die gleichzeitige Anwendung bildlicher bzw. symbolischer Darstellungsweisen nicht aus. Letztere betreffen in erster Linie die realweltlichen Schauplätze des Romans, deren erster an die Eröffnungsszenen des *Momo*-Romans erinnert. Dem dortigen Amphitheater entspricht hier das Antiquariat des Karl Konrad Koreander; beide Male handelt es sich um eine Örtlichkeit, in der eine Vergangenheit überlebt hat – das eine Mal in Gestalt von Ruinen, das andere Mal in gedruckter Form im Medium von alten Büchern und Folianten, die nicht mehr auf dem Markt sind. Die Aversion des Antiquars gegenüber Kindern darf in der Weise gedeutet werden, dass selbst die Gruppe der Kinder – entgegen dem romantischen Klischee – zu einer vergangenen vormodernen Welt keinen Bezug mehr hat. Zwar werde, so Koreander, um Kinder ein »Mordsgetue« gemacht, doch fördere dies nur deren schrankenlose Egozentrik. Respektlos seien die gegenwärtigen Kinder darüber hinaus dem ehrwürdigen Traditionsmedium des Buchs gegenüber, das sie nur »mit Marmelade vollschmieren und die Seiten zerreißen« würden, wie sie auch sonst keinerlei Manieren mehr besäßen (S. 6f.). Zudem führe das Antiquariat »keine Bücher für Kinder«, was man so auslegen könnte, dass die dominierende Kinderliteratur der Gegenwart in seinem Laden keinen Platz beanspruchen darf.[44] Dass Bastian kinderkulturell eine »große Ausnahme« darstellt, möchte Koreander zunächst kaum glauben. Wenig später wird der Erzähler bekräftigen, dass die Bücher Bastians Leidenschaft sind (S. 11).

Bastian betritt das Antiquariat an sich rein zufällig, auf der Flucht nämlich vor seinen Klassenkameraden. Damit stellt auch die Begegnung mit dem Buch, das Koreander gerade gelesen hat, einen Zufall dar. Dennoch empfindet der Junge dies als ein schicksalhaftes Ereignis: »Bastian hatte das dunkle Gefühl, daß mit dieser Berührung etwas Unwiderrufliches begonnen hatte und nun seinen Lauf nehmen würde.« (S. 10) Den Jungen fasziniert zunächst die äußere Gestalt des Buches – der Einband, die prächtigen Anfangsbuchstaben, die zwei Schlangen auf dem Einband –, dann aber zieht ihn der Titel »Die unendliche Geschichte« mit einer »Art Magnetkraft« an: »Das, genau das war es, wovon er schon so oft geträumt und was er sich, seit er von seiner Leidenschaft befallen war, gewünscht hatte: Eine Geschichte, die niemals zu Ende ging!« (S. 11)[45] So ist es nicht verwunderlich, dass er nicht mehr an einen Zufall glauben mag: Bastian wird mit einem Mal »klar, daß er überhaupt nur wegen dieses Buches hierhergekommen war, es hatte ihn auf geheimnisvolle Weise gerufen, weil es zu ihm wollte, weil es eigentlich schon seit immer ihm gehörte!« (S. 12) Wir haben es wohlgemerkt mit Einbildungen der literarischen Figur zu tun, nicht mit einer objektiven Feststellung der Erzählinstanz. Es besteht also keine Veranlassung, dem besagten Buch jetzt schon magische Kräfte zu attestieren. Die hier beschriebenen Reaktionen des Protagonisten ließen sich psychologisch in der Weise erklären, dass Bastian in dieser zufällig eingetretenen

Situation die eigene, immer schon dagewesene Leidenschaft des Bücherlesens nicht nur schlagartig bewusst wird, sondern dass er diese auch als wesentlichen Bestandteil seiner Persönlichkeit akzeptiert. Letzteres könnte der eigentliche Sinn dessen sein, »daß er ohne das Buch nicht weggehen konnte«. Und da Koreander ihm »kein einziges Buch verkaufen würde«, bleibt ihm nichts anderes übrig, als es zu stehlen (ebd.).

Dass dieser Diebstahl Bastians Gewissen kurz darauf stark belastet, ist psychologisch nachvollziehbar. Warum aber wird er hierdurch zum Ausreißer? Bastians plötzliche Selbsterfahrung und Selbstakzeptanz als leidenschaftlicher Büchernarr sind mit einem Makel behaftet, mit einer schuldhaften Normverletzung erkauft, die vom Vater nicht hingenommen werden wird. Die für unvermeidlich gehaltene Verurteilung durch den Vater würde aber zugleich eine Anerkennung dessen ausschließen, was Bastian gerade als Wesenszug seiner eigenen Person erfahren und mit eben dem Diebstahl symbolisch sich zu eigen gemacht hat. Dem Vater darf die Tat aber auch nicht verschwiegen werden: »[...] er wußte, daß er ihn unmöglich würde anlügen können«. Die Anerkennung seiner Wesensart würde sich der Junge damit geradezu selbst verbieten. Aus diesem existentiellen Dilemma weiß Bastian nur einen Ausweg: »[...] das einzige, was er tun konnte, war, fortzugehen, irgendwohin, weit weg.« (S. 13)

Aus dem Irgendwohin wird erneut ein überaus symbolträchtiger Ort: Der Speicher ist, wie nur allzu bekannt, eine Örtlichkeit von großer literarischer Tradition; hier ist es der Schulspeicher, der Bastian eine Zuflucht bietet. Zuvor war er an der Tür seines Klassenzimmers vorbeigekommen, um sich dort klar zu werden, »daß er auch hier von nun an nichts mehr verloren hatte«. Auch in die Klassengemeinschaft meint er nicht zurückkehren zu können. Den Schulspeicher hält er für den »richtigen Ort«, den »einzige[n] Ort, wo man ihn – vorläufig wenigstens – nicht suchen und nicht finden würde« (S. 14). Der Autor hat seinen Protagonisten an einen Ort versetzt, der nicht nur eine passende Umwelt für eine einsame Buchlektüre darstellt, sondern der auch die Art von Lektüre symbolisch repräsentiert, der Bastian sich hingeben wird. Zu ihr gehört der Rückzug aus aller Geselligkeit und zugleich die Gewissheit, nicht auffindbar zu sein, mit anderen Worten: befreit zu sein von allen Verpflichtungen des alltäglichen Lebens. Dementsprechend ist auch das dort befindliche Schulgerümpel aus allen Gebrauchszusammenhängen ausgesondert.

Die beabsichtigte Lektüre erfordert sodann einen Austritt aus der Zeit: Der Schulspeicher ist eine »Umgebung, in der die Zeit still zu stehen schien« (ebd.). Er symbolisiert nicht eine wie auch immer geartete Vergangenheit, sondern eine Sphäre der Zeitlosigkeit, des Entbundenseins von zeitspezifischen Haltungen und Einstellungen, der Offenheit für zeitüberdauernde Stoffe und Symbole. Entscheidend sind schließlich die dortigen Lichtverhältnisse: Alles ist – auch tagsüber – in Dämmerung und Dunkelheit getaucht; Helligkeit bietet nur eine kleine Dachluke. Die nicht im hellen Licht präsente, sondern abgedunkelte Außenwelt beansprucht nur in geringem Maße noch die Wahrnehmung, lenkt die Aufmerksamkeit nur noch abgeschwächt auf sich. Umso mehr kann sich eine innere Vorstellungswelt behaupten, umso ungestörter können innere Bilder an Deutlichkeit und Plastizität gewinnen. Je undeutlicher und schauriger die äußeren Gegenstände erscheinen, je mehr Spielraum erhält die Phantasie.

Wir haben es mit einer besonderen, einer außergewöhnlichen Form der Buchlektüre zu tun. Diese ist an eine Lesesituation von längerer Dauer gebunden, die eine vorbehaltlose Hingabe und Fesselung an, eine tiefe Versenkung und emotionale Verstrickung in das Gelesene ermöglicht. Dem Roman ist an einer solchen Lektüre gelegen, weil diese ihm als ein möglicher Weg zur Wiederbelebung des Mythischen gilt. Wie kann ein zehn- bis elfjähriger Junge unserer Tage in eine solche Situation geraten, die für damalige Kinder alles andere als normal war, mögen diese auch stärker dazu neigen als Erwachsene? Welche persönlichen Dispositionen muss Bastian aufweisen, wie müssen seine Lebensumstände beschaffen sein, um in eine solche wahrhaft exzentrische Lage zu kommen? Der Roman vermeidet es, diese Fragen mittels eines

Rückgriffs auf eine romantische Metaphysik der Kindheit zu lösen und davon auszugehen, dass ›wahre‹ Kinder dank ihres unveräußerlichen Wesens zu einer solchen Lektüre grundsätzlich fähig sind. Erst recht begnügt er sich nicht damit, seinem Protagonisten Bastian schlicht und einfach Phantasiebegabung zu attestieren, womit die eine oder andere Interpretation sich anscheinend begnügt. Der Autor scheut ganz offensichtlich keine Mühe, Bastians Begegnung mit dem ungewöhnlichen Buch ganz realistisch als Zufall zu kennzeichnen und dessen Reaktionen darauf bis hin zur Flucht auf den Schulspeicher aus der Persönlichkeit des Jungen und seinen Lebensumständen herzuleiten und psychologisch verständlich zu machen. Es scheint uns jedenfalls verfehlt zu sein, in der ganz und gar individuellen Bastian-Geschichte eine dem Mainstream der 1970er Jahre konträr entgegengesetzte allgemeine Lesepädagogik zu sehen und den Protagonisten für einen alternativen mustergültigen kindlichen Leser zu halten. Ebenso wenig haben wir es mit einer Neuauflage der romantischen Erzählung vom Dichterjüngling zu tun.

Zufall oder Berufung?

Der Protagonist der *Unendlichen Geschichte* wurde uns in erster Linie als ein begeisterter Leser von Büchern präsentiert. Gewiss ist Bastian daneben auch ein notorischer Geschichtenerzähler wie auch ein Erfinder von neuen und seltsamen Namen.[46] In dieser Hinsicht darf er als jüngerer Halbbruder von Gigi gelten. Im Unterschied zu seinem Vorläufer aus dem *Momo*-Roman mangelt es Bastian jedoch an Zuhörern oder gar einem Publikum. Ein einziges Mal hat sich die Gelegenheit ergeben, seine Geschichten jemandem zu erzählen: Es handelte sich um die drei Jahre jüngere Christa, die Tochter der Haushaltshilfe Anna: »Wenn Bastian ihr stundenlang seine Geschichten erzählt hatte, war sie ganz still dagesessen und hatte ihm mit großen Augen zugehört. Sie bewunderte Bastion […].« (S. 136) Davon abgesehen erzählt Bastian seine Geschichten sich selber, was ihn zu einem Außenseiter macht. Auch wenn seine Erzählgabe ihm in der zweiten Romanhälfte zugutekommen wird, steht Bastian in der ersten Romanhälfte indes als Lesender im Vordergrund, weil er nur auf diesem Wege nach Phantásien gelangen kann. Das mythologische Erbe der Völker ist in der Moderne, so eine der Grundannahmen des Romans, nicht mehr im Medium einer lebendigen Erzählkultur greifbar. Der Autor weiß mit keiner glaubhaften Figur aufzuwarten, die dem Jungen den Schatz an Mythen auf dem Wege mündlichen Erzählens vermitteln könnte.

Dennoch ist das mythische Erbe nicht verloren gegangen: Es hat, wie spät auch immer, eine schriftliche Aufzeichnung erfahren und in verschiedenen Überlieferungsmedien – darunter das Buch – die Zeiten überdauert. Dennoch könne bei dieser archivarischen Weise der Aufbewahrung von einem Fort*leben* nicht die Rede sein; viel eher sei von einem todesähnlichen Schlaf zu reden, aus dem das mythische Erbe allererst zum Leben erweckt werden müsse. Solange die einschlägigen Bücher geschlossen blieben, seien nur tote »Buchstaben drin, die auf Papier gedruckt sind«. Es gelte die Bücher aufzuschlagen, die Buchstaben lesend zu entziffern, um auf einmal »eine ganze Geschichte« zu erleben. »Das ist doch alles irgendwie drin im Buch. Man muß es lesen, damit man's erlebt, das ist klar. Aber drin ist es schon vorher.« (S. 16)

Das Mythische in der Gegenwart wieder zum Leben zu erwecken, erfordert für Michael Ende jedoch mehr: Es reicht nicht aus, die mythische Überlieferung in ihrer wie getreu auch immer überlieferten Gestalt sich lesend wieder ins Gedächtnis zu rufen. Für ihn wäre es unvorstellbar, Bastian mit den Sagensammlungen etwa eines Gustav Schwab abzuspeisen. Wie zu Beginn unserer Ausführungen zur *Unendlichen Geschichte* bereits dargelegt, kann für Ende von einer Wiederbelebung des Mythischen erst dann gesprochen werden, wenn die überlieferten Stoffe und Geschichten von den Menschen der Gegenwart schöpferisch verwendet und als Ausdrucks- und Sinnfindungsmedium angenommen werden. Das Buch, das Bastian in die Hände gefallen ist, stellt von außen betrachtet bereits das Produkt eines solch freien und aktualisierenden Umgangs mit der mythologischen Überlieferung dar – praktiziert durch den Autor Michael Ende. Wir haben es nach heutiger Terminologie mit moderner Fantasy zu tun. Doch bleibt auch die bloße Lektüre von solch freien mythologischen Erzählungen weit hinter dem zurück, was sich der Autor unter einer existentiellen Erfahrung und Aneignung des Mythischen durch den Menschen der Gegenwart vorstellt.

Lesen und Tagträumen

Ganz zutreffend heißt es bei Jolanta Lugowska, dass Bastian zunächst das »normale Leseverhalten eines labilen Jungen« an den Tag legt, »der sich mit seinem Lieblingshelden stark identifiziert und dessen Abenteuer so intensiv miterlebt, als wären sie ihm selbst widerfahren«.[47] Dass Atréju ein Waisenkind ist, kann Bastian gut nachvollziehen, fühlt er sich doch selber ohne elterliche Fürsorge (S. 44). Atréjus Reitkünste reizen Bastian zur Nachahmung auf dem Turnbock: »Er stellte sich vor, er wäre Atréju, der auf Artax durch die Nacht galoppierte.« (S. 46) Seiner blamablen Erlebnisse im Turnunterricht eingedenk hätte der Junge »viel darum gegeben, so zu sein wie Atréju. Dann hätte er es ihnen allen gezeigt.« (S. 55) Der Untergang von Atréjus Pferd Artax lässt Bastian in Tränen ausbrechen, so dass er nicht weiterlesen kann (S. 57). Als Bastian an seinem Entschluss, auszureißen und auf dem Schulspeicher auszuharren, zu zweifeln beginnt, richtet er sich an seinem phantásischen Alter Ego wieder auf: »Atréju würde nicht so schnell aufgeben, bloß weil es ein bißchen schwierig wird. Was ich angefangen habe, muß ich zu Ende führen.« (S. 66) Generell macht Bastian seiner bereits zu Beginn des Romans getroffenen Charakterisierung als abtauchender Leser alle Ehre: Er wähnt sich mitten im Romangeschehen und glaubt sogar, die Gerüche wahrzunehmen (S. 89). Drohende Gefahren lassen ihn aufschreien (S. 70), wie er auch Verletzungen, die Romanfiguren erleiden, selber miterleidet: »Er fühlte sich elend, als ob er selbst Ygramuls Gift in seinem Körper hätte« (S. 73). So lässt sich sagen, dass Bastian mit Leib und Seele in die Welt abgetaucht ist, die ihm das Buch eröffnet.[48] Das Gelesene formt sich in ihm zu einer Vorstellungswelt von solch starker Präsenz, dass die wirkliche Lesesituation verblasst und der Lesende sich in eine andere Welt versetzt fühlt, die nicht weniger real anmutet. Bastian nimmt hier wie gesagt Züge eines Eidetikers an. Jede Beendigung bzw. Unterbrechung der Lektüre ähnelt deshalb dem Erwachen aus einem Traum.

Die mittels der Lektüre hervorgebrachte Vorstellungswelt verdankt ihre Intensität nicht nur einer stark ausgeprägten Vorstellungsgabe; sie resultiert nicht zuletzt aus der besonderen Anziehungskraft des gelesenen Textes, die bewirkt, dass Bastian nicht aufhören kann zu lesen (S. 79). Die Gestalt von Atréju stellt nicht nur eine attraktive Identifikationsfigur dar, eine Art Wunsch- bzw. Ideal-Ich von Bastian; sie macht auch dem lesenden Schuljungen ein Rollenangebot von großer Verführungskraft: Die phantásische Welt ist vom Untergang bedroht und verlangt nach einem Retter, bei dem es sich nicht um einen Bewohner Phantásiens handeln kann. Hinzu kommt, dass die Rettung darin besteht, der Kindlichen Kaiserin einen neuen Namen zu geben. So fühlt Bastian sich geradezu berufen, diese Aufgabe zu übernehmen, die ihm »Sympathie oder Ehre eintragen« würde. »Wenn es nur darum ging, einen Namen zu erfinden, dann hätte Bastian ihr leicht helfen können. Darin war er groß.« (S. 62)

In psychologischer Hinsicht kommt das von Bastian Gelesene einem klassischen freudschen Tagtraum gleich: »Unbefriedigte Wünsche sind die Triebkräfte der Phantasien, und jede einzelne Phantasie ist eine Wunscherfüllung, eine Korrektur der unbefriedigenden Wirklichkeit.« Dabei dürften es in erster Linie »ehrgeizige Wünsche [sein], welche der Erhöhung der Persönlichkeit dienen«. Der »Held aller Tagträume« sei »seine Majestät das Ich«.[49] Bastian wird allerdings an seinem eigenen Tagtraum wieder unsicher: Im entscheidenden Augenblick holt ihn die Erinnerung an seine reale körperliche und seelische Verfassung ein: »Bastian stellte sich vor, wie es wäre, wenn er plötzlich vor ihnen stünde in all seiner Dickheit, mit seinen X-Beinen und seinem käsigen Gesicht. […] Bei dieser Vorstellung schoß Bastian die Schamröte ins Gesicht«, erwarten Atréju und die Kindliche Kaiserin doch jemand anderen, »irgendeinen Helden, einen Prinzen oder so was« (S. 171f.).

Auserwählt und berufen?

So plausibel es zu sein scheint, die Berufung zum Retter Phantásiens für ein selbst nicht durchschautes Phantasma innerhalb eines auf Selbstaufwertung zielenden Tagtraums zu halten, so scheinen einige Stellen des Romans doch dafür zu sprechen, dass es sich eben nicht nur um eine Projektion Bastians handelt, sondern auch um eine von außen auf ihn zukommende Aufforderung. Die vom Untergang bedrohte phantásische Welt unternimmt – so bekommt es Bastian zu lesen – eine Reihe von Schritten, um »ein Menschenkind aus der Welt jenseits der Grenzen Phantásiens« (S. 111) dazu zu bewegen, den Übertritt zu wagen und der Kindlichen Kaiserin einen neuen Namen zu geben. Die Aufgabe wird von der Kindlichen Kaiserin Atréju aufgebürdet, ohne dass sie diesem den eigentlichen Zweck seiner großen und anstrengenden Suche offenbart. Die von der Kindlichen Kaiserin getroffenen Maßnahmen scheinen auf Bastian abgestimmt zu sein: Dies beginnt mit der Beauftragung eines gleichaltrigen phantásischen Jungen, der mit seinen Eigenschaften auf Bastian eine große Faszination ausübt, und setzt sich fort mit dessen abenteuerlicher und gefahrvoller Suche, die den lesenden Menschenjungen fesselt und schrittweise mit der phantásischen Welt vertraut macht. Zusammen mit seinem phantásischen Gefährten erfährt Bastian schließlich nach und nach, welche Schritte von wem zur Rettung dieses Reiches unternommen werden müssen.

Dass Bastian lesend an Atréjus Abenteuer teilhat, bleibt in der phantásischen Welt allem Anschein nach nicht unbemerkt: Bastians »Schreckensschrei« wird auch dort gehört und von Ygramul registriert (S. 70). Bastian ist irritiert und hält dies eigentlich für unmöglich: »Dieses Buch fing langsam an, ihm unheimlich zu werden.« (S. 73) Beim Durchschreiten des »Zauber Spiegel Tores« sieht Atréju nicht sich selbst, sondern sein realweltliches Alter Ego: »einen dicken Jungen mit blassem Gesicht – ebenso alt wie er selbst – der mit unterschlagenen Beinen auf einem Mattenlager saß und in einem Buch las.« (S. 99) Bastian ist erneut entsetzt: Er »fuhr zusammen, als er begriff, was er da eben gelesen hatte. Das war ja er!« (Ebd.) Doch dann wechselt seine Stimmung und er sagt zu sich selbst: »[…] wenn sie in Phantásien wirklich etwas von dir wüßten. Das wäre fabelhaft.« Aber noch traut er sich nicht, »es laut zu sagen« (S. 100). An der Stelle des Buches, an der von der Kindlichen Kaiserin die Rede ist, hat Bastian mit einem Mal deren Gesicht vor Augen. »Es war keine Einbildung gewesen, dessen war Bastian ganz sicher.« (S. 161) Gewiss erweist der Junge sich hier erneut als Eidetiker, doch bestätigt wenig später die Gegenseite, dass man sich »für die Dauer eines Blitzstrahls« wechselseitig ins Gesicht blicken konnte. Gegenüber dem von seiner Queste zurückgekehrten Atréju äußert die Kindliche Kaiserin: »Noch ist er nicht in unserer Welt. Aber unsere Welten sind einander schon so nah, daß wir uns sehen konnten.« (S. 166)

Das von Bastian auf dem Schulspeicher gelesene Buch mit dem Titel »Die unendliche Geschichte« besitzt eine überaus starke Suggestionskraft: Ein jeder Leser muss sich von einem gewissen Zeitpunkt an angesprochen fühlen und für den vorgesehenen Retter Phantásiens halten. Dieser Suggestion erliegt auch Bastian, und so beginnt er, das bisher Geschehene in einem neuen Licht zu sehen. Hatte er nicht schon bei der ersten Begegnung mit dem besagten Buch das »dunkle Gefühl, daß mit dieser Berührung etwas Unwiderrufliches begonnen hatte und nun seinen Lauf nehmen würde« (S. 10). Zu denken gab damals schon, dass Koreander gerade dieses Buch so abgelegt hatte, dass der Junge es leicht an sich nehmen konnte. Nicht zuletzt fühlte Bastian sich von dem Buch magisch angezogen. Für uns als Leser waren dies Ahnungen und Vermutungen ohne ersichtlichen Grund, so dass man von Mut machenden Einbildungen Bastians sprechen konnte.

Je mehr Bastian zu der Überzeugung gelangt, von einer jenseitigen Macht auserwählt und berufen zu sein, umso mehr vermeint er, in alldem, was sich bisher als Zufall darstellte, einen höheren Sinn, eine tiefere Bewandtnis zu erkennen. Die anfängliche psychologisch-realistische Erzählung hat sich damit allem Anschein nach zu einer phantastischen Erzählung fortentwickelt.[50] Dass Bastian mit einem Male glaubt, im Zauberspiegel sich selbst zu erkennen, kann er zuerst nur als einen »verrückten« Zufall ansehen und muss sich dementsprechend für einen »Spinner« halten. Dann aber kommt ihm dieser Zufall »höchst merkwürdig« vor, und er beginnt daran zu zweifeln, »daß es nur ein Zufall war« (S. 99f.). Die Unsicherheit bezüglich seines Auserwähltseins hält sich jedoch bis zur letzten Minute: Auch dann wird er sich noch fragen, ob wirklich *er* gemeint ist und nicht ein anderer potentieller Leser dieses Buchs. Geht es tatsächlich um den armseligen Bastian Balthasar Bux? »Woher wollte er denn wissen, ob sie wirklich ihn meinten?« (S. 170)

Ein Zauberbuch?

Zu dieser Unsicherheit gesellt sich eine wachsende Irritation über das Buch, das er gerade dabei ist zu lesen. Bereits bei seinem Schreckensschrei kam es ihm, wie schon erwähnt, unheimlich vor. Jetzt aber gerät er aus der Fassung: »Das Buch begann in seinen Händen zu zittern. Es war doch überhaupt nicht möglich, daß in einem gedruckten Buch etwas stehen konnte, was nur in diesem Augenblick und nur für ihn zutraf.« (Ebd.) Hier gelangt der kindliche Protagonist zu der Überzeugung, dass es sich um alles andere als um ein gewöhnliches Buch handelt. Es scheint sich um ein Zauberbuch zu handeln, das mit magischen Kräften ausgestattet ist und das etwas bewirken soll. Das bei Koreander ausliegende Buch war anscheinend – im Gegensatz übrigens zum Charakter des Buches als eines Massenmediums – nur für einen einzigen Leser bestimmt.[51] Dass es in die Hände von Bastian fiel, kann deshalb auch kein Zufall gewesen sein, war es doch allein für ihn vorgesehen, sollte es doch dazu dienen, ihn zu einer Handlung mit ungeahnten Folgen zu verleiten. Da wäre es denn nur konsequent, wenn dieses magische Buch, sobald es seinen Zweck erfüllt hat, spurlos verschwinden würde. Als Bastian am nächsten Morgen aufwacht und nach dem Buch sucht, um es Koreander zurückzugeben, ist es tatsächlich nicht mehr da (S. 419). Es scheint jedoch schon früher ausgedient zu haben: Um Mitternacht nämlich, kurz vor Bastians Eintritt in die phantásische Welt, fährt ein gewaltiger Sturm in das Buch hinein und bringt dessen Seiten zum Flattern (S. 190). Das Buch im Buch, das Zauberbuch, fliegt, so scheint es, in dem Augenblick, in dem Bastian den Übertritt zu wagen beginnt, im wahrsten Sinne davon.[52]

Bei der Romanepisode, die von Bastians vermeintlicher Berufung handelt, haben wir es nach unserer Auffassung mit einer phantastischen Erzählung nicht im Sinne einer surrealen, einer Wundererzählung zu tun, sondern mit einer Erzählung, die uns bezüglich des Übernatürlichen im Ungewissen hält. Es handelt sich in unseren Augen um eine Phantastik im Sinne von Tzvetan Todorov.[53] Handelt es sich wirklich um ein Zauberbuch, oder stellt sich Bastian dies nur so dar? Der Roman wartet mit vielen Details auf, die für ein Zauberbuch sprechen, ohne doch alle Zweifel daran auszuräumen: An der Existenz des Buches »Die unendliche Geschichte« als solcher ist nicht zu zweifeln, wie auch die in ihm enthaltene Geschichte keine insgeheime Erfindung Bastians darstellt. Von außen vorgegeben ist auch die auf den Leser zielende Suggestion der Erzählung, wodurch dieser in das Geschehen hereingezogen werden soll. Doch muss kein Leser zwangsläufig einer solchen Suggestion erliegen, es sei denn, dass er eine bestimmte Disposition dazu mitbringt. Dass Letzteres bei Bastian der Fall ist, haben wir ausführlich versucht darzulegen. Die Bastian vom Text angetragene Rolle als Retter Phantásiens ist zu verführerisch, als dass er ihr widerstehen könnte. Er gesteht sich selbst, wie bereits zitiert, ein, dass es geradezu »fabelhaft« wäre, wenn wirklich er, Bastian, gemeint wäre und man in Phantásien von ihm wüsste. Doch bleibt eben dies für Bastian noch zweifelhaft, weshalb er zögert, den Rufen zu folgen. So sehr er sich als Namenerfinder auch für geeignet hält, so ist doch sein eigener Name noch nicht gefallen, wodurch klar wäre, dass nur er selbst und niemand sonst berufen wäre. Ist es bisher nicht vielmehr so, dass sich im Grunde genommen ein jeder Leser dieses Buches angesprochen und berufen fühlen dürfte? Waren das Selbstbild im Zauberspiegel und der Blickkontakt mit der Kindlichen Kaiserin nicht doch nur Visionen Bastians, die seinem glühenden Wunsch entsprangen?

Hier lassen sich Interpretationen der *Unendlichen Geschichte* anschließen, die in der von außen kommenden, im Buch enthaltenen Geschichte Phantásiens etwas sehen wollen, das der Psyche Bastians angehört und ein unbekanntes Gebiet seines Innenlebens darstellt. Die phantásische Welt wird mit anderen Worten zu einer Repräsentation des Unbewussten von Bastian erklärt: »Die Phantásien bevölkernden Wesen […] können«, so Jolanta Lugowska, »als eine besondere Repräsentation von Inhalten interpretiert werden, die in den Tiefen des menschlichen Unbewussten aufbewahrt werden […].« Es sei »unsere Aufgabe und unsere Pflicht«, diesen im Unbewussten verborgenen Inhalt »ins Bewusste zu heben«.[54] Wir halten diese Interpretationsrichtung grundsätzlich nicht für unangebracht, doch trifft sie nach unserer Auffassung auf die erste Romanhälfte und den darin geschilderten Lektüreprozess noch nicht zu. Hier geht es um die Wiederbelebung von etwas, das von außen, in Gestalt nämlich einer Bucherzählung, auf Bastian zukommt: um die buchförmige mythologische Überlieferung und deren Wiederverlebendigung durch einen lesenden Jungen, mag die Objektivität seiner Berufung auch zweifelhaft bleiben.

Fiktion und Metafiktion

Wir haben es bei Phantásien mit einer mythischen Welt, einer phantastischen Welt voller Wunderdinge und Magie zu tun, wie sie für Fantasyromane einschlägig ist. Mit Blick auf diese Eigenschaft unterscheidet es sich nicht von den phantastischen Welten anderer Fantasy-Romane. Präsentiert wird uns Phantásien allerdings nicht als eine objektiv gegebene und unzweifelhaft existierende Jenseitswelt, wie dies in der Fantasy gewöhnlich der Fall ist, sondern als eine subjektive Vorstellungswelt, die ihre Existenz der Einbildungskraft eines Buchlesers verdankt. Sie ist zunächst in dem Buch enthalten, das Bastian dem Antiquar entwendet hat – und zwar in schriftlicher Aufzeichnung, die sich zusammensetzt aus »Buchstaben [...], die auf Papier gedruckt sind«. Erst im Akt des Lesens scheint sie als eine lebendige Welt voller Abenteuer auf, die freilich nur in der inneren Vorstellung eines menschlichen Individuums existiert. Die Verlebendigung des Gelesenen verdankt sich der Vorstellungskraft des lesenden Subjekts, während die Vorstellungs*inhalte*, die konkrete Beschaffenheit und das Personal der vorgestellten Welt, aus den Vorgaben der schriftlichen Aufzeichnung hervorgehen.[55] Auch wenn es erst im Akt des Lesens in Erscheinung tritt, gilt doch für alles Inhaltliche: »Aber drin ist es schon vorher.« Wir können im Fall der Buchlektüre also von einer angeleiteten Einbildungskraft, einer gebundenen Phantasie sprechen, wovon oben bereits die Rede war.

Nun stellt Endes Roman die phantásische Welt nicht nur einleitend als innere Vorstellungswelt des Protagonisten heraus; er macht uns als Leser vielmehr wiederholt darauf aufmerksam – und zwar im Roman selbst. Die ersten zwölf Kapitel sind durch einen permanenten Wechsel zwischen grüner und roter Schrift charakterisiert, zwischen einer Versenkung Bastians in das Gelesene und Unterbrechungen des Lesevorgangs, in welchen Bastian sich seines gegenwärtigen Aufenthalts auf dem Schulspeicher und zugleich dessen bewusst wird, dass er nur ein Buch liest. Von Bastians Fähigkeit, sich in das Gelesene zu versenken, war bereits die Rede; während dieser Zeitspanne wird das Gelesene uneingeschränkt als real erfahren, wobei sich das Wissen, es bloß mit einer inneren Vorstellungswelt zu tun zu haben, verliert. Im Unterschied zu uns Lesern kommt dies dem kindlichen Protagonisten auch nicht bei jeder Unterbrechung in den Sinn. Zu Bewusstsein kommt es ihm etwa bei Angst und Schrecken erregenden Wesen, die ihm einen Stoßseufzer entlocken: »Gott sei Dank […], daß ich nicht in Phantásien bin. Solche Monster gibt es zum Glück in Wirklichkeit nicht. Das alles ist eben nur eine Geschichte.« (S. 73) Diese Reaktion ist kinderpsychologisch ziemlich authentisch, hat doch die Rezeptionsforschung nachgewiesen, dass sich das Fiktionalitätsbewusstsein bei Kindern schrittweise herausbildet und zuerst bei bedrohlichen Gestalten auftaucht, wo es den Charakter einer Abwehrreaktion besitzt.[56] Dass der schon etwas ältere Bastian über ein voll ausgebildetes Fiktionalitätsbewusstsein besitzt, wird an einer späteren Leseunterbrechung deutlich:

> Bis jetzt hatte er sich alles, was da in der Unendlichen Geschichte erzählt wurde, ganz deutlich vorstellen können. Einige seltsame Dinge waren ja allerdings beim Lesen dieses Buchs vorgekommen […]. Aber bis zu diesem Augenblick waren es eben doch bloß seine eigenen Vorstellungen gewesen. (S. 160f.)

Diese Äußerung bildet gleichsam den Höhepunkt der metafiktionalen Reflexionen des Protagonisten dieses Romans, womit ein Bewusst-Machen des fiktionalen Charakters des Dargestellten gemeint ist.

Seltsame Geographie und wissendes Personal

Dem Autor war daran gelegen, den grundlegenden Charakter Phantásiens als einer subjektiven Vorstellungswelt innerhalb des Romans noch auf eine andere Weise deutlich werden zu lassen. Dies sollte auch an der besonderen Beschaffenheit dieses Reiches selber ablesbar sein. Es kennzeichnet reine, d.h. nicht schriftlich oder sonst wie fixierte Vorstellungswelten, dass sie bewegliche, gelegentlich gar flüchtige Züge besitzen und selten einen abgeschlossenen und festgemeißelten Charakter aufweisen. Sie sind im Gegenteil nach allen Seiten hin offen und unabgeschlossen. Gewiss ist auch die Geographie Phantásiens wie diejenige aller anderen Fantasy-Welten schriftlich fixiert, doch wird dabei ausdrücklich herausgestellt, dass ihr Zustand instabil und unabgeschlossen ist. Man könnte hier von einer Fixierung des grundsätzlich nicht Fixierbaren sprechen. Gleich zu Beginn ist bereits von dem »grenzenlosen Phantásischen Reich« die Rede (S. 21). Dann glaubt Atréju, dass »es nicht allzu schwierig sein [könne], die Grenze Phantásiens zu erreichen«, ohne zu wissen, »wie groß Phantásien war.« (S. 121) Schließlich widmet sich der Erzähler des Buches im Buch in einem ausführlicheren Kommentar der »Besonderheit der phantásischen Geographie«: Es sei »ganz unmöglich, eine Landkarte von Phantásien zu zeichnen«. »Länder und Meere, Gebirge und Flußläufe liegen dort nicht fest wie in der Menschenwelt« – und wie in anderen Fantasy-Welten, so wäre zu ergänzen. Dasselbe gelte für die Tages- und Jahreszeiten, die in keinem festen Rhythmus wechselten. Auch seien die Entfernungen zwischen verschiedenen Gegenden schwankend (S. 155). Indem die Geographie Phantásiens mit Zügen ausgestattet wird, die denjenigen von beweglichen inneren Vorstellungswelten entsprechen, weist sie sich selber als eine fiktionale Realität aus. Dass sie subjektiven Ursprungs sind, meint, dass sie »vom Seelenzustand und vom Willen« eines menschlichen Subjekts abhängen, um wen immer es sich dabei auch handeln mag (ebd.).

Der Autor stattet darüber hinaus einzelne Figuren der phantásischen Welt mit der Fähigkeit zu metafiktionaler Reflexion aus. Zu diesen gehört »Uyulála, die Stimme der Stille« (S. 106), die sich nur in gereimten Versen äußert: »Wir sind nur Figuren in einem Buch, / und vollziehen, wozu wir erfunden. / Nur Träume und Bilder in einer Geschicht', / so müssen wir sein, wie wir sind […].« (S. 109) Eine weitere, in der Forschungsliteratur immer wieder zitierte Stelle ist eine Äußerung des Werwolfs Gmork im Gespräch mit Atréju. Bei Gmork handelt es sich um ein sowohl in der phantásischen wie in der Menschenwelt beheimatetes Wesen, das als solches den Gestalten Phantásiens gegenübersteht: »Was seid ihr denn, ihr Wesen Phantásiens? Traumbilder seid ihr, Erfindungen im Reich der Poesie, Figuren in einer unendlichen Geschichte!« An Atréju gewandt fährt er fort: »Hältst du dich selbst für Wirklichkeit, Söhnchen? Nun gut, hier in deiner Welt bist du's.« (S. 142) Die Uyulála weiß schließlich auch, dass kein Wesen in Phantásien in der Lage ist, etwas Neues hervorzubringen, d.h. neue Phantasiegestalten mit neuen Geschichten zu erfinden: »[…] Neues erschaffen – wir können es nicht.« Dies bleibe Angehörigen des »Menschengeschlechts« vorbehalten: »Sie alle haben seit Anbeginn / die Gabe, Namen zu geben. / Sie brachten der Kindlichen Kaiserin / zu allen Zeiten das Leben.« (S. 109)

Die Tatsache, dass diese metafiktionale Figurenrede Bastian nicht zu einer Leseunterbrechung und anschließendem eigenen Nachdenken veranlassen, ist ein Anzeichen dafür, dass in der (grün gedruckten) Phantásien-Erzählung auch Themen allgemeinerer Art abgehandelt werden, die keinen direkten Bezug zu Bastians Lebenssituation aufweisen, wie dies etwa für die Atréju-Figur gilt. So sehr sich Bastian auch in einzelnen Situationen daran erinnern mag, dass er es nur mit Vorstellungswelten zu tun hat, so wenig ist er zu einer allgemeinen Reflexion über Fiktionalität aufgelegt, was psychologisch nachvollziehbar sein dürfte. Umso mehr erkennen wir hier ein Interesse des Autors, gleichzeitig mit der Schilderung einer mythischen Welt nicht nur deren fiktionalen Charakter, sondern auch deren Hervorgehen aus der menschlichen Einbildungskraft zu demonstrieren.

Roman der Einbildungskraft

Nun verhält es sich bei anderen Fantasy-Romanen keineswegs anders; auch deren mythische Welten stellen nichts anderes als innere Vorstellungswelten dar; dies wird in den meisten Fällen allerdings nicht als solches durchsichtig gemacht. Übrigens stellen ja auch die Weltentwürfe in realistischen bzw. mimetischen Erzählwerken nichts anderes als innere Vorstellungswelten dar. Diese werden hier wie dort jedoch als eine sei es andere, sei es der unsrigen nachempfundene Wirklichkeit ausgegeben. Dass es in den metafiktionalen Reflexionen der *Unendlichen Geschichte* um etwas Grundsätzlicheres, auf alle Kunst Zutreffendes geht, ist der Ausgangspunkt der Interpretation von Martin Götze: Endes

Roman »exponiert nicht alleine eine Welt des Wunderbaren und behauptet sie als solche. Vielmehr macht er das Wunderbare, die Märchenwelt Phantásiens, *als* Produkt der Einbildungskraft transparent […].« Die Abbildung der »Relation von Leser und Buch *im* Buch« schaffe einen »Spielraum für ästhetische Reflexionsstrukturen«. Bei der »Relation von Leser und Buch« handele es sich um ein »Wechselverhältnis, aus dem das hervorgeht, was ich hier ganz allgemein als ›ästhetische Erfahrung‹ bezeichnen möchte.« »Der Roman exponiert das Hervorgehen ästhetischer Erfahrung aus der sich am Lesestoff belebenden Einbildungskraft.« Dabei sei das in seinem fiktionalen Charakter durchsichtig gemachte Märchenhafte nur ein »ausgezeichnetes Exempel für das Wirken der produktiven Einbildungskraft« im Allgemeinen.[57] Götzes bedeutungsmäßige Ausweitung der in der *Unendlichen Geschichte* anzutreffenden metafiktionalen Reflexionsstrukturen zielt darauf ab, Endes Roman als eine allgemeine Theorie des Ästhetischen zu profilieren, wohingegen wir daran festhalten, von einer romanimmanenten Theorie allein des Mythischen zu sprechen.

In eben diesem Sinne sehen wir die in der *Unendlichen Geschichte* anzutreffenden metafiktionalen Reflexionen sich zu einer Theorie nur des Mythischen und dessen Aufbewahrung in der Moderne zusammenfügen. Wir haben es mit einem Roman zu tun, der vornehmlich in den ersten zwölf Kapiteln von einem Protagonisten handelt, der einen Roman liest, wodurch sich, wie Götze zu Recht bemerkt, ein Raum für metafiktionale Reflexionen eröffnet. Bastian reflektiert nicht nur über sein Lektüreverhalten; er macht sich auch Gedanken über den Status des Gelesenen. Bei Phantásien handelt es sich, so wird ihm wiederholt deutlich, nicht um eine andere Realität, eine jenseitige Wirklichkeit, sondern um eine innere Vorstellungswelt, die von seiner Einbildungskraft lesend aus Buchstaben hervorgebracht und als lebendige Welt imaginiert wird. Deren konkrete Beschaffenheit ist allerdings durch den gelesenen Text vorbestimmt, der den Charakter einer Partitur besitzt. Dass es sich nicht um eine feststehende jenseitige Wirklichkeit, sondern um eine bloß vorgestellte Welt handelt, spiegelt sich, wie gezeigt, in deren beweglicher Geographie wider, wie der Erzähler des Buches im Buch hervorhebt. Auch ist einzelnen Bewohnern der phantásischen Welt bewusst, dass sie selbst nur Figuren in einem Buch, Angehörige einer fiktionalen Welt sind. Sie wissen darüber hinaus, dass ihre eigene Welt durch Angehörige der Menschenwelt immer wieder verlebendigt, aus den toten Buchstaben wieder zu einer lebendigen Vorstellung erweckt werden muss. Die überlieferten Mythen können, so darf daraus geschlossen werden, nur dann einen Platz in der Moderne erlangen, wenn sie als Hervorbringungen der menschlichen Phantasie ausgewiesen werden. Gleichzeitig müssen sie als Wirklichkeitsaussagen entmachtet und als reine Vorstellungswelten eingestuft werden. Sie müssen sich in Respektierung der neuzeitlichen Unterscheidung von »Schein und Wirklichkeit« (S. 142) der Sphäre des ästhetischen Scheins zuordnen. Sie müssen mit anderen Worten zu einem Gebiet der Kunst im neuzeitlichen Sinne werden.

Mythische Grenzgänger

Überall dort, wo phantastische bzw. mythische Welten als eine zweite Wirklichkeit ausgegeben werden, bereitet es keine grundsätzlichen Schwierigkeiten, sich den Personenverkehr zwischen beiden Sphären vorzustellen. Die einschlägige Literatur kennt denn auch zahllose Fälle, in denen phantastische Wesen aus einer Jenseitswelt kommend in der ersten Welt, in der Wirklichkeit erscheinen.[58] Sobald aber die Jenseitswelt als die innere Vorstellungswelt einer Romanfigur aus der primären Wirklichkeit gekennzeichnet ist, geht es um ein Durchbrechen der Grenze von Innen- und Außenwelt, von Schein und Wirklichkeit. Für die Uyulála steht deshalb fest, dass phantásische Wesen nicht die Wirklichkeit der Menschenwelt betreten können: »Denn jenseits Phantásiens ist ihre Welt, / und dorthin können wir nicht.« (S. 109) Auf den ersten Blick scheint ihr Gmork zu widersprechen, wenn er Atréju gegenüber behauptet: »Für dich und deinesgleichen ist der Weg hinüber sehr einfach.« Er fügt hinzu, dass viele ihn schon gegangen wären (S. 141). Da der Werwolf sich in beiden Sphären, in der Scheinwelt Phantásiens und in der Wirklichkeit der Menschen, bewegen kann, weiß er darüber Bescheid, was mit den phantásischen Wesen nach dem Übertritt geschieht: »Wenn Du in der Menschenwelt erscheinst, dann bist du nicht mehr, was Du hier bist.« Wenig später heißt es: »Dort habt ihr keine Ähnlichkeit mehr mit euch selbst.« (S. 143) Der Weg führe über einen Sprung in das Nichts, durch den die phantásischen Wesen ihre konkrete Gestalt, ihre figürliche Eigenständigkeit verlören und zu abstrakten Begriffen, zu ›Ideen‹ würden, was nicht zuletzt eine Rückkehr nach Phantásien ausschlösse.

In der Menschwelt würden sie »zu Wahnideen in den Köpfen der Menschen, zu Vorstellungen der Angst, […] zu Begierden nach Dingen, die sie krank machen, zu Vorstellungen der Verzweiflung […].« (Ebd.) Mythische Gestalten und Handlungsmuster werden also in den Köpfen einzelner Menschen unter Missachtung von deren fiktionalem Status in real wirksame, handlungsleitende Ideen verkehrt. Nach Aussage des Textes haben wir es dabei insofern mit Ideologien zu tun, als sie mit den tatsächlichen Verhältnissen der Menschen und deren realen Handlungsmöglichkeiten wenig zu tun haben. Es sind Angst erzeugende Vorstellungen, »wo es in Wahrheit nichts zu fürchten gibt«, pessimistische Philosophien, »wo kein Grund zum Verzweifeln da ist« (ebd.). Im Text ist die Rede von Wahnvorstellungen, die aufgrund ihrer Realitätsunangemessenheit, ihrer Falschheit, objektiv gesehen als »Lügen« zu gelten haben.[59] »Und nichts gibt größere Macht über die Menschen als die Lüge. Denn die Menschen […] leben von Vorstellungen. Und die kann man lenken. Diese Macht ist das einzige, was zählt.« (S. 144) Diese Stelle lässt einen unweigerlich an Ideologien denken, die der Legitimation von Herrschaft und Unterdrückung dienen,[60] doch will der Roman sich angesichts der Vielgestaltigkeit der phantásischen Grenzgänger darauf nicht einschränken lassen: »[…] es gibt viele Arten von Wahn und Verblendung, je nachdem, was ihr hier seid, schön oder häßlich, dumm oder klug, werdet ihr dort zu schönen oder häßlichen dummen oder klugen Lügen.« (S. 143)[61]

Die hier durchschimmernde These des Romans lautet, dass in viele, ja, die meisten handlungsleitenden Ideensysteme der Menschen Elemente des Mythischen, Restbestände archaischen Denkens eingeflossen sind. Eben diese mythischen Kerne seien in entscheidendem Maße für die Verkehrtheit bzw. Verlogenheit dieser Ideologien verantwortlich zu machen, denn es sei grundsätzlich verfehlt, mythische Strukturen und Verhältnisse auf die Wirklichkeit moderner Gesellschaften zu übertragen. Unter den Anhängern solch mythisch aufgeladener Ideologien hebt der Roman eine Gruppe hervor, die sich ganz bewusst, um nicht zu sagen: zynisch dieser archaisch durchtränkten Vorstellungen bedient, um die Menschen zu manipulieren. Zu Atréju sagt Gmork: Falls er in das Nichts springen wolle,

> wirst auch du ein willenloser und unkenntlicher Diener der Macht. […] Vielleicht wird man mit Deiner Hilfe Menschen dazu bringen, zu kaufen, was sie nicht brauchen, oder zu hassen, was sie nicht kennen, zu glauben, was sie gefügig macht […]. Mit euch […] werden große Geschäfte gemacht, werden Kriege entfesselt, werden Weltreiche begründet. (S. 144)

In modernen Gesellschaften werden die Restbestände archaisch-mythischer Denkweisen von einzelnen Kräften nicht bloß in Kauf genommen, sondern in bewusster und zynischer Weise dazu genutzt, die grundlegenden politischen, gesellschaftlichen und personalen Werte der Moderne, denen man zum Schein die Treue hält, manipulativ wieder außer Kraft zu setzen.

Davon steche eine andere Menschengruppe ab, die sich gegen solche mythisch durchsetzten Ideologien welcher Art auch immer zur Wehr setze. Die Rede ist von Menschen, »die sich […] selbst für sehr gescheit halten und der Wahrheit zu dienen glauben« (ebd.). Unverkennbar sind hier die Vertreter von Aufklärung und rationalem Denken gemeint, welche die Irrationalismen in den Vorstellungswelten und Ideologien der Menschen dadurch zu beseitigen glauben, dass sie jegliche Erinnerungen an die Mythologien vormoderner Kulturen auslöschen und so allem Rückgriff auf Mythisches einen Riegel vorzuschieben meinen. Auf diese Gruppe bezogen heißt es: »Deshalb hassen und fürchten die Menschen Phantásien und alles, was von hier kommt. Sie wollen es vernichten.« (S. 143) Diese Menschen verfolgten »nichts eifriger [...], als sogar den Kindern Phantásien auszureden« (S. 144). Es waren denn auch diese dogmatischen Rationalisten gewesen, die den Werwolf mit dem Auftrag nach Phantásien geschickt hatten, Atréju zu töten, um zu verhindern, dass man es ein weiteres Mal würde retten können. Denn sie hatten ihren Plan der »Vernichtung Phantásiens« in Gefahr gesehen (S. 147).

Für Gmork (wie auch für den Autor) ist diese Strategie nicht nur zur Erfolglosigkeit verdammt, sie bewirkt darüber hinaus das exakte Gegenteil des Beabsichtigten, weshalb deren Anhänger recht polemisch als »eine Menge armer Schwachköpfe« bezeichnet werden (S. 144). Diese Menschen wüssten nicht, »daß sie gerade damit die Flut von Lügen vermehren, die sich ununterbrochen in die Menschenwelt ergießt – diesen Strom aus unkenntlich gewordenen Wesen Phantásiens, die dort das Scheindasein lebender Leichname führen müssen und die Seelen der Menschen mit ihrem Modergeruch vergiften.« (S. 143) Die für derlei Aussagen in Anspruch genommene Position kann nur lauten: Die archaischen Vorstellungsmuster und mythischen Denkstrukturen aus vormodernen Stadien der Kulturentwicklung lassen sich auch unter den Bedingungen der Moderne, der Vorherrschaft rationalen Denkens, nicht auslöschen und restlos beseitigen. Es sei an dieser Stelle erlaubt, eine hierzu passende Äußerung von anderer Seite aus den frühen 1960er Jahren anzuführen: Die Rede ist, bezogen sowohl auf die Individual- wie auf die Kulturgeschichte, von der »Haftfähigkeit der ersten Identifikationen«, von einem »Fortleben dieser zu frühen Lebensabschnitten gehörenden *magischen* Erfahrungsweise neben der später sich entwickelnden, die mehr von der Kritikfähigkeit des Bewußtseins geleitet wird. [...] Ein gut Teil *magischen Denkens* bleibt [...] als Regulativ des Welt- und Selbstverständnisses erhalten.« Wenig später heißt es, dass »das vernünftige Denken das magische nicht ganz und gar auslöscht, sondern bestenfalls überwiegt«.[62] Eine Tabuisierung und Verdrängung dieser unauslöschlichen archaischen Denkmuster könne nur dazu führen, dass diese unerkannt und unkontrolliert und deshalb umso zahlreicher in die Vorstellungswelten der Menschen eindrängen und diese korrumpierten: »Je mehr in Phantásien der Vernichtung anheimfiel, desto größer wurde die Flut der Lügen in der Menschenwelt [...].« (S. 144) Man darf hier durchaus von einer Dialektik der Aufklärung sprechen.

Die Enthüllungen des Werwolfs Gmork handeln vom Wechselverhältnis und von den Wechselwirkungen zweier Sphären – der inneren Vorstellungswelt, soweit sie überlieferte Mythen beinhaltet, auf der einen, der Menschwelt als realem Lebens- und Handlungsraum auf der anderen Seite. Insofern können wir auch hier von einer metafiktionalen Reflexion sprechen. Zur Rede stehen zwei unterschiedliche Arten dieses Wechselverhältnisses, die in modernen Gesellschaften anzutreffen sind, die aber als problematisch gelten und in ihren Auswirkungen als fatal angesehen werden. Beide laufen daraus hinaus, die grundlegenden Werte der Moderne zu unterminieren. Sie tun dies allerdings auf eine gegenläufige Weise. Das eine Mal könnte man von einer Überwältigung moderner Denk- und Handlungsweisen durch archaisch-mythische Vorstellungsmuster sprechen, das andere Mal von einer versuchten Auslöschung aller in der Vorstellung der Menschen noch lebendigen mythischen Überlieferung. Handelt es sich das eine Mal um einen verheerenden Missbrauch des Mythischen, so droht das andere Mal eine alles Mythische betreffende menschheitliche Amnesie. Letzteres führt nun nach Auffassung des Romans beileibe nicht zu einem Kultur- und Gesellschaftszustand, der allein vom vernünftigen Denken geleitet ist; das Resultat sei ganz im Gegenteil eine Lebenswelt, die auf eine undurchsichtige Weise umso mehr dem Irrationalen verfallen sei, je mehr sie sich als rational dünke. In der *Unendlichen Geschichte* steht das zweite Beziehungsmuster, die beabsichtigte Auslöschung alles Mythischen durch eine Verabsolutierung des Rationalen, im Vordergrund. Die mythisch verbrämten Diktaturen der ersten Hälfte des

20. Jahrhunderts gelten als in die Vergangenheit entrückt, wohingegen die Entstehungszeit des Romans vom Siegeszugs einer rationalistischen Moderne gekennzeichnet sei, an der sich ja schon der *Momo*-Roman abgearbeitet hatte. Erkrankt sei nicht nur die Kindliche Kaiserin und mit ihr Phantásien als Ganzes, erkrankt sei auch die »Menschenwelt«, die eben nicht mehr unter diktatorischen Regimen leiden würde, sondern von der Entzauberung der Welt durch die Verabsolutierung rationalen Denkens betroffen sei. Das spüre selbst ein Kind wie Bastian: »Eigentlich hatte er es immer schon gefühlt, ohne sich erklären zu können, warum es so war. Er hatte sich nie damit zufriedengeben wollen, daß das Leben so grau und gleichgültig sein sollte, so ohne Geheimnisse und Wunder […].« (S. 145)

Die aus diesem Dilemma hinausführenden Schritte werden in der Unterhaltung zwischen Atréju und Gmork zwar nicht benannt, doch liegen sie auf der Hand und können hier bereits angedeutet werden: Um einem Rückfall der Moderne ins Archaische – sei er direkt und offen oder indirekt und verschleiert – zuvorzukommen, müssten Wege gefunden werden, über die das dem Einzelnen wie der Gesellschaft unlösbar anhaftende mythische Menschheitserbe in die Helle des Bewusstseins gehoben werden könne. Nur dann vermöge es zu einem in das Ich eines jeden Einzelnen integrierten Teil und zu einem positiv besetzten Teil des kollektiven Bewussten zu werden. Dabei gelte es zu verhindern, dass das vorstellungsmäßig wiederbelebte mythische Universum zum Orientierungsmuster für das soziale und politische Handeln in der modernen Gesellschaft erhoben werde. Weil dort gänzlich andere Gesetze herrschten, müsse das wiedererweckte Mythische in den Grenzen des Vorstellungslebens bleiben. Es müsse der für die Moderne unverzichtbaren Unterscheidung von ästhetischem Schein und Wirklichkeit unterworfen werden. Die spezielle Befriedigung, die das Mythische den Menschen verschaffe, müsse eine virtuelle bleiben, weil die moderne Wirklichkeit diese verweigere. Sie könne mit anderen Worten nur auf dem Wege des Kunstgenusses erlangt werden.

Et in phantásia ego

In der Unterhaltung mit Atréju bemerkt die Kindliche Kaiserin, dass das »Halbwesen« Gmork »nur die halbe Wahrheit« gesagt habe. Es gebe nämlich »zwei Wege, die Grenze zwischen Phantásien und der Menschenwelt zu überschreiten«. Gmork habe nur von einem Weg, dem schlechten oder »falschen«, gesprochen, auf dem »die Wesen Phantásiens auf […] grausige Art hinübergezerrt« würden. Es existiere jedoch ein zweiter. Er bestehe darin, dass »Menschenkinder in unsere Welt kommen«. »Alle, die bei uns waren, haben etwas erfahren, was sie nur hier erfahren konnten […].« (S. 168) Dass es nur Menschenwesen vorbehalten ist, der Kindlichen Kaiserin einen neuen Namen zu geben und damit Phantásien vor dem Untergang zu bewahren, steht seit der Begegnung Atréjus mit dem südlichen Orakel, der uralten Morla, fest und wurde von Uyulála, der Stimme der Stille, ein weiteres Mal bekräftigt. Darüber hinaus wird schrittweise deutlich, dass der lesende Junge Bastian dazu berufen ist, diesen Akt der Namensgebung zu vollziehen. Bis zum eigentlichen Übertritt bleibt jedoch dem jungen Protagonisten wie uns als Lesern unklar, auf welche Weise dies geschehen soll.

Geht man von den bisherigen in den Roman eingestreuten metafiktionalen Reflexionen aus, dann dürfte dies ein einfacher Vorgang sein. Wenn es sich bei Phantásien als dem Inbegriff der wiederbelebten Mythen um eine innere Vorstellungswelt handelt, dann unterliegen diese doch wohl der Verfügungsgewalt des sie beherbergenden menschlichen Subjekts. Letzteres kann die in seinem Inneren entwickelten Vorstellungen nach eigenem Gutdünken ergänzen, verändern und neu zusammensetzen. Bastian hat Phantásien jedoch in seinen inneren Vorstellungen wiederauferstehen lassen, ohne es selbst erfunden zu haben. Er hat sich an einen Text wie an eine Partitur gehalten, ohne davon abzuweichen. Der Kindlichen Kaiserin einen neuen Namen zu geben, würde nun aber einen inhaltlichen Eingriff, eine Abweichung von der Partitur bedeuten. Bastian müsste dazu über seine Rolle als bloßer Leser hinausgehen und zu einem Schreibenden, einem

Schriftsteller werden; er müsste das Gelesene eigenhändig fort- bzw. umschreiben und damit zum Urheber einer neuen Unendlichen Geschichte werden. Warum hat der Autor der *Unendlichen Geschichte* Bastian nicht diesen Weg einschlagen, warum den Leser nicht zum Autor werden lassen?

Schaffung neuer Mythen

Wir können uns als Grund hierfür nur das Folgende vorstellen: Der Autor vertritt die Auffassung, dass eine neue Mythologie nicht die bewusste und nüchtern kalkulierte Schöpfung eines modernen Schriftstellers sein kann. Für diesen Autorentyp sei es charakteristisch, die überlieferten Mythen als einen Stoff zu begreifen, über den er nach eigener Willkür verfügen, mit dem er alles Erdenkliche verbildlichen und nicht zuletzt auch frei spielen könne. Bei dieser Art der Verwendung geht eben das verloren, was diesen Stoffen den mythischen Charakter verleiht. Das Resultat seien Bilddichtungen von hoher Beliebigkeit, die aber weit davon entfernt seien, als eine neue Mythologie gelten zu können. Um Letztere aber ist es, wie mehrfach gesagt, Michael Ende zu tun: Auch diese neue Mythologie müsse aus einem freien Spiel mit der mythologischen Überlieferung hervorgehen, müsse aber selbst einen mythischen Charakter aufweisen, müsse den Ernst und die bedeutungsmäßige Tiefe alles Mythischen behalten. Gehört aber die Schaffung einer neuen Bilddichtung mit solch mythischer Qualität überhaupt noch zu den Möglichkeiten moderner, hoch intellektueller Schriftstellerei? An dieser Stelle fühlt man sich an die Position der Brüder Grimm erinnert, die davon überzeugt waren, dass die Dichter der modernen Welt nicht mehr befähigt seien, ›echte‹ Volksmärchen hervorzubringen. Michael Ende würde allerdings nicht so weit gehen und auch der Moderne noch zutrauen, eine neue Mythologie hervorzubringen. Eine Bedingung hierfür könnte lauten, dass, wer immer sich an diese Aufgabe herantrauen würde, die moderne Denkungsart hinter sich lassen und das Wagnis eingehen müsste, für eine Weile selbst in eine mythische Denkweise einzutauchen. Er müsste der modernen Geisteshaltung vorübergehend den Rücken zukehren und sich auf eine existentielle Begegnung mit der mythischen Welteinstellung in ihrer ursprünglichen Größe und Gewichtigkeit einlassen und diese als eine alternative Bestimmung von Mensch, Welt und Kosmos erfahren.[63] Er müsste deren moderne Abqualifizierung als abergläubische Vorstellungswelt vorübergehend außer Kraft setzen.

In gewisser Weise bereitet sich Bastian als Leser der Unendlichen Geschichte, des Buches im Buch, auf eine solche ekstatische Erfahrung des Mythos vor. Er taucht, wie bereits geschildert, immer wieder so tief in das Gelesene ein, dass er die reale Welt um sich herum vollends vergisst. Warum aber kann er nicht *dabei* schon der Kindlichen Kaiserin einen neuen Namen geben? Zum einen verharrt er in der Rolle des Lesers eines Textes und kann deshalb den Verlauf der Geschichte zwar hautnah miterleben, in diesen aber nicht aktiv eingreifen. Zum anderen holt ihn jeder Glockenschlag zurück in die Wirklichkeit und gemahnt ihn daran, dass er dabei ist, einen Roman zu lesen. Eine Steigerung muss erfolgen; aus kleinen und momenthaften muss eine große und ausgedehnte Ekstase ohne Gefahr der Unterbrechung hervorgehen. Dazu muss Bastian seine Wirklichkeitsverhaftung abstreifen, sein kritisches Realitätsbewusstsein ausschalten und gleichzeitig all das vergessen, was seine metafiktionalen Reflexionen über das Lesen von mythologischen Romanen erbracht haben.

Phantásien würde ihm dann nicht mehr als eine lesend erworbene innere Vorstellungswelt, sondern auf eine irritierend plötzliche Weise als eine andere Wirklichkeit entgegentreten, deren Geschehnisse er beeinflussen kann. Dass er sich vor einem solchen Übertritt fürchtet, kann nicht verwundern, hat ihn zuvor doch Gmorks Bericht über das grausame Schicksal der Flüchtlinge aus Phantásien eingeschüchtert. Was wäre, so fragt sich Bastian, wenn sein Übertritt in die entgegengesetzte Richtung tatsächlich gelänge? »Vielleicht mußte er auch eine Verwandlung über sich ergehen lassen. Was würde dann aus ihm werden? Vielleicht tat es weh oder er würde ohnmächtig?« (S. 170) Bastians später erfolgender Übertritt weist denn auch tatsächlich Züge eines Ohnmächtig-Werdens auf, er ist von Donnergrollen und Sturmwind begleitet: »Bastian fühlte den Sturm in seinem Haar und Gesicht, er nahm ihm fast den Atem [...].« Zuvor hatte er »fast besinnungslos« den neuen Namen der Kindlichen Kaiserin geschrien und sein Kommen angekündigt (S. 190). Die nicht nur kurzzeitige, sondern länger währende Ausschaltung des Realitätsbewusstseins gelingt dadurch, dass Bastian halb ohnmächtig in den Schlaf sinkt, um als dann Träumender die Welt des Mythos zu betreten. Zwar ist Bastian zuvor schon auf den neuen Namen der Kindlichen Kaiserin gekommen, doch geschah dies in einem Augenblick, den wir für eine vorweggenommene ekstatische Begegnung mit dem Mythischen halten. In ihm hatte die Kindliche Kaiserin dem noch auf dem Schulspeicher hockenden Jungen ins Gesicht geblickt: »Und im gleichen Augenblick hatte er auch gewußt, wie sie hieß: Mondenkind.« (S. 161)

Auf die Frage, wie das mythische Erbe der Menschheit, wie die Mythologien der Völker und frühen Kulturen nicht bloß aufbewahrt und archiviert, sondern auch als mythische Bilderwelt lebendig gehalten werden können, gibt die *Unendliche Geschichte* mithin zwei sehr unterschiedliche Antworten, wobei der Roman sich der hier lauernden Gefahren wohl bewusst ist. Die eine Antwort lautet: Die überlieferten Mythologien können, ohne dass die Grundwerte und Grundlinien der Moderne hierdurch unterminiert würden, als innere Vorstellungswelt eine Präsenz erlangen, die in sich aufzurufen den Menschen eine Befriedigung verschaffen kann, die ihnen die Wirklichkeit versagen muss. Darüber hinaus hält Michael Ende daran fest, dass auch die Moderne noch zu den mythenschaffenden Menschheitsepochen gehört – besser gesagt: gehören könnte, wenn sie sich denn von ihrem einseitig rationalistischen Selbstverständnis zu lösen in der Lage wäre. Hierauf bezieht sich die zweite Antwort des Romans: Unter den Bedingungen der Moderne können sich neue Mythologien nur herausbilden durch einen vorübergehenden Ausstieg aus der Moderne, anders gesprochen: mittels eines Rückgangs auf Tiefenschichten, die auch im Zeitalter der Moderne noch vorhanden sind, wie verschüttet auch immer.

Anfang und Ende, Leben und Tod des Mythischen

Das mythische Denken kennt bekanntermaßen keine abstrakten Begriffe. ›Phantásien‹ ist denn auch, so sprechend die Bezeichnung sein mag, kein abstrakter Begriff, sondern eine konkrete geographische Kategorie, eine Landesbezeichnung, die allen dortigen Bewohnern geläufig ist. Ein Begriff von dieser Welt, den wir als Leser und Interpreten durchaus entwickeln können, bleibt den Bewohnern Phantásiens als mythisch denkenden Wesen jedoch vorenthalten. Die Ganzheit und grundlegende Beschaffenheit Phantásiens können sie sich nur figürlich oder gegenständlich vergegenwärtigen. In der *Unendlichen Geschichte* wird diese Ganzheit in zweifacher Weise repräsentiert. Das eine Mal in figürlicher Form: Die Kindliche Kaiserin stellt nach unserer Auffassung die symbolische Verkörperung der Gesamtheit der mythischen Ereignisse dar; sie repräsentiert die mythische Welt Phantásiens als solche. Aus ihrer Herrschaft darf deshalb nichts ausgeschlossen sein: Sie hat »alles in ihrem Reich, das Finstere und das Lichte, das Schöne und das Häßliche […] gleich gelten [zu] lassen« (S. 180). Bedrohungen dieser Welt als Ganzer erscheinen in mythischer Rede als Beeinträchtigung, Verletzung oder Erkrankung der sie symbolisch verkörpernden Gestalt. Die Krankheit der Kindlichen Kaiserin wirkt sich auf die geographische Beschaffenheit der mythischen Welt magisch in der Weise aus, dass mehr und mehr Gegenden sich in Nichts auflösen und verschwinden. Zu retten ist mythische Welt konsequenterweise nur durch eine Gesundung der sie symbolisch repräsentierenden Gestalt. Um von ihrer Krankheit zu genesen, bedarf die Kindliche Kaiserin bekanntlich eines neuen Namens, womit Phantásien automatisch vor dem Untergang bewahrt sein wird. Mit Konstruktionen wie diesen gelingt es dem Autor, das mit allem Mythischen einhergehende magische Denken sichtbar zu machen.

Die zweite Verkörperung der phantásischen Welt als solcher befindet sich in den Händen des »Alten vom Wandernden Berge«: Gemeint ist die von dem Greis in Mönchskutte verfasste Chronik, in welcher »ganz Phantásien« verzeichnet ist. »Dieses Buch ist ganz Phantásien […].« »Du bist die Erinnerung Phantásiens«, so spricht die Kindliche Kaiserin zu dem Alten, »und weißt alles, was geschehen ist […].« (S. 184f.) Wir haben es bei der Chronik nicht mit einer symbolischen, sondern mit einer mimetischen, einer die mythische Welt Phantásiens getreu widerspiegelnden Repräsentation zu tun. Das Material dieser Repräsentation sind »Buchstaben und Wörter«. Damit aber verändert sich der Charakter der phantásischen Welt: »BUCHSTABE TOT UNWANDELBAR / WIRD ALLES WAS EINST LEBEN WAR« (S. 182). Im Prozess der Aufzeichnung verliert die mythische Welt ihre Lebendigkeit und Beweglichkeit. »Durch mich wird alles unveränderlich und endgültig […].« Mit ihrer Aufzeichnung durch den Chronisten ist die phantásische Welt mit anderen Worten als lebendiger Mythos untergegangen, um zwischen den Deckeln eines Buches ein erstarrtes Schattendasein zu führen und fortan in Archiven zu schlummern: »Dies ist das Ende der Unendlichen Geschichte.« (S. 185)

Wir sehen hier den historischen Sachverhalt durchschimmern, dass es zur schriftlichen Aufzeichnung von Mythologien in der Regel erst dann gekommen ist, wenn deren lebensweltliche Präsenz sich abgeschwächt hat oder ganz verloren gegangen ist. Mythen sind generell keine Erzeugnisse von Schriftkulturen. Ganz in diesem Sinne werden die Kindliche Kaiserin und der Alte vom Wandernden Berge einander entgegengesetzt: als Anfang und Ende, als Jung und Alt, als Leben und Tod. Man dürfte wohl ergänzen: als Bewegung und Erstarrung, Mündlichkeit und Schriftlichkeit bzw. Oralität und Literalität. All diese Gegensatzpaare wären wie gesagt jeweils auf den realweltlichen Mythos und dessen Erscheinen und Vergehen, dessen Aufstieg und Untergang, schließlich dessen kulturelle Archivierung zu beziehen.[64] Deshalb dürfen sich beide Gestalten auch nicht begegnen. So kündet die

Buchstabenleiter der Kindlichen Kaiserin: »BEGEGNEST DU MIR ALTEM MANN / GESCHIEHT WAS NICHT GESCHEHEN KANN / DER ANFANG SUCHT DAS ENDE AUF […] DEM LEBEN IST VERBOTEN / SICH SELBST ZU SEHN IM TOTEN« (S. 182) Wenig später heißt es, »daß Buchstaben ihr [der Kindlichen Kaiserin, HHE] nicht wohlgesinnt waren. Das beruhte auf Gegenseitigkeit.« (S. 183) Schließlich ruft der Alte aus: »Wahrlich, du hättest nicht kommen dürfen!« (S. 185) Den an die Kindliche Kaiserin gerichteten Satz »Du bist in die Erinnerung Phantásiens eingegangen« lesen wir im Sinne eines *genitivus objektivus*: Du bist nun zu einem Teil des nur noch erinnerten, nicht mehr des lebendigen Phantásien geworden.

Überlistung des zaudernden Protagonisten

Um zu verstehen, warum die Kindliche Kaiserin das Begegnungstabu durchbricht, müssen wir zum Ausgangspunkt ihres Entschlusses zurückgehen: Sie ist »todkrank« und von allen »Dienern und Getreuen verlassen«. Ihr ist es bisher nicht gelungen, einen menschlichen Retter zum Übertritt nach Phantásien zu bewegen; ihre Mittel sind erschöpft, sie kann es nicht mehr »allein bewirken«. Helfen könne einzig der Alte vom Wandernden Berge (S. 173, 172). Bewegungslos in einer Sänfte liegend lässt sich die geschwächte Kindliche Kaiserin in die »eisstarrende Gipfelwelt des Schicksalsgebirges« emportragen, ohne den genauen Weg zu kennen. Nur wenige Wege stehen ihr noch offen: »Immer häufiger ließ das Nichts, das nun schon ganze Länder verschlungen hatte, ihnen nur einen einzigen Pfad als Ausweg frei.« (S. 180) Die letzte Etappe muss sie zu Fuß zurücklegen; sie zerschneidet sich die Füße am scharfkantigen Eis und zerfetzt sich ihr langes weißes Gewand (S. 183). Die Kindliche Kaiserin hat einen äußersten Tiefpunkt erreicht; ihr Reich steht kurz vor dem Entschwinden ins Nichts, weil ein Retter ausbleibt.

Die Kindliche Kaiserin scheint sich darüber im Klaren zu sein, dass der menschliche Retter zaudert, weil er nicht glauben kann, dass der Auftrag zur Rettung Phantásiens gerade an ihn geht. Sie weiß auch, dass der Retter nur über seine Buchlektüre gepackt werden kann. Botschaften können ihn nur erreichen, wenn sie in dem Buch niedergelegt sind, das er dabei ist zu lesen. »Er gehört schon zur Unendlichen Geschichte« (S. 172), dem Buch im Buch, behauptet sie; er muss es nur noch schwarz – nein: grün auf weiß zu lesen bekommen. Doch steht es bislang noch nicht in eben dem von ihm gelesenen Buch. Vielleicht könnte es der alte Chronist, so denkt sich die Kindliche Kaiserin, schnell noch hineinschreiben in Vorwegnahme eines noch nicht eingetretenen Ereignisses. So fragt sie: »Aber kannst du nicht vorblättern in deinem Buch und sehen, was erst geschehen wird?« Der Alte kann jedoch, wie jeder Chronist, »nur zurückschauen auf das, was geschehen ist« (S. 183). Bleibt als einziger Ausweg, die gesamte in der Vergangenheit liegende Unendliche Geschichte noch einmal neu zu erzählen – erweitert jetzt um die Erzählung von Bastians Berufung: »Der Alte vom Wandernden Berge unterwarf sich dem Willen der Kindlichen Kaiserin und begann, ihr die Unendliche Geschichte von Anfang an zu erzählen.« (S. 187) Weil seine kaiserliche Zuhörerin Analphabetin ist, muss der Alte mündlich erzählen und gleichzeitig schreiben, um den menschlichen Retter zu erreichen, der ja ein Leser ist. Der Roman zitiert nun die ersten Absätze seines Beginns, die jetzt in grüner Schriftfarbe gehalten sind. Die Wirkung auf Bastian bleibt nicht aus: »Was da erzählt wurde, war seine eigene Geschichte! […] Er, Bastian, kam als Person in dem Buch vor, für dessen Leser er sich bis jetzt gehalten hatte.« (S. 188)[65] Jetzt wird es »unerbittlicher Ernst« (S. 189).

Festzuhalten wäre, dass wir es jetzt mit Passagen zu tun haben, die nicht schon in dem Buch standen, das Bastian dem Antiquar gestohlen und auf dem Schulspeicher gelesen hat. Mit den neu hinzugetretenen Absätzen sind Bastians Zweifel insofern ausgeräumt, als nun er selbst und niemand anderer als Teil der Unendlichen Geschichte und Retter Phantásiens ausgewiesen ist. Erwiese sich damit das von Bastian gelesene Buch nun doch als ein Zauberbuch, als ein magisches Requisit? Wie, wenn nicht auf wunderbare Weise, sollte es sonst all das Wissen um das, was mit Bastian geschehen ist, beziehen? Für Bastian selbst scheint sich dies tatsächlich so zu verhalten, bestätigt sich damit doch seine Berufung durch die Kindliche Kaiserin. Alle Ungewissheit wäre damit beseitigt – damit auch die Phantastik der Ungewissheit à la Todorov. Denkbar wäre jedoch eine andere Deutung dieses Vorgangs: Der Chronist schreibt nur auf, was die Kindliche Kaiserin an vielfältigen und reichen phantásischen Geschehnissen repräsentiert; er ist also nicht der Autor dessen, was er niederschreibt. Damit stellt sich die Frage, wer denn der Autor der neu hinzugetretenen Passagen ist, die von Bastians Bücherdiebstahl und dessen Flucht auf den Schulspeicher handeln und die der Alte vom Berge jetzt aufzuschreiben beginnt. Es kommt niemand anderer als Bastian selbst in Frage: Ohne es zu wissen, schreibt dieser sich nun selber in die Unendliche Geschichte ein – gewissermaßen in Fortsetzung des von ihm gelesenen Textes. Man könnte dies auch so ausdrücken, dass Bastian die gelesene Geschichte am Punkt ihrer höchsten Anspannung in der Weise fortführt, dass er sie um die erinnerte eigene Geschichte ergänzt und damit zur Lösung bringt. Sucht das Buch mit dem Titel »Die unendliche Geschichte« in jedem seiner Leser einen potentiellen Retter Phantásiens zu finden, so entspringt nach dieser Lesart Bastians Übernahme dieser Rolle zu einem wesentlichen Teil eigenen Größenphantasien, die er jedoch der phantásischen Welt zuschreibt und damit vor sich selbst verbirgt.

Mise en abyme

Es sieht so aus, als sei Bastians Übertritt nach Phantásien jetzt perfekt, wenn da nicht eine weitere Schwierigkeit auftauchen würde. Der unausweichliche Entschluss der Kindlichen Kaiserin, den Alten vom Wandernden Berge unerlaubterweise aufzusuchen, hat eine fatale Konsequenz: Die beschwerliche Reise dorthin, die Begegnung mit ihm, das erneute Aufschreiben und die gleichzeitige Ergänzung der Unendlichen Geschichte um Bastians Erlebnisse sind nun selber zu einem Bestandteil der phantásischen Erzählung geworden. In dieser spielt jetzt auch der Alte vom Berge, der bisher an keiner Geschichte beteiligt war, sondern diese lediglich aufgeschrieben hatte, eine Rolle. Er wird, anders gesagt, durch den kaiserlichen Besuch in die Geschichtenwelt Phantásiens, von der er sich bislang so entfernt und unerreichbar wie möglich gehalten hatte,[66] hineingezogen – und zwar in seiner Funktion als Chronist. Damit gerät er in einen nicht enden wollenden Kreislauf des Erzählens, den er nicht mehr beenden kann. An die Kaiserin gewandt, ruft er aus: »Wahrlich, du bist schrecklich [...], das bedeutet das Ende ohne Ende. Wir werden eintreten in den Kreis der ewigen Wiederkehr. Daraus gibt es kein Entrinnen.« (S. 186) Die neu geschriebene Unendliche Geschichte ist nicht nur um die – anfänglich in roter, jetzt in grüner Schrift gedruckte – Berufungsgeschichte Bastians erweitert; sie mündet darüber hinaus in das Gespräch zwischen dem Alten und der Kindlichen Kaiserin, »das damit endete, daß der Alte vom Wandernden Berge die Unendliche Geschichte zu schreiben und zu erzählen begann«. Statt zu einem Abschluss zu gelangen, muss sie wieder von vorne anfangen, um »wiederum [...] bei der Begegnung der Kindlichen Kaiserin mit dem Alten vom Wandernden Berge« zu enden, »der abermals die Unendliche Geschichte zu schreiben und zu erzählen begann ...« (S. 190) Bewirkte bereits die Verschriftlichung der phantásischen Geschichten durch den Chronisten deren Fixierung und Erstarrung, so macht nun auch noch der jetzt eingetretene Wiederholungszwang es »ganz unmöglich, daß etwas sich am Ablauf der Dinge ändern könnte« (ebd.).

Das Verwirrspiel um das Buch im Buch hat mit dem zwölften Kapitel eine weitere Drehung erfahren: Wir erleben jetzt, dass es doppelt existiert, befindet es sich doch sowohl in den Händen des Alten – als Buch, das geschrieben wird – wie auch in den Händen Bastians – als Buch, das gelesen wird (S. 183). War dessen Inhalt bislang mit dem identisch, was in grünen Buchstaben gedruckt war, (siehe Abb. 10) so ändert sich dies mit dessen Neufassung durch den Chronisten: Sein Inhalt wird jetzt durch Erweiterung identisch mit dem, was die *Unendliche Geschichte* – gemeint ist

Abb. 10: Illustrierte Initiale von Roswitha Quadflieg zu Kapitel I »Phantásien in Not«

jetzt das von Michael Ende verfasste und von uns gelesene Buch – enthält. In ihrer äußeren Aufmachung stimmen alle diese Bücher überein. – Wir können uns offen gestanden des Eindrucks nicht erwehren, dass wir es hierbei mit einem Spiel des Autors mit Lieblingsmotiven zu tun haben – mit Motiven, die darüber hinaus im Kontext postmoderner Ästhetik eine nicht unbeträchtliche Rolle gespielt haben.[67] Hierzu würden wir neben dem Motiv des Buches im Buch das Motiv vom »Spiegel, der sich in einem Spiegel spiegelt« (S. 184), das *Mise en abyme* also, zählen, das anscheinend im Roman noch untergebracht werden musste. Für den Fortgang der Handlung scheint es uns allerdings entbehrlich zu sein, stand Bastians Bereitschaft zum Übertritt nach Phantásien doch schon vorher fest.[68]

In der Erzählung vom Alten vom Wandernden Berge vermögen wir dagegen eine durchaus substantielle Erweiterung des Kreises der phantásischen Mythenerzählungen zu erkennen: In ihr wird der Untergang des Mythos in Form seiner schriftlichen Aufzeichnung selbst noch einmal als mythische Erzählung präsentiert. Ähnliches gilt für die anfängliche Berufungsgeschichte Bastians: Wir haben deren Integration in die neu geschriebene Unendliche Geschichte als eine Maßnahme charakterisiert, die den Schuljungen zum Übertritt in die phantásische Welt veranlassen soll. Sie hat nach unserer Auffassung jedoch eine darüberhinausgehende Bedeutung: Sie verleiht der durch und durch psychologisch-realistisch angelegten Erzählung von Bastians Flucht auf den Schulspeicher und seiner dortigen Buchlektüre nachträglich eine mythische Qualität. Mythen bestehen ja nicht nur aus Geschichten über Götter, gottähnliche und Fabelwesen; sie können auch von Menschen handeln, die Außergewöhnliches vollbracht haben. Wenn es heißt, dass Bastian »schon unwiderruflich zur Unendlichen Geschichte« gehört (S. 186), dann bedeutet dies in unseren Augen, dass auch seine noch in der Menschenwelt spielende Geschichte zu den mythischen Erzählungen Phantásiens gehört. Der Mythos vergegenwärtigt hier seine Errettung durch ein menschliches Wesen selbst noch einmal als eine mythische Geschichte.

Traumreise durch das wiedererschaffene Phantásien

Der erste Teil der *Unendlichen Geschichte* präsentierte das Wiederaufleben einer mythischen Welt namens Phantásien in der Vorstellungswelt eines Jungen unserer Tage. Angestoßen und geleitet wurde diese Wiederbelebung durch die Lektüre eines Buches. So sehr sich der lesende Protagonist auch in das phantásische Reich hineinversetzt wähnte, so blieb er doch ein Außerstehender, ein der Realwelt verhafteter Beobachter, dem der fiktionale Charakter der mythischen Welt immer wieder bewusst wurde. Die bloß vorstellungsmäßige Verlebendigung der in Schriftform, in toten Buchstaben, aufbewahrten mythischen Überlieferung stellt jedoch, so die Grundannahme des Romans, keinen für die Wiederaufrichtung des Mythischen ausreichenden Schritt dar. Es bedarf darüber hinaus einer spontanen Neuschöpfung, einer Neuerfindung von Mythen, um die Menschen der Gegenwart mit einer eigenen, als zugehörig erfahrenen Mythologie auszustatten. In der Bildsprache des Romans erscheint diese Neuschöpfung als ein Akt der Namensgebung: Der Kindlichen Kaiserin muss ein neuer Name verliehen werden, womit gleichzeitig der Untergang der bisherigen lesend wiederbelebten und die Erschaffung einer neuen phantásischen Welt eingeleitet wird. Der Akt der Namensgebung wie die Neuerschaffung Phantásiens kann wie gesagt nur von einem »Menschenkind«, einem Angehörigen unserer gegenwärtigen Welt, vorgenommen werden. Nachdem es im ersten Romanteil um die Wiederbelebung einer in Buchform gegebenen Mythologie ging, handelt der zweite Teil von der spontanen Hervorbringung einer neuen Mythologie.

Von außen betrachtet handelt es sich, wie schon erwähnt, bei dem von Bastian gelesenen Buch »Die unendliche Geschichte« bereits um eine neue Mythologie. Bei den Geschichten von der Bedrohung Phantásiens durch die Ausbreitung des Nichts, von Atréjus weit ausholender Queste, von der Uralten Morla, von Ygramul, der Vielen, von den Zweisiedlern Engywuck und Urgl, von den drei magischen Toren, von Uyulála, der Stimme der Stille, von Gmork, dem Werwolf aus der Spukstadt, schließlich von der Kindlichen Kaiserin handelt es sich um solch neue Mythen, so sehr sie sich auch als Variationen immer wiederkehrender mythischer Grundthemen erweisen mögen. Sie stellen Schöpfungen, Erfindungen des Autors Michael Ende dar. Sie werden als solche allerdings textimmanent nicht ausgewiesen und kenntlich gemacht, wie auch die Art und Weise ihrer Hervorbringung nicht transparent wird. Für den Protagonisten Bastian (wie für uns als Leser) erscheinen all diese Romanpassagen vielmehr als gegebene, in Buchform überlieferte mythische Geschichten. Die in der ersten Hälfte des Romans präsentierten neuen Mythen müssen schließlich untergehen, um einer (weiteren) neuen Mythologie Platz zu machen, deren Schöpfung wir jetzt aber beiwohnen werden.

Der Traum als Zugang zum Unbewussten

Die Erschaffung einer neuen Mythologie kann, so lautet die oben bereits angesprochene Grundannahme der *Unendlichen Geschichte*, nicht das Werk eines modernen Bewusstseins, einer modernen Intellektualität und Gelehrsamkeit sein. Entscheidend hierfür sei vielmehr der Rückgang auf eine seelische Tiefenschicht, die immer schon den Nährboden aller Mythenschöpfung abgegeben habe und die auch in nachmythischen, rationalen Zeitaltern nicht untergegangen sei. Der Zugang zu dieser Tiefenschicht der menschlichen Psyche werde durch die moderne, rationalistische Bewusstseinseinstellung allerdings erschwert, wenn nicht gar verunmöglicht. Unumgänglich sei deshalb ein vorübergehendes Ausschalten des wachen Bewusstseins, wie wir es etwa täglich während des Schlafes erleben. Im Schlaf »folgt die Seele einer anderen ›Logik‹ als im Wachzustand. Sie muss sich nicht um Eindrücke bekümmern, die nur bei wachem Bewusstsein im Umgang mit der Realität zählen. Dagegen bestimmt das Unbewusste die Seele während des Schlafs.«[69] Die Inhalte des Unbewussten können sich mehr oder weniger unbeeinträchtigt in Träumen und deren Symbolik manifestieren.[70]

Auch wenn davon nicht ausdrücklich die Rede ist, so sprechen doch viele Anzeichen dafür, dass Bastian um Mitternacht – wenn auch auf recht turbulente Weise – in den Schlaf gesunken und somit in einen Zustand herabgesetzter Bewusstseinsintensität getreten ist.[71] Damit würde es sich bei den nun folgenden Kapiteln um die Wiedergabe der nächtlichen Träume des Protagonisten handeln, in denen es um seinen vermeintlichen Übertritt nach Phantásien und seine dortigen Erlebnisse ginge. Trauminhalte erscheinen den Träumenden nicht als solche; vielmehr werden alle geträumten Vorgänge von diesen als Wirklichkeit, alle im Traum auftretenden Gestalten als leibhaftige Wesen wahrgenommen. Bereits die Psychologie des frühen 20. Jahrhunderts war sich darin einig, dass »Traumbilder« den »Sinneswahrnehmungen« gleichzustellen seien.[72] Bei Karl Bühler heißt es: »Denn im Träumen wird alles Vorgestellte zur Wirklichkeit.«[73] Dass ab dem XIII. Kapitel bis zum Wiederaufwachen im XXVI. Kapitel (S. 419) keine Passagen in roter Schrift auftauchen, besagt, dass Bastian in eine Traumwelt eingetaucht ist und sich des Ortes seines realen Aufenthalts, des Schulspeichers nämlich, weitgehend nicht mehr bewusst ist. Eine Auseinandersetzung mit den Inhalten des wachen Bewusstseins »findet«, wie gesagt, »in der Regel beim Nachttraum nicht statt«.[74]

War die in der ersten Romanhälfte zur Erscheinung gelangte phantásische Welt das Resultat einer Buchlektüre und der dabei erprobten Fähigkeit Bastians, das Gelesene sich äußerst plastisch vorzustellen, so fragt sich nun, welcher Quelle die neue, die gerettete, die wiedererschaffene phantásische Welt entsprungen sein könnte. Hier erscheint es als unausweichlich, einen im Innern Bastians gelegenen Ursprungsort zu unterstellen. Da wir es mit einer spontan im Traum hervorgebrachten mythischen Welt[75] zu tun haben, kann als deren Quelle nur das Unbewusste des Protagonisten angesetzt werden, ist es doch diese psychische Schicht, die sich in Träumen vornehmlich artikuliert. Da auch das neue phantásische Reich – wie schon dasjenige der ersten Romanhälfte – nur zu einem geringen Anteil aus verdichteten symbolischen Gestaltungen von realweltlichen Problemen des zehn- bis elfjährigen Schuljungen besteht,[76] sondern sich zu einer weit darüber hinausreichenden Mythologie von geradezu enzyklopädischem Ausmaß entwickelt, muss es sich bei der hervorbringenden seelischen Instanz Bastians um mehr als nur ein persönliches Unbewusstes handeln. Es muss vielmehr von einem überindividuellen, einem kollektiven Unbewussten ausgegangen werden. Dieses beinhaltet eine Fülle von Urbildern oder urbildlichen Schemata, die grundlegende und überzeitliche Gegebenheiten der menschlichen Existenz zum Ausdruck bringen; es ist in allen Menschen welchen Alters auch immer anwesend und wirksam.

Deutlich geworden ist damit, dass Michael Endes Roman auf einer Grundannahme der Tiefenpsychologie C.G. Jungs fußt und mehr oder weniger unausgesprochen die Existenz solch eines kollektiven Unbewussten unterstellt.[77] Anders lässt sich, so meinen wir, die zweite Romanhälfte nicht schlüssig interpretieren.[78] Denn mit dieser tritt neben die lesende Erschließung ein weiterer, ein im Traum sich bietender Zugangsweg zu mythischen Symbolwelten. Ungeachtet der unterschiedlichen Zugangswege sind das erste und das neue Phantásien von ein und derselben Beschaffenheit. Beide sind nämlich dem kollektiven Unbewussten entsprungen, erweisen sich die überlieferten Mythen doch als Ausgestaltungen und Formungen von Urbildern eben der psychischen Tiefenschicht, der auch die Träume entspringen. C.G. Jung spricht hier von Archetypen.[79] Die zuerst gewährte Zugangsweise – die Lektüre nämlich eines mythologischen Romans, die Rezeption also von Mythen in schriftlich fixierter und überlieferter Fassung[80] – ermöglicht es Bastian allerdings noch nicht, zu deren seelischen Ursprüngen vorzudringen.[81] Letzteres bleibt dem träumenden Zugang zu den mythischen Symbolwelten vorbehalten. Dieser erweist sich noch in einer anderen Hinsicht als der überlegene: Träume reproduzieren nicht bloß feststehende und unverrückbare Urbilder des Menschen; sie vermischen diese vielmehr mit je verschiedenen persönlichen und gesellschaftlichen

Inhalten und schaffen auf diese Weise immer wieder neue Varianten der mythischen Grundformen.[82] So darf eine jede Traumwelt, soweit sie aus archetypischen Inhalten besteht, als eine neue Mythologie angesehen werden.

Bastian als Retter und unbesiegbarer Held

In der Traumwirklichkeit pflegen die träumenden Individuen nicht nur selbst präsent zu sein, sondern in der Regel auch die Hauptrolle zu spielen. Die im Traum eingenommene Rolle kann derjenigen angenähert sein, die der Träumende in seinem realen Leben ausübt; sie kann aber auch weit davon entfernt sein.[83] Letzteres trifft auf Bastian zu: Er tritt in seiner Traumwelt von Beginn an in einer Rolle und als eine Gestalt auf, die seinen realen Charakterzügen und seiner misslichen Lebenssituation maximal entgegengesetzt sind. Ein Blick in die Augen der Kindlichen Kaiserin enthüllt ihm seine Traumgestalt: »Es war ein Knabe, etwa in seinem Alter, doch war er schlank und von wunderbarer Schönheit. Seine Haltung war stolz und aufrecht, sein Gesicht edel, schmal und männlich. Er sah aus wie ein junger Prinz aus dem Morgenland.« Wenig später ist von einem »schönen jungen Königssohn« die Rede (S. 198). Die Entdeckung Bastians, dass er es selbst ist, löst eine nur schwer zu beschreibende existentielle Erschütterung aus: »Es war ein Entzücken, das ihn aus sich selbst forttrug wie in einer Ohnmacht, weit fort, und als es ihn wieder absetzte und er ganz in sich zurückgekehrt war, fand er sich als jener schöne Junge wieder, dessen Bild er erblickt hatte.« (Ebd.) Dieser Satz veranlasst einen zu der Frage, ob wir es hier noch mit Veränderungen an ein und derselben Person oder mit der Ersetzung einer Person durch eine andere zu tun haben. Wie Atréju bemerkt, sah Bastian damals im Spiegelbild »anders aus als jetzt – ganz anders« (S. 248). Später fragt Atréju ihn: »Was hast Du überhaupt noch mit dir selber zu tun?« Bastians Antwort lautet: »Ich hab' mich verändert, sagst du? Ja, […] da kannst du recht haben. Ich bin nicht mehr der harmlose und nichtsahnende Tropf, den ihr in mir seht.« (S. 304)

Nimmt man die später per Wunsch erworbenen Eigenschaften hinzu – Stärke, Größe, Mut, Kühnheit, Abhärtung und Berühmtheit –, dann ergibt sich das Bild einer wahrhaft mythischen Heldenfigur. Gemeinhin wird unterstellt, dass es sich hierbei um die Wunschprojektion eines verzagten, mutlosen und dicklichen Schuljungen handelt, die sich zuerst an einer anderen Figur, an Atréju nämlich, festmacht, im Traum dann aber sich selbst zugeschrieben wird. Diese Sichtweise ist keineswegs unangemessen; auch wenn sie im Text hin und wieder auftaucht, so verstellt sie doch die darüber hinausreichende allgemeinere Bedeutung von Bastians Traumrolle. Gewiss war schon Atréju für den Leser Bastian so attraktiv, weil er all das besaß, was dem Schuljungen fehlte. Bedeutsamer scheint uns jedoch bereits diese Figur aufgrund ihrer reichhaltigen mythologischen Bezüge zu sein.[84] Dies scheint uns auch für die Rolle des nach Phantásien übergetretenen Bastian zu gelten: Diese ragt über ihren realweltlichen Entstehungsgrund in der Psyche eines schulischen Außenseiters und damit über den Charakter einer bloßen Projektionsfigur weit hinaus.

Zu Recht darf Bastian voller Stolz sein: »[…] ich habe die Wüste der Farben durchwandert und vom Feuer des bunten Todes gegessen und getrunken und darin gebadet.« Vor dem Tod bringenden »Wasser Murhus« braucht er sich nicht zu fürchten (S. 246). Er ist unbesiegbar, weil er mit dem Schwert Sikánda ausgestattet ist (S. 222, 247 u.ö.). Als Träger des magischen Amuletts AURYN darf er von sich behaupten: »[…] ich bin nämlich der, der Phantásien gerettet hat, ich bin der, dem Mondenkind ihre Macht anvertraut hat.« (S. 304) Bastian erweist sich mehr und mehr als eine Verkörperung des archetypischen Heroen, wie er in zahllosen Mythen und Heldenepen auftaucht, und wäre damit über das persönliche Unbewusste Bastians, über dessen sogenannten Schatten hinausgewachsen.[85] Laut diesem archetypischen Heldenmuster würde ihm als Weltenretter wie als unbesiegbarem Helden rechtens die Herrschsaft über das phantásische Reich zustehen, wie er auch befugt wäre, dessen bisherige Herrscherin zu seiner Frau zu nehmen.

Nun handelt es sich bei diesem urbildlichen Heldentypen nicht um eine Kinderfigur; wir haben es hierbei vielmehr mit einem jugendlichen Menschen an der Schwelle zum Erwachsenenalter, wenn nicht gar mit einem jungen Erwachsenen zu tun.[86] Die Stärke, der Mut, die Kühnheit und die Ausdauer, die Bastian sich in Phantásien zulegt, sind nicht die Eigenschaften eines zehn- bis elfjährigen Kindes, sondern die eines Heranwachsenden bzw. eines jungen Erwachsenen. So kann Atréju bei seiner ersten Begegnung mit dem zum Heroen aufgestiegenen Bastian verkünden: »Der Retter Phantásiens bedarf unseres Schutzes nicht, […] denn er vermag sich selbst besser zu schützen, als wir alle zusammen es könnten.« (S. 248) Das Verhalten des Retters von Phantásien wie auch dasjenige seines Gefährten Atréju gleichen fortan an keiner Stelle demjenigen zehn- bis elfjähriger Kinder, auch wenn hie und da noch von »Knaben« die Rede ist. Bastians Traumrolle läuft denn auch mitnichten auf eine symbolische Verarbeitung der altersgemäßen psychischen Probleme des zehn- bis elfjährigen Halbwaisen und schulischen Außenseiters hinaus.[87] Es geht vielmehr um das, worauf das Begehren aller klassischen Heldenfiguren gerichtet ist: Größe, Ruhm, Macht und Herrschaft. Erträumt Bastian sich hier nicht lediglich als groß geworden und zu Mannesreife ausgewachsen? Haben wir es hier etwa nur mit der vorauseilenden Größenphantasie eines Kindes zu tun? Dem stehen die Ernsthaftigkeit und Eindringlichkeit entgegen, mit denen der Kampf Bastians um die Herrschaft über Phantásien geschildert wird. Nach unserer Auffassung geht es der *Unendlichen Geschichte* um eine durchaus ernst gemeinte Auseinandersetzung mit einem zentralen Bestandteil der mythischen Überlieferung: mit dem klassischen Heldenmythos.

Zwischen Träumen und Wachen

Im Unterschied bspw. zu Atréju haben wir es bei dem übergetretenen Bastian nun nicht mit einem phantásischen Wesen, einer rein mythischen Figur zu tun, sondern mit der Traumversion eines

Menschen der Realwelt. Träume können, wie allgemein bekannt, von unterschiedlicher Tiefe sein: Je mehr ein Mensch in seinem Traum versinkt, umso mehr ist alle Erinnerung an sein reales Dasein ausgelöscht. Auszugehen ist jedoch auch von Traumphasen, in welchen die Traumwelt zwar noch gegenwärtig ist, in denen hintergründig aber die Realwelt des Träumenden noch bzw. wieder aufscheint.[88] Wir haben es hier mit weniger tiefen Traumabschnitten zu tun, die sich in unterschiedlichem Maße Wachzuständen annähern können. Der Träumende ist sich in solchen Traumphasen dessen bewusst, dass er träumt, was im Fall von Angstträumen als Erleichterung empfunden wird: Man träumt, dass alles nur ein Traum ist und nicht wirklich passiert. Wer träumt, dass er träumt, erfährt sich nicht nur als Protagonisten seines Traums, sondern zugleich als dessen Urheber; es ist ja nicht nur *ein*, sondern auch bloß *sein* Traum. Mit dem Erwachen pflegt die Traumwelt zusammen mit der Erinnerung an die gehabten Träume oft unterzugehen. In besonderen Fällen kann die Traumwelt jedoch auch im Wachzustand noch visionär fortbestehen, so dass der Aufgewachte eine Weile benötigt, um diese auszulöschen. Er kann jedoch auch die Augen schließen und die Traumwelt in seiner Einbildung fortbestehen lassen; er überführt dann seinen Schlaftraum in einen Wachtraum. Mit Hilfe dieser Unterscheidung verschiedener Traum- bzw. Wachzustände lassen sich nach unserer Auffassung die in Phantásien spielenden Passagen der zweiten Romanhälfte (S. 193–419) ihrer Struktur nach beschreiben.

Solange Bastian vollends in seinen Traum eingetaucht ist, gleicht die Darstellung einem reinen Wirklichkeitsbericht. Dies entspricht der oben bereits getroffenen Feststellung, nach der im Traum alles Vorgestellte als Wirklichkeit erscheint. Dass wir es mit einem Traumgeschehen zu tun haben, wird uns wie gesagt am Ende des zwölften Kapitels klar; zur unbestreitbaren Gewissheit wird es im Augenblick des Erwachens, in dem Bastian bewusst wird, dass lediglich ein Tag und eine Nacht vergangen sind (S. 422). Unbeschadet dessen ist Bastians Traum nicht von gleichbleibender Tiefe; er wird vielmehr von halben oder ganzen

Wachzuständen unterbrochen. Auch vollzieht sich das Eintauchen in den Traum nicht mit einem Schlage. Bastian fühlt sich zunächst in eine Dunkelheit getaucht, in der er sich »geborgen und glücklich fühlt […]« und die ihm »eine wunderbare, nie gekannte Empfindung, ein Gefühl von Losgelöstheit und grenzenloser Freiheit« vermittelt (S. 193). Beschrieben wird hier der Augenblick eines Einschlafens, in dem wir noch bei wachem Bewusstsein sind, den herannahenden Schlaf aber schon angenehm spüren. In diesem gerade noch wachen Zustand meint Bastian in der Ferne die Stimme der Kindlichen Kaiserin zu vernehmen. Die Unterhaltung mit dieser kommt ihm »wie ein Gespräch im Traum« vor, doch ist er immer noch wach (S. 194). Wir haben es also mit einer noch im Wachzustand erfolgenden visionären Hörwahrnehmung zu tun, die Bastians intensivem Wunsch entspringt, der Kindlichen Kaiserin endlich gegenüberzutreten. Deren Stimme kündigt ihm an, dass Phantásien, von dem nur ein Sandkorn übriggeblieben ist, aus seinen Wünschen neu entstehen werde (S. 194f.). In dem Maße, in dem sich das Dunkel lichtet und aus dem Sandkorn in Bastians Hand der Nachtwald hervorwächst, in eben dem Maße versinkt Bastian in einer Traumwelt: »Bald war rund um Bastian und Mondenkind […] das samtene Dunkel mit sprossenden und wuchernden Lichtpflanzen erfüllt. […] eine neue, leuchtende Welt schwebte im Nirgendwo, wuchs und wuchs […]« (S. 196). Der Akt der Neuerschaffung Phantásiens bedeutet aus unserer Sicht nichts anderes als das schrittweise Aufscheinen einer Traumwelt, in deren Mitte sich Bastian und Mondenkind »Hand in Hand« wiederfinden (ebd.).

Anfänglich bleibt dem in eine Traumwelt eintauchenden Bastian sein wirkliches Aussehen noch präsent, schämt er sich doch vor Mondenkind dafür (S. 197). Je mehr er sich jedoch mit seiner neuen heldenhaften Existenz anfreundet, umso mehr schwindet die Erinnerung an seine wirkliche Beschaffenheit. Bastian ist sich dieses, auf einer Verdrängung beruhenden Erinnerungsschwundes nicht bewusst, weshalb zunächst die Erzählinstanz einspringen muss: »Für die Schönheit, die ihm geschenkt worden war, vergaß er nämlich nach und nach, daß er einmal dick und x-beinig gewesen war.« (S. 200) An einer späteren Stelle heißt es, dass »die Erinnerung an seine Schwäche und Ungeschicklichkeit ausgelöscht war« (S. 207). Dass der träumende Bastian davon nichts mehr wissen will, ist nur zu verständlich: »Bastian genoß es, schön zu sein« (S. 200) – und stark, mutig, kühn und ausdauernd, so darf hinzugefügt werden. Doch gelingt es dem Träumenden nicht, die Erinnerung an sein wirkliches Dasein für immer auszuschalten. Bastian wird diese jedoch von sich selbst abspalten und auf eine andere Traumgestalt übertragen: Fortan übernimmt der wiederaufgetauchte und zum Gefährten gewordene Atréju es, Bastian wiederholt an dessen realweltliche Existenz zu erinnern. So möchte Atréju Näheres erfahren über dessen »Besuch bei Koreander«, dessen »Flucht auf den Speicher des Schulhauses«. Über Bastians Reaktion heißt es:

> Alles, was damit zusammenhing, daß er Angst gehabt hatte, daß er dick und schwach und empfindlich gewesen war, hatte er vergessen. Seine Erinnerung war bruchstückhaft, und diese Bruchstücke schienen ihm so fern und undeutlich, als habe es sich nicht um ihn selbst, sondern um einen anderen gehandelt. (S. 277)

Mit der Erfüllung seiner Wünsche in Phantásien werde ihm schrittweise die Erinnerung an seine Welt genommen, bemerkt Atréju. »Bastian dachte nach. Er empfand nicht, daß ihm etwas fehlte.« (S. 278)[89]

Bastians Traum von Heldentum und Ruhm in Phantásien wird nicht nur durch das wiederholte Auftauchen von Bildern seiner Alltagswelt gestört; er wird auch durch Augenblicke des Innehaltens unterbrochen, in welchen der Träumende sich über sein eigenes Träumen wundert. Im Gespräch mit dem Löwen Graógramán bemerkt Bastian: »Es ist alles so sonderbar, [...] mir kommt irgend ein Wunsch und dann passiert immer gleich etwas, das dazu paßt und den Wunsch erfüllt. [...] alles ist immer erst da, wenn ich mir etwas gewünscht habe.« (S. 224) Hier erfährt Bastian sich als den Urheber, den Schöpfer des neuen Phantásien, speziell des Nachtwaldes Perelin und der Wüste Goab samt dem Löwen. Gleichzeitig spürt er, dass er sich dies alles nicht bloß ausgedacht haben kann: »Das könnte ich gar nicht. […] Alles ist viel großartiger und wirklicher, als ich mir's vorstellen könnte.« So fragt er sich, ob nicht alles »vorher schon da [war] und ich hab's nur irgendwie erraten« (ebd.).

Eine jede Traumwelt ist nur insoweit vorhanden, als sie von einem träumenden Individuum hervorgebracht wird; gleichzeitig erscheint sie nicht als eine Erfindung des bewussten Ich, sondern als etwas, das der eigenen Willkür entzogen ist. Hier träumt man, *dass* man träumt, und wundert sich zugleich über das, *was* man träumt, was mit anderen Worten aus ungeahnten Schichten des eigenen Selbst emporgestiegen ist. Es ist das eigene Unbewusste, das hier in Erscheinung tritt – in welch direkter oder entstellter Form auch immer. Wir haben es bei solchen Augenblicken des reflektierenden Innehaltens mit einem Zustand zwischen Schlaf und Wachsein zu tun.

Weltenschöpfertum aus Eitelkeit

Sich im Traum als Träumender, als der Urheber seines Traums zu erfahren, kann einem aber auch ein besonderes Machtgefühl verschaffen. Man erfährt sich nicht nur als eine – handelnde oder erleidende – Figur der Traumwelt, sondern gleichzeitig auch als Schöpfer und Beherrscher dieser Welt. In dieser Position muss man beispielsweise Gefahrensituationen nicht durchstehen, sondern kann ihnen ausweichen, indem man in das Ordnungsgefüge der Traumwelt oder in den Ablauf des Traumgeschehens eingreift und diese zu eigenen Gunsten und eigenem Vorteil verändert. Wiederholt ist Bastian bestrebt, sich von all den Wesen abzuheben, die nichts anderes als Bewohner Phantásiens sind. Dass ein jeder der Kindlichen Kaiserin nur einmal begegnen könne, habe für ihn keine Geltung: »[…] ihr seid Geschöpfe Phantásiens, und ich bin ein Mensch. […] Für mich ist alles anders als für euch.« (S. 293f.) Um Atréjus »uneingeschränkte Hochachtung« zu gewinnen, sucht Bastian eine Eigenschaft ins Spiel zu bringen, die ihm in Phantásien als Einzigem zukommt. Es ist seine Fähigkeit, Geschichten zu erfinden, die ihm eine überragende Stellung in Phantásien verschaffen kann: »Immer wieder hatte es doch geheißen, daß niemand in Phantásien Neues schaffen konnte. […] Und gerade das war es, worauf er sich ganz besonders verstand.« (S. 256). Sodann ist es die Magierin Xayide, die Bastians Selbstverherrlichung auf die Spitze treibt: »Du bist mächtiger als alle Mächtigen und gefährlicher als alle Dämonen.« (S. 314) An späterer Stelle äußert sie: »Du hast Phantásien nicht nur gerettet, indem du kamst, du hast es doch erst geschaffen! Wir alle – auch ich selbst – sind nur deine Geschöpfe!« (S. 347)

Zu träumen, *dass* man träumt, verleitet einen schnell dazu, Einfluss auf das zu nehmen, *was* man träumt. Man vergisst dabei, dass die relevanten Trauminhalte keine Erfindungen des bewussten Ich sind, sondern aus ungeahnten Tiefenschichten der eigenen Person hervorgehen. Traumwelten können auch nach dem Wachwerden noch präsent sein, ja, vom erwachten Ich geradezu festgehalten werden. In diesem Fall bietet sich dem Ich die Möglichkeit, die Traumwelt nach seinen Bedürfnissen zu manipulieren. Damit aber verändert der Traum seinen Charakter: Er nähert sich einem Wach- bzw. Tagtraum an. In Letzterem herrscht nach dem bereits zitierten berühmten Diktum von Sigmund Freud eben nicht das Unbewusste, sondern seine Majestät, das Ich.[90] Überall dort, wo sich Bastian auf seine Rolle als Schöpfer des neuen Phantásien beruft und sich anmaßt, die Beschaffenheit dieser mythischen Welt nach eigenem Gutdünken zu verändern, nimmt sein Traum die Züge eines Tagtraums an. Ein Beispiel hierfür stellt Bastians Begegnung mit den Würmern der Acharai, den hässlichsten und »unglücklichsten Geschöpfen Phantásiens«, dar (S. 279). Bastian ist von deren Schicksal ergriffen und möchte sie erlösen: »Ich wünsche mir, daß ihr jetzt einschlaft, und wenn ihr morgen früh aufwacht, dann kriecht ihr aus eurer Hülle heraus und seid Schmetterlinge geworden.« Aus den »Immer-Weinenden« sollen »Schlamuffen, die Immer-Lachenden« werden (S. 281). Diesem willkürlichen Eingriff in die phantásische Welt liegt Eitelkeit als Motiv zugrunde: Bastian möchte als Wohltäter in die Geschichte dieses Reiches eingehen.

Einen weiteren Beleg für Bastians Schöpfertum aus Eitelkeit bietet die in der Silberstadt Amargánth spielende Episode. Hier lebt ein Volk von Liedersängern und Geschichtenerzählern, deren Vorrat an Geschichten allerdings erschöpft ist. Da sieht Bastian eine Möglichkeit, »alle in den Schatten [zu] stellen [...] mit seinen Ideen«. Mehr noch: Er könnte sich als Weltenschöpfer hervortun: »Oder noch besser wäre es, wenn alles, was er erzählen wollte, Wirklichkeit würde!« Es könnte durch ihn gar »längst Vergangenes neu entstehen [...], wenn es in einer Geschichte vorkommt« (S. 256). So liefert er den Silberstädtern eine mythische Ursprungsgeschichte, deren Endpunkt eine gewaltige Bibliothek bildet. Tatsächlich findet sich ein großes, bislang verschlossenes Gebäude, das die Bewohner nun als die besagte Bibliothek aus Bastians Gründungssage erkennen und in Besitz nehmen. »Bastian war selbst überwältigt davon, daß alles, was er eben erzählt hatte, Wirklichkeit geworden war (oder schon immer gewesen war? [...]).« (S. 260) Bei den Beständen dieser Bibliothek handelt es sich – kaum verwunderlich – um die »GESAMMELTEN WERKE VON BASTIAN BALTHASAR BUX« (S. 262).

Verirrung und Umkehr

Das Amulett AURYN, welches Bastian von der Kindlichen Kaiserin überreicht wird und das ihm »Macht über alle Wesen und Dinge Phantásiens« verschafft, trägt die Inschrift »Tu was du willst«. Bastian glaubt, dass die Worte dieser Inschrift »die Erlaubnis, nein, geradezu die Aufforderung ausdrückten, alles zu tun, wozu er Lust hatte« (S. 199). Später belehrt ihn der Löwe Graógramán, dass ihn nur ein »wirklicher Wunsch« leiten dürfe, was Bastian verwundert: »Sonderbar, daß man nicht einfach wünschen kann, was man will.« (S. 227) Das Wünschen wird hier von Bastian auf das bewusste Ich und dessen Willkür bezogen. Dem stellt Graógramán den »Wahren Willen« gegenüber, der ein »tiefstes Geheimnis« darstelle und dem bewussten Ich anfangs noch unbekannt sei. Diesen könne Bastian auf folgende Weise herausfinden: »Indem du den Weg der Wünsche gehst, von einem zum anderen und bis zum letzten. Der wird dich zu deinem Wahren Willen führen.« (S. 228) Bastian gewinnt nun in Atréju einen Reisegefährten, der ihn nicht nur an seine Herkunft aus der Menschenwelt erinnert und seinen Erinnerungsschwund beklagt, sondern auch dafür Sorge trägt, dass Bastian das eigentliche Ziel seiner Reise nicht vergisst und von der Suche nach seinem »Wahren Willen« nicht ablässt.

Atréjus weitblickende Voraussicht

Zu erinnern ist an dieser Stelle daran, dass Atréju dank der Auskünfte sowohl des Werwolfs Gmorg (Kap. IX) wie der Kindlichen Kaiserin (Kap. XI) in die komplexen Wechselbeziehungen zwischen Phantásien und der »Menschenwelt« eingeweiht ist und damit auch weiß, welche Aufgaben den menschlichen Besuchern Phantásiens eigentlich obliegen und welche Bedingungen erfüllt sein müssen, damit dieses »Land der Geschichten« (S. 256) dauerhaft vor dem Untergang bewahrt wird. Atréju ist sich sicher, dass Bastian wie ein jeder Retter Phantásiens dorthin zurückkehren muss, woher er gekommen ist: »Du mußt zurück und versuchen, deine Welt in Ordnung zu bringen, damit wieder Menschen zu uns nach Phantásien kommen. Sonst geht Phantásien früher oder später von neuem zugrunde, und alles war umsonst!« (S. 289) Dementsprechend hofft er, »daß wir schon auf der Suche nach dem Weg in deine Welt sind«, was Bastian jedoch nur abwesend zur Kenntnis nimmt (S. 278). An späterer Stelle wirft er Bastian vor, sich selbst zu verlieren und zu vergessen, wohin er überhaupt wolle (S. 303f.).

Nun müsste eigentlich auch Bastian über das Wissen verfügen, das hier von Atréju artikuliert wird. Schließlich hat er die besagten Kapitel der Unendlichen Geschichte, des Buches im Buch, auf dem Schulspeicher nicht nur intensiv gelesen, sondern sich darüber auch Gedanken gemacht. Ausdrücklich wird hervorgehoben, dass all dies jetzt nicht nur von Atréju, sondern noch von einem anderen gewusst wird, nämlich von Bastian Balthasar Bux (S. 144). Sein Aufstieg zum allmächtigen und glanzvollen Helden Phantásiens hatte allem Anschein nach zur Folge, dass auch dieses Wissen verloren gegangen ist. So offenbart er »nach einigen Überlegungen« seinem Reisegefährten: »Eigentlich […] wünsche ich mir gar nicht, dorthin zurückzukehren.« (S. 289) Später wird er noch deutlicher:

> […] ich habe mich entschlossen, überhaupt nicht zurückzukehren. Ich werde in Phantásien für immer bleiben. Mir gefällt es sehr gut hier. […] Und was Phantásiens Zukunft betrifft: Ich kann der Kindlichen Kaiserin tausend neue Namen geben. Wir brauchen die Menschenwelt nicht mehr. (S. 305)[91]

Unzweifelhaft hat sich Bastian hier ganz auf die Wünsche seines bewussten Ichs verlegt und sich gleichzeitig von den geheimnisvollen »Wahren Wünschen« aus den Tiefenschichten seiner selbst entfernt. Er schlägt damit sichtlich einen falschen Weg ein. Dennoch stellt sich die Frage, ob Bastians Versteifung auf sein bewusstes Ich und sein Verrat an dem aus dem Unbewussten kommenden »Wahren Willen« nicht doch als ein Weg, besser gesagt: als ein notwendiger Umweg, eine unerlässliche Verirrung anzusehen wäre, ohne die eine Entdeckung eben dieses seines »Wahren Willens« nicht möglich wäre. Dies scheinen Atréju und Fuchur an einer Stelle zu ahnen: »Der Rat, den wir dir gegeben haben, war von uns gut gemeint – aber töricht. Seit du ihn befolgt hast, geht unsere Reise nicht mehr weiter.« Dies werde erst geschehen, wenn Bastian sich wieder etwas wünsche: »Es ist unvermeidlich, daß du dadurch noch mehr vergißt, trotzdem bleibt nichts anderes übrig. Wir können nur hoffen, daß du doch noch rechtzeitig den Rückweg findest.« (S. 292f.) Zuvor schon berief sich Bastian auf Graógramáns Rede vom »Weg der Wünsche« hin zum

»Wahren Wunsch«: »Aber dazu muß ich von einem Wusch zum nächsten gehen. Ich kann keinen überspringen. Anders kann ich in Phantásien nicht weiterkommen […].« (S. 278)

Zwischen archaischem und modernem, wahrem und verfehltem Heldentum

Bastians – zunächst durchaus positiv gewertete – Inauguration zum mythischen Helden nach überliefertem Muster vollzieht sich mit Graógramáns Überreichung eines Zauberschwerts, das nur für Bastian bestimmt ist und dem er den Namen Sikánda gibt. An den Besitz des Schwerts ist jedoch eine Bedingung geknüpft: Diesem darf keine Gewalt angetan werden. Bastian darf es nur gebrauchen, »wenn es von selbst in deine Hand springt«. »Es wird deine Hand führen und aus eigener Kraft tun, was zu tun ist. Wenn Du es aber je nach deinem Willen aus seiner Scheide ziehst, dann wirst du großes Unheil über dich und Phantásien bringen.« (S. 223) Bastians Heroentum ist daran gebunden, dass sein Handeln sich von den Vorgaben leiten lässt, die aus seinen tieferen Seelenschichten, seinem Unbewussten emporkommen. Keinesfalls dürfen sich seine Heldentaten allein aus den Wünschen des bewussten Ichs ergeben und dessen Willkür folgen. Wahres Heldentum zeichne sich durch eine Demut gegenüber dem aus, was sich aus den allgemeinmenschlichen, kollektiven Seelenschichten speise. Zur Beherzigung dessen kann Bastian – wie vermutlich ein jeder Mensch der Moderne, der dem Bann des egomanen Heldentums verfallen ist – nur durch eigene bittere Erfahrung gelangen. Hierzu bedarf es eines vorübergehenden Abfalls vom wahren Heldentum, eines zeitweiligen Bruchs mit dessen grundlegenden Bedingungen. Bastian muss Unheil über sich und Phantásien bringen, um sich von allen falschen Ausprägungen des Heroentums loszusagen.

Bevor es zum eigenen Versagen in Sachen Heldentum kommt, wird Bastian ein fehlgehendes Heroentum an einer anderen Gestalt demonstriert. Auf der Reise durch das von ihm teils wieder-, teils neuerschaffene Phantásien trifft er in einem »lichten Frühlingswald« auf eine Gruppe von vier Männern »in prachtvollen Rüstungen« und einer »schönen Dame«, die auf der Laute »klimpert«; er wird »höflich« begrüßt und für einen »morgenländischen Prinzen« gehalten. Bei der Gruppe handelt es sich um den Ritter »Held Hynreck« und seine Freunde Hýkrion, Hýsbald und Hýdorn wie um die Prinzessin Olgamár, die auf dem Weg zu einem »Wettkampf« in der Stadt Amargánth sind. »Von nah und fern kamen die wagemutigsten Helden, die besten Jäger, die tapfersten Krieger, aber auch allerlei Abenteurer und verwegene Kerle, um an der Veranstaltung teilzunehmen.« (S. 235f.) Held Hynreck ist in die Prinzessin Olgamár »verliebt«, die allerdings ein Gelübde abgelegt hat, »nur den größten aller Helden zum Mann zu nehmen«. Held Hynreck rätselt, wie er ihr beweisen könnte, dass er der größte aller Helden ist: »Er hätte gern gegen Ungeheuer und Dämonen gekämpft, er hätte ihr, wenn es nach ihm gegangen wäre, jeden Morgen einen blutigen Drachenschwanz auf den Frühstückstisch gelegt, aber es gab weit und breit keine Ungeheuer und keine Drachen.« (S. 237)

Wir haben es unverkennbar mit einer Satire auf das mittelalterliche Ritterwesen zu tun, die bis an die Grenze der Verspottung reicht.[92] Bastian sieht sich denn auch genötigt, dem Großmaul Hynreck eine Lektion zu erteilen und besiegt diesen im Zweikampf mit Hilfe seines Zauberschwerts Sikánda. Dass das Schwert sich aus der Scheide ziehen lässt, besagt, dass sich Bastian an dieser Stelle noch in Übereinstimmung mit einem archetypischen Heroentum befindet und in Held Hynreck einem aus Eitelkeit aufgeblasenen Helden begegnet. Letzterer ist am Boden zerstört und sieht seine Chancen bei der Prinzessin schwinden. Bastian bereut allerdings seinen heldenhaften Sieg im Zweikampf und ist – auch auf Drängen der drei Ritterfreunde – gewillt, Hynreck doch noch eine Chance zu geben. Er erfindet die Geschichte von dem furchterregenden Drachen Smärg, der auf einer fern gelegenen Burg haust und die Prinzessin Olgamár gefangen hält. Hynreck macht sich auf die Reise, besiegt den tatsächlich existierenden Drachen und befreit die Prinzessin Olgamár aus dessen Klauen, will am Ende aber doch nichts mehr von ihr wissen (S. 265ff.). Dass Bastian sich auch hier als »Wohltäter« beweisen möchte, zeigt, dass auch er von Eitelkeit schon infiziert ist.

Die eigene Abweichung vom wahren Heldentum tritt mit Bastians Absicht ein, »sich […] selbst zum Kindlichen Kaiser Phantásiens [zu] krönen« (S. 349). Zunächst beabsichtigt er allerdings, im Elfenbeinturm erneut auf die Kindliche Kaiserin zu stoßen. Auf die Nachricht, dass sich Mondenkind dort nicht mehr aufhalte, fühlt sich Bastian »plötzlich leer und kalt im Inneren«. Er spürt eine »bitterliche Enttäuschung darüber, daß er sie nicht wiedersehen sollte« (S. 341). Der Wunsch nach einer Wiederbegegnung mit der Kindlichen Kaiserin lässt sich als das Verlangen deuten, sein Tun und Handeln wieder in Übereinstimmung mit den eigenen seelischen Tiefenschichten zu bringen. Dass Bastian sich jetzt in seinem Inneren »leer und kalt« fühlt, besagt, dass er jeglicher Verbindung mit dem kollektiven Unbewussten, jeglicher Offenheit für die dort aufbewahrten Urbilder und Urerfahrungen verlustig gegangen ist. Während Bastian sich noch dem Gefühl einer Kränkung und eines Verlustes hingibt, spürt er aber doch auch schon eine große Verlockung: »Aber sie war nicht da, und das bedeutete, daß er ihr AURYN nicht zurückgeben mußte.« (Ebd.) Die mit dem Amulett verknüpfte Machtfülle bliebe damit bei Bastian, der jedoch noch davor zurückschreckt, das entstandene Machtvakuum auszufüllen. In dieser Situation fallen die Einflüsterungen der Magierin Xayíde bei Bastian auf fruchtbaren Boden. Diese sucht ihm weiszumachen, dass die Kindliche Kaiserin »für immer Phantásien verlassen« und Bastian zu ihrem Nachfolger bestimmt habe: »Sie hat dir ihr Reich überlassen. Du wirst nun der Kindliche Kaiser sein […].« Es sei sein »gutes Recht«, habe er doch Phantásien nicht nur gerettet, sondern auch geschaffen. »[…] warum erschreckt es dich nun, auch die Allmacht zu ergreifen, die dir doch nach allem gebührt?« (S. 347)

Schließlich wartet Xayíde mit der Vision eines neuen Phantásien auf, das unter der Herrschaft Bastians stände: Es würde sich um eine Welt handeln, »die bis in alle Einzelheiten nach Bastians Belieben zu gestalten« wäre. Bastian würde in ihr »nach Willkür schaffen und vernichten« können; seinen Entschlüssen und Taten würden »keine Schranken und Bedingungen mehr« gesetzt sein. Alle Geschöpfe dieser Welt, »ob gut oder böse, schön oder häßlich, töricht oder weise«, würden »einzig seinem Willen entsprungen« sein. Er selbst würde »erhaben und rätselhaft über allem thronen und die Geschicke […] in ewigem Spiel« lenken. Erst wenn er diese Position erreicht habe, würde er »wahrhaft frei« sein, frei von allem, was ihn beenge, und frei zu tun, was er wolle (S. 347). Wir haben es hier mit der Schreckensvision eines zur absoluten Herrschaft gelangten modernen Subjekts zu tun, dessen Machbarkeitswahn und Willkür keinerlei Grenzen mehr gesetzt zu sein scheinen.

Wie sich eine solche Verabsolutierung des bewussten Ichs anfühlt, bekommt Bastian bereits während der »Vorbereitung der Krönungsfeierlichkeit« zu spüren: Er ist wie gelähmt, unfähig, etwas zu tun oder sich etwas zu wünschen. Er kann keine Geschichten mehr erfinden, da ihm nichts mehr einfällt. »Er fühlte sich leer und hohl.« Ein jubilierendes Freiheitsgefühl will sich jedenfalls nicht einstellen, zumal er schnell an die Grenzen seiner Macht stößt. Er wünscht sich nämlich weiterhin Mondenkind herbei: »Und wenn er nun tatsächlich allmächtig war, wenn alle seine Wünsche Wirklichkeit wurden, dann mußte auch sie ihm gehorchen.« (S. 350) Zum Ausdruck gelangt hier, dass das kollektive Unbewusste, dessen Urbilder in Phantásien Gestalt angenommen haben, nicht den Direktiven des bewussten Ichs unterliegt. Dies zeigt sich nicht zuletzt im Zweikampf mit Atréju: Bastian zieht das Zauberschwert Sikánda, »ohne daß es ihm von selbst in die Hand sprang«, und verletzt damit seinen Gefährten beinahe tödlich, woraufhin das Schwert sein Leuchten einbüßt. Auch jetzt bleiben Triumphgefühle aus: »Bastian war wie in einem schrecklichen Traum, aus dem er nicht erwachen konnte. Der Sieg schmeckte ihm bitter wie Galle […].« (S. 356f.)[93]

Heldendämmerung

Der selbstzerstörerische Charakter eines Heldentums, das auf einer Verabsolutierung des bewussten Ichs beruht, zeigt sich äußerlich in der vollständigen Zerstörung der Residenz der Kindlichen Kaiserin, des Elfenbeinturms und des unerreichbar gebliebenen Magnolienblüten-Pavillons, des Aufenthaltsortes von Mondenkind. Eine uneingeschränkte Herrschaft des bewussten Ichs hätte alle Verbindungen zu den unbewussten Seelenschichten abgebrochen, aus denen allein, so die Annahme des Romans, die wahren Wünsche emporkommen. Einem solchen Kaisertum würden jeglicher Halt und jegliche Orientierung fehlen; es würde sich in rastloser Beliebigkeit und im nicht enden wollenden Widerstreit des Begehrens verlieren. Trotz des Sieges über die gegnerischen, unter der Führung Atréjus stehenden Kräfte ist es Bastian nicht gelungen, sich zu inthronisieren.

Allerdings bleibt es innerhalb des Romans unklar, ob es einem aus der Menschenwelt stammenden Besucher Phantásiens je gelungen ist, die Kaiserwürde nicht nur anzustreben, sondern auch auszuüben. Der Affe Argax spricht jedenfalls von Menschen, die »einmal Kaiser von Phantásien [waren] oder […] es werden [wollten]«. »Nicht jeder hat's geschafft, aber alle haben es gewollt.« Jeder, der nicht habe zurückkehren wollen oder nicht zurückgefunden habe, habe »früher oder später Kaiser werden« wollen (S. 366). Das Ergebnis sei immer dasselbe gewesen: Jeder sei dem Wahnsinn verfallen und habe schließlich in der »Alten Kaiser Stadt« Zuflucht gefunden. Dies spricht für ein grundsätzliches Scheitern allen Strebens nach der Herrschaft über Phantásien entweder bereits im Vorfeld oder nach Erreichen dieses Ziels. Die Absicht, das kollektive Unbewusste dem bewussten Ich zu unterwerfen, käme dessen Ausschaltung gleich, liefe mit anderen Worten auf eine Amputation wesentlicher Schichten des Selbst hinaus, die dem Menschen den Lebensnerv töten würde.[94]

Nun zählt auch die Magierin Xayíde zu den Geschöpfen Phantásiens.[95] Sie stellt nach unserer Auffassung die mythische

Verkörperung der Selbstvergötterung des bewussten Ichs dar. Das bewusste Ich neigt zu Hochmut und Selbstüberschätzung; es möchte sich zum alleinigen Herrn im eigenen Hause erheben und alle mehr oder weniger unzugänglichen seelischen Bereiche für inexistent erklären. Das übersteigerte Ich erweist sich jedoch als leer und hohl, was etwa in der Hohlheit von Xayídes Soldaten zum Ausdruck kommt, die ihre Macht verkörpern. Damit ergibt sich ein Paradox: Zu Phantásien gehört in Gestalt der Magierin Xayíde auch ein Wesen, das auf die Beseitigung von dessen rechtmäßiger Herrscherin aus ist und damit letztlich die Zerstörung und den Untergang dieses Reichs des Unbewussten herbeiführen will. Hierzu bedient sie sich all der Menschenwesen, die den Übertritt in die phantásische Welt in der Absicht gewagt haben, diese zu retten, die nun aber unter ihrer Einflüsterung eben dazu herhalten sollen, das exakte Gegenteil zu bewirken.

Wir haben es bei dem vom Hochmut aufgeplusterten Ich sicherlich mit einem zeitübergreifenden Phänomen der Menschenwelt zu tun; dennoch spiegelt sich hierin in besonderem Maße die Vorstellung des modernen Subjekts, dass seiner bewussten und rationalen Verfügung vermeintlich nicht nur die eigene Person und die Gesellschaft, sondern auch die äußere Natur unterworfen sind. Die in der *Unendlichen Geschichte* zu diesem Aspekt vertretene Position liefe darauf hinaus, dass sich auch diese Vorstellung, dieser Inbegriff der Moderne, noch der unheilvollen Energie verdankte, die von einem Archetyp des kollektiven Unbewussten ausginge.

Damit liegt aber auch Bastians Absicht, in Phantásien zu bleiben und die Position der Kindlichen Kaiserin einzunehmen, nicht nur ich-bezogene Eitelkeit zugrunde; es manifestiert sich in diesem seinem Begehren gleichermaßen, wenn nicht ein Archetypus des kollektiven Unbewussten, dann doch die ungünstige und unheilvolle Ausstrahlung eines solchen Archetypus. Von den Urbildern des kollektiven Unbewussten gehen, wie jetzt deutlich wird, höchst gegensätzliche Einflusskräfte bzw. Wünsche aus. Einen Teil dieser Wünsche stellen Verlockungen dar, in das Unbewusste einzutauchen und in ihm aufzugehen. Das Unbewusste erweist sich hier als eine Kraft, die das bewusste Ich überwältigen und verschlingen kann. Das Ich kann aber auch in eine starre Gegenposition zum Unbewussten gebracht werden, indem es zu maßloser Selbstüberschätzung verleitet wird; hier verfällt es dem Unbewussten eben dadurch, dass es dieses verleugnet und verdrängt.

Dafür besteht ein anderer Teil des Unbewussten aus Mustern und Urbildern, die dem bewussten Ich zugewandt sind und diesem durchaus zuarbeiten.[96] Das bewusste Ich fühlt sich durch diese andere Seite des Unbewussten gestärkt und bereichert. Diese helle Seite des Unbewussten wird in der zweiten Romanhälfte von Atréju, die andere, die dunkle Seite von der Magierin Xayíde verkörpert, die hier die eigentliche Gegenspielerin Atréjus abgibt. Die von Xayíde ausgehenden Lockungen des Unbewussten sind insofern besonders heimtückisch, als sie dem bewussten Ich, das eigentlich doch verschlungen und in der »Alten Kaiser Stadt« entsorgt werden soll, das exakte Gegenteil vorgaukeln, die Erhebung nämlich zu einer alles beherrschenden Instanz.

Dass seine Inthronisierung zum Kaiser Phantásiens scheitert, schiebt Bastian zunächst Atréju in die Schuhe, der zwischenzeitlich zu seinem Widersacher geworden ist. Voller Wut macht er sich an dessen Verfolgung. Zur Einsicht gelangt er erst in der »Alten Kaiser Stadt«, in der er mit seinen zahlreichen Vorgängern konfrontiert wird. Der erbärmliche Geisteszustand der ehemaligen Thronanwärter bringt ihn zur Einsicht in den verwerflichen und selbstzerstörerischen Charakter seiner Heldenattitüde.[97] Auf dem Hinweg hat er bereits seinen Zaubergürtel verloren (S. 362), jetzt sagt er sich inmitten eines »Sturmgeheuls« in einer feierlichen Zeremonie von dem wichtigsten Zeichen seines Heldentums los, dem Zauberschwert Sikánda: »[…] ich nehme für immer Abschied von dir. Nie wieder soll Unheil kommen durch einen, der dich gegen einen Freund zieht. Und niemand soll dich hier finden, ehe vergessen ist, was durch dich und mich geschah.« (S. 371) Hier trägt Bastian sein Heldentum förmlich zu Grabe, was an den biblischen Spruch »Schwerter zu Pflugscharen« gemahnt. Aufs Ganze gesehen stellen die Kapitel XVI bis XXIII eine bild- und handlungsstarke Auseinandersetzung mit dem archetypischen Heldenmuster und dessen egomaner Fehlausprägung dar, die nicht in einen neuen Heldenmythos, sondern in eine mythisch überhöhte Heldendämmerung münden. Geboten wird ein antiheldischer, ein Friedensmythos, der durchaus zum Leitbild eines postheroischen Zeitalters herhalten könnte.

Umkehr und Reue

Was Bastian in der »Alten Kaiser Stadt« erfährt, löst einen wahren Schock aus, der ihn verwirrt und bestürzt. »Alle seine bisherigen Ziele und Pläne waren mit einem Schlag zusammengebrochen. [...] Was er gehofft hatte, war sein Verderben, und was er gehaßt hatte, seine Rettung.« (S. 370) Letzteres bezieht sich auf sein Verhältnis zu Atréju, in dem er jetzt nicht mehr einen Rivalen um AURYN und die Kaiserwürde sieht, sondern seinen Retter vor dem Wahnsinn erkennt (S. 369). Bastians tiefe Erschütterung trägt alle Züge eines Albtraums, aus dem man mit Schrecken und Entsetzen aufzuwachen pflegt. Wenn Träume zu schrecklich und bedrohlich werden, schützt man sich durch Flucht ins Wachsein. Michael Endes *Unendliche Geschichte* greift jedoch nicht zu dieser Lösung, sondern lässt seinen Protagonisten weiterträumen und noch im Traum zu einer Umkehr gelangen. Bastian sieht nun ein, dass er Phantásien wieder verlassen muss: »Er wollte jetzt den Rückweg in die Menschenwelt suchen [...]. Gab es denn irgendwo ein Tor, eine Furt, eine Grenzscheide, die ihn hinüberführen konnte?« (S. 371) Auch wenn sich dies wie ein Beschluss des bewussten und verständigen Ichs von Bastian ausnimmt, sind wir hier doch noch nicht in einem Tagtraum angelangt, wo das verständige Ich bestimmen kann. Wir haben es immer noch mit einem Nachttraum zu tun, in welchem das Unbewusste Regie führt. Bastian muss deshalb, so sagt es ihm Argax, »einen Wunsch finden, der dich zurückbringt in deine Welt« (S. 369).

Wie schon bisher, so geht es auch hier um Wünsche, die »man nach Belieben weder hervorrufen noch unterdrücken [kann]. Sie kommen aus tieferen Tiefen in uns als alle Absichten […]. Und sie entstehen unbemerkt.« (S. 371) Das Aufwachen des Protagonisten muss noch hinausgezögert werden, um zeigen zu können, dass das (kollektive und persönliche) Unbewusste auch aus Regungen und Impulsen besteht, die dem bewussten Ich nicht nur feindlich gegenüberstehen, sondern diesem auch wohlgesonnen sind und danach streben, bewusst gemacht zu werden. Das Ich wiederum muss sich dazu bereitfinden, indem es seinen absoluten Herrschaftsanspruch über das Innenleben aufgibt – eine Voraussetzung, die Bastian jetzt erfüllt hat. Die nachfolgenden Stationen von Bastians Traumreise durch Phantásien warten deshalb mit Urbildern und -szenen auf, in denen einzelne Seiten des menschlichen Wesens zur Anschauung gelangen, ohne die ein menschliches Zusammenleben nicht vorstellbar wäre. Es handelt sich um den archetypischen Wunsch nach menschlicher Gemeinschaft (Kap. XXIII, 2. Teil: die Yskálnari), um den nach mütterlicher Geborgenheit und Versorgung wie um den nach persönlicher Ganzheit (Kap. XXIV, »Dame Aiuóla«), nach Selbstwerdung unter Einbeziehung der eigenen seelischen Abgründe (Kap. XXV, »Das Bergwerk der Bilder«). Es sind dies die aus dem Unbewussten kommenden Wünsche, die Bastian in die Menschwelt zurückführen werden.

Die Paradoxie des Weges der Wünsche

Dies heißt nun nicht, dass Bastian auf seinem Rückweg in die Menschenwelt keinen Gefahren mehr ausgesetzt wäre und dass er nicht auch scheitern könnte. So muss er das Nebelmeer durchqueren, das aus einem »riesigen Ozean aus weißem Dunst« besteht (S. 374). Von größerer Dramatik erweist sich jedoch die innere Gegensätzlichkeit, die Bastians Reise durch Phantásien kennzeichnet und die sich immer mehr zuspitzt. Als Traumreise wird sie von Kräften bzw. Wünschen gesteuert, die aus dem Unbewussten kommen und der Willkür des bewussten Ichs entzogen sind. Es handelt sich um eine Reise von Wunsch zu Wunsch, von Wunscherfüllung zu Wunscherfüllung, selbst wenn diese sich als unheilvoll erweisen. Den Wünschen des Unbewussten zu folgen, vermag allerdings nur ein Ich, welches vom Unbewussten noch nicht überwältigt und verschlungen ist, sondern diesem noch gegenübersteht. Es kommt darauf an, so C.G. Jung, zu unterscheiden, »was Ich und was Nicht-Ich, d.h. Kollektivpsyche, ist«.[98] Eine gewisse Festigkeit der Ich-Funktion muss auch bei einem Traum-Ich noch vorhanden sein: Als Reisender durch Phantásien bleibt sich Bastian – wie hintergründig auch immer – dessen bewusst, dass er kein phantásisches Wesen ist, sondern aus der Menschenwelt stammt, dass er in seiner phantásischen Existenz stets noch ein Anderer, ein Fremder bleibt. Das im Traum noch vorhandene Ich-Bewusstsein aber verdankt sich allein der Erinnerung an die reale Existenz des Träumenden, die auch im Traum nicht ganz erloschen sein darf. Das Vorhandensein einer solchen Erinnerung ist also die letztendliche Voraussetzung dafür, überhaupt Wünsche zu haben, d.h. Impulse des Unbewussten wahrzunehmen und zu befolgen. So stellt der Affe Argax fest: »[...] wünschen kannst du nur, so lang du dich an deine Welt erinnerst.« (S. 366) Bastians zahlreiche Vorgänger in Sachen Thronbesteigung, die Bewohner also der »Alten Kaiser Stadt«, die nicht in ihre Wirklichkeit zurückkehren wollten, hatten dementsprechend keine Wünsche mehr, wodurch ihnen eine Rückkehr endgültig versagt war (S. 365).

Das Fatale von Bastians Traumreise besteht nun darin, dass mit jeder Wunscherfüllung ein Stück der Erinnerung an seine wirkliche Welt verloren geht. Je schwächer aber die Erinnerung wird, desto mehr nimmt die Fähigkeit zu wünschen ab, desto geringer wird die Zahl der zur Verfügung stehenden Wünsche. Ohne eine Erfüllung von Wünschen durch den »Gebrauch von AURYN« aber kann sich keine Fortsetzung der Reise ergeben, womit letztlich auch die Menschenwelt nicht erreicht werden kann. Die Möglichkeiten einer gedeihlichen Beendigung des Traums, eines gefahrlosen Ausstiegs aus der Traumwelt, verringern sich damit auf dramatische Weise. Bastian ist sich dessen bewusst, wie prekär seine Lage geworden ist: »Er wußte […], daß ihm nur noch wenige Wünsche blieben […]. Die wenigen Erinnerungen, die ihm noch verblieben waren, durfte er nur opfern, wenn er dadurch seiner Welt näher kam […].« (S. 371) Bastian hat, so könnte man zu bedenken geben, dieses Dilemma dadurch selbst verschuldet, dass er falschen Wünschen des Unbewussten gefolgt, dass einer Faszination durch unheilvolle Archetypen vorübergehend erlegen ist. Dagegen meinten wir einwenden zu können, dass seine Abirrungen einen notwendigen Umweg, eine unersetzliche Erfahrung darstellen. Damit hätten wir es nicht mit einem zufälligen, sondern mit einem schlechthin unvermeidlichen Dilemma zu tun: Wer immer – in Träumen, Visionen oder sonstigen Ekstasen – in eine Konfrontation mit Inhalten des kollektiven Unbewussten gerät, läuft Gefahr, von diesen überwältigt zu werden. Er riskiert eine Auslöschung seines bewussten Ichs. In der Bildsprache des Romans heißt dies, dass Bastians Rückkehr in seine Welt keineswegs garantiert ist, sondern auch scheitern kann.

Übung in Demut

Nach dem misslungenen Versuch, sich zum Herrscher Phantásiens aufzuschwingen, nach der gescheiterten Verabsolutierung des bewussten Ichs, kommen in Bastian Wünsche auf, die auf die Einnahme einer bescheideneren Ich-Position abzielen. Der erste Wunsch lautet, »zu irgendeiner Gemeinschaft zu gehören« – und zwar »nicht als Herr oder Sieger oder überhaupt als ein besonderer, sondern nur als einer unter anderen, vielleicht als der Kleinste oder am wenigsten Wichtige« (S. 371f.). Im Seefahrervolk der Yskálnari stößt Bastian auf ein mythisches Volk, in welchem die Gemeinschaft alles und der Einzelne nichts zählt. Nach seiner Aufnahme kommt in Bastian eine »unbeschreibliche Empfindung von Selbstvergessenheit und Harmonie« auf (S. 376). Er ist mit anderen Worten ins gegenteilige Extrem verfallen, und so nimmt es nicht Wunder, dass ihn sein nächster Wunsch zum Verlassen dieses Volks veranlasst: Es ist der Wunsch, »ein einzelner [zu] sein«, ein

»Jemand«, nicht wie alle anderen, sondern einzigartig, »unersetzlich« – und zwar nicht bloß für sich, sondern auch in den Augen eines oder aller anderen: »Er wollte gerade dafür geliebt werden, daß er so war, wie er war.« (S. 377). Ersehnt wird von Bastian ein in jeder Hinsicht bedingungsloses Geliebt-Werden, das an keinerlei Erwartungen geknüpft ist. Es ist dies eine Form der Zuwendung, wie sie jedes Kind vonseiten seiner Mutter erfahren sollte und die ein Urvertrauen schafft als unerlässliche Voraussetzung für eine stabile Ich-Position. Diese elementare Form der Zuwendung erfährt Bastian im »Änderhaus« der Dame Aiuóla.[99] Um diese mütterliche Liebe erfahren zu können, muss er sich in ein Kind, einen »Buben« zurückverwandeln: »Großer Herr, sei wieder klein! / Sei ein Kind und komm herein!« (S. 383) Am kindlichen Menschen treten sinnfällig weitere allgemeinmenschliche Züge hervor: seine Schwäche und Hilfsbedürftigkeit, sein Verlangen nach »Fürsorge und Zärtlichkeit«, seine Vertrauensseligkeit und seine Bereitschaft zu gehorchen.

Wie zuvor die Konfrontation mit dem Gemeinschaftsmythos, so bedarf auch diejenige mit der archetypischen Mutterimago einer Grenzziehung, ohne die das Ich in Gefahr geriete, verschlungen zu werden. Diese Abgrenzung leistet der jeweils neu auftauchende Wunsch, der jetzt lautet, Zuneigung nicht bloß empfangen, sondern selbst äußern, selbst lieben zu können. Bemerkenswerterweise lässt die Dame Aiuóla diesen neuen Wunsch, der ihr ja den Verlust ihres Pflegekindes beschert, nicht nur zu; sie bescheinigt Bastian darüber hinaus, damit endlich seinen wahren Willen gefunden zu haben: »[…] dein wahrer Wille ist es zu lieben.« (S. 394) In diesem Wunsch sind die beiden vorausgegangenen archetypischen Erfahrungen nicht negiert, sondern aufbewahrt: In der Liebe stellt sich eine zwischenmenschliche Beziehung, eine Gemeinschaft her, die auf der wechselseitigen Anerkennung der Individualität beider Seiten beruht. In der dritten Station, dem »Bergwerk der Bilder«,[100] wird Bastian mit der Existenz des persönlichen Unbewussten konfrontiert, womit eine Seelenschicht gemeint ist, in der »die vergessenen Träume aus der

Menschenwelt« aufbewahrt sind (S. 401) und die gleichzeitig die Möglichkeit eröffnet, diese wieder ins Bewusstsein zu heben. In anstrengender Sucharbeit gelingt es Bastian, eine für ihn lebensbedrohliche Verdrängung rückgängig zu machen: Es handelt sich um das Gefühl der Liebe zu seinem Vater, den er in einem der Glastafelbilder entdeckt, ohne ihn zunächst zu erkennen (S. 405).

In diesen letzten beiden Reiseetappen gewinnt Bastians Traum erstmals wieder eine gewisse Transparenz in Richtung seiner realen familiären Situation. So kann es nicht verwundern, dass bei der Begegnung mit der archetypischen Mutterimago Erinnerungen an die eigene Mutter auftauchen. Beim ersten Erblicken der Dame Aiuóla meint Bastian, seine verstorbene Mutter vor sich zu haben, um sich sogleich zu korrigieren: »Diese Frau hatte zwar dasselbe Lächeln und dieselbe vertrauenerweckende Art, einen anzusehen, aber die Ähnlichkeit war höchstens die einer Schwester«. Außerdem ist sie im Gegensatz zur kleinen Mutter »groß und irgendwie imposant« – eine archetypische Gestalt eben (S. 384). Während seines Aufenthaltes im Bergwerk der Bilder stößt er schließlich auf das Bild seines Vaters, der das einzig verbleibende Liebesobjekt des Zehn- bis Elfjährigen darstellt. Diese Durchsichtigkeit von Bastians Traum darf als ein Anzeichen dafür gelten, dass sein Aufenthalt in Phantásien sich seinem Ende zuneigt und der Prozess des Erwachens einsetzt. Doch findet auch inhaltlich insofern eine Annäherung statt, als es sich hier um die symbolische Gestaltung und archetypische Repräsentation eines in der Kindheit angesiedelten psychologischen Prozesses handelt: um das Aufbrechen der Mutter-Kind-Dyade durch den Vorgang der Triangulierung, durch das Eindringen des Vaters in die Mutter-Kind-Beziehung.

Rettung des Retters

Nun wäre daran zu erinnern, dass mit jeder Wunscherfüllung ein Stück der Erinnerung an die eigene Welt verloren geht. Nach seinem Aufenthalt im Bergwerk der Bilder weiß Bastian nicht einmal mehr den eigenen Namen. Dafür hat er das Bild des Mannes, der anscheinend nach ihm verlangt, in der Hand, welches ihm den weiteren Weg weisen wird. »Wenn du es verlierst oder wenn es zerstört wird, dann ist für dich alles zu Ende. Denn in Phantásien bleibt dir nun nichts mehr.« (S. 406) Wie groß der Erinnerungsverlust auch sein mag, so hat Bastian doch etwas erreicht, das keinem der vorherigen Romanhelden – weder Jim Knopf noch Momo – gelungen ist: Er hat einen beschwerlichen Weg beschritten, an dessen Ende er aus eigener Kraft den Klauen des Unbewussten entwischen, der magischen Anziehungskraft archetypischer Gestalten entkommen könnte. Wir als Leser bangen mit dem Romanhelden und klammern uns an den letzten Hoffnungsschimmer. Als Leser der vorherigen Romane ahnen wir jedoch, dass nicht sein kann, was nicht sein darf: Phantásien wird Bastian sehr wohl entkommen lassen, aber nicht aus eigener Kraft. Er wird im allerletzten Augenblick von einer seiner kapitalen Fehlhandlungen eingeholt: Die von ihm selbst in diese Gestalt verwandelten Clowns-Motten, die Schlamuffen, suchen ihn heim und verlangen die Rückverwandlung.[101] Der Held ohne Erinnerung, infolgedessen auch ohne Wünsche und ohne Macht in Phantásien, ist dazu nicht mehr in der Lage. Die phantásischen Wesen rächen sich, wobei das Vaterbild in Bastians Händen zu Staub zerfällt: »Nun war alles verloren. Es gab nichts mehr, was ihn den Weg zum Wasser des Lebens führen konnte.« (S. 409)

Der glückliche Ausgang des Romans (siehe Abb. 11) stellt sich auch hier mittels eines *deus ex machina* ein: Atréju und Fuchur tauchen auf und übernehmen die Handlungsführung, die Bastian entglitten ist. Aus dem Glanz des Amuletts AURYN, das Bastian Atréju demütig zu Füßen legt, erwächst eine Kuppelhalle, in welcher die Abschiedszeremonie und der Übergangsritus stattfinden werden. Weil Bastian ohne Erinnerung ist, wird ihm zunächst der Eintritt verwehrt. Da nennt Atréju stellvertretend für Bastian dessen Namen. Der Gefährte habe all das in seinem Gedächtnis aufbewahrt, was Bastian ihm über seine Welt erzählt habe, wodurch er zum Aufbewahrer von Bastians Erinnerungen wurde. Schlussendlich spricht er Bastian von aller Schuld frei und vergibt

Abb. 11: Illustrierte Initiale von Roswitha Quadflieg zu Kapitel XXVI »Die Wasser des Lebens«

ihm: »Wir hatten beide Recht […] und haben uns beide geirrt.« (S. 415)[102] Bastian erhält jetzt Zutritt zum Wasser des Lebens, wobei es wiederum Atréju ist, der ihn zum Springquell geleitet. Auf dem Weg dorthin legt Bastian »alle wunderbaren phantásischen Gaben« ab und nimmt seine ursprüngliche Gestalt wieder an. Er erlebt einen »Zustand völliger Unsicherheit«, in welchem er nicht weiß, zu welcher Welt er gehört, und aus dem ihn erst das Baden in und Trinken aus dem Springquell befreien. Er gerät hierdurch in einen euphorischen Zustand der »Freude zu leben und Freude, er selbst zu sein. Denn jetzt wußte er wieder, wer er war und wohin er gehörte.« (S. 416)

Was hier beschrieben wird, ist ein nur vorübergehend irritierendes, ansonsten aber glückliches Erwachen aus einem Traum, wobei dessen Welt noch nicht ausgelöscht, sondern festgehalten wird. Für eine gewisse Zeitspanne, so ließe sich sagen, wird der Nachttraum als Tagtraum fortgesetzt: Bastian ist wieder der Schuljunge und Zahntechnikersohn und wähnt sich nichtsdestotrotz noch in Phantásien. So kann Atréju ihn als denjenigen wiedererkennen, den er im »Zauber Spiegel Tor« erblickt hatte (S. 417). Dafür, dass wir es mit einer Tagtraumepisode zu tun haben, spricht nicht zuletzt auch die reichlich sentimentale Abschiedsszene, in der sich beide Jungen um den Hals fallen und versprechen, einander die Treue zu bewahren (S. 418).

Auch in der Endphase von Bastians Traumreise zeigt die phantásische Welt einen höchst zwiespältigen Charakter: Als Reich des Unbewussten, als Sphäre der archetypischen Gestalten und rituellen Vorgänge, weist sie zum einen beängstigende und bedrohliche Züge auf, neigt sie dazu, das bewusste Ich zu überwältigen, es mit ihren Inhalten zu besetzen und zu beherrschen. In den rachsüchtigen Schlamuffen nimmt diese dunkle Seite des Unbewussten am Schluss noch einmal auf bedrohliche Weise Gestalt an. Zum anderen erweist sich das Unbewusste als eine energetische Kraft, die das bewusste Ich nicht nur bestärken, sondern auch für dessen Bestand und Festigkeit sorgen kann – und dies in einem Ausmaß, in dem das Ich selbst dies nicht zu leisten imstande ist.

Das glückliche Erwachen aus einem nächtlichen Abtauchen in die Tiefenschichten des Unbewussten darf das bewusste Ich sich allerdings nicht als Eigenleistung zuschreiben; es verdankt dieses selbst noch einmal dem eigenen Unbewussten, dem es deshalb mit Ehrfurcht und Demut begegnen sollte. Der Retter Phantásiens muss selbst gerettet werden. Bastians abschließende Empfindung, wieder er selbst zu sein, verdankt sich nicht einer freien Selbstergreifung, einer absoluten Selbstsetzung; sie erweist sich im Gegenteil als eine gütige Gewährung durch die unbewussten und unzugänglichen Schichten des Selbst.[103] Michael Endes tiefes Misstrauen gegenüber dem autonomen verständigen Subjekt der Moderne, das sich die Beherrschung von Mensch, Welt und Kosmos anmaßt, macht sich auch am Schluss der Traumreise durch Phantásien bemerkbar.

Glückliches Erwachen aus dem Traum

Nach unserer Lesart ist Bastian mit dem Ablegen seiner phantásischen Insignien und dem Bad im Wasser des Lebens zwar bereits dabei, aus seinem Traum aufzuwachen; er hat aber die phantásische Welt noch nicht verlassen. Er hat mit anderen Worten seinen nächtlichen Traum ins allmähliche Erwachen verlängert und damit einem Tagtraum angenähert. Um zu klären, in welchem Zustand sich Bastian nach dem Aufwachen und der Rückkehr in seine Lebenswelt befindet und in welchem Maße sich sein jetziges Befinden von demjenigen vor dem Einschlafen unterscheidet, gilt es, sich streng an die Figurenperspektive zu halten und Bastians bewusstes Erleben nicht zu vermengen mit einer von außen kommenden Interpretation dieses Vorgangs. Dass die *Unendliche Geschichte* in beträchtlichem Maße von Annahmen Gebrauch macht, die der Tiefenpsychologie eines C.G. Jung entnommen sind, und ohne Bezug auf diese nicht schlüssig interpretiert werden kann, dürften unsere bisherigen Ausführungen deutlich gemacht haben. Einzelne Interpreten, die uns in dieser Hinsicht vorausgegangen sind, haben speziell C.G. Jungs Lehre von der Individuation für eine Deutung von Michael Endes Roman fruchtbar zu machen versucht, wobei an erster Stelle Helmut Gronemann zu nennen wäre. Eine gewisse Verwandtschaft mit diesem Zugang weisen all jene Interpretationen auf, die die *Unendliche Geschichte* als einen Entwicklungs- oder gar Bildungsroman auffassen. Bevor wir hierauf eingehen, sei die Aufmerksamkeit erst einmal auf den abschließenden Handlungsverlauf gelenkt.

Rückkehr zu sich selbst

Der entscheidende Unterschied zu früher besteht darin, dass Bastian sich seiner wiedergewonnenen ursprünglichen Gestalt nicht mehr schämt. Er leidet nicht mehr unter seiner unattraktiven äußeren Erscheinung und seiner eigenwilligen Wesensart. Er fühlt sich wie »neu geboren«, aber nicht, weil er »sein altes Leben völlig abgelegt« und ein neues Leben begonnen hat.[104] Im Gegenteil: »Und das Schönste war, daß er jetzt genau der sein wollte, der er war.« (S. 416) Bastian macht sich über diesen radikalen Stimmungswandel keine Gedanken; zu sehr ist er von seinem jubilierenden Selbstgefühl eingenommen, um nach Erklärungen zu suchen. So bleibt es uns Lesern vorbehalten, nach Gründen für das neue Selbstgefühl des Protagonisten zu suchen. Mit erkennbarer Erleichterung hebt Bastian hervor, jetzt wieder zu wissen, wer er ist und wohin er gehört. Dies ergibt nur dann einen Sinn, wenn er davor, d.h. während seiner Traumreise, eben nicht mehr er selbst, sondern ein anderer gewesen ist. Tatsächlich handelt es sich, wie bereits ausgeführt, bei dem menschlichen Eindringling in Phantásien nicht mehr um einen zehn- bis elfjährigen Jungen. Bastian hat sich in einen mythischen Helden unbestimmten, doch keinesfalls mehr kindlichen Alters verwandelt.[105] Außerdem ist der phantásische Bastian in eine Vielzahl von Angelegenheiten verstrickt, die mit der Lebenssituation eines Schuljungen wenig zu tun haben. Zwar ist der träumende Junge der Held seines Traumes, doch scheint er sich in dieser Rolle im Nachhinein fremd zu fühlen. So ist es durchaus nachvollziehbar, dass das Heraustreten aus dieser bisweilen unheimlich anmutenden Traumexistenz von Bastian als Befreiung erlebt wird und sein bisheriges tristes Dasein in einem neuen, einem rosigen Licht erscheinen lässt: »Wenn er sich unter allen Möglichkeiten eine hätte aussuchen dürfen, er hätte keine andere gewählt.« (S. 416)

Ein weiterer Grund für Bastians Glücksgefühl scheint uns in dem überaus glücklichen Ausgang seines Traums zu liegen. Zu denken wäre hier in erster Linie an die abschließende Versöhnung mit Atréju und Fuchur. Der phantásische Bastian hatte schwere Schuld auf sich geladen, hatte er doch Atréju im Kampf eine tiefe Wunde zugefügt. Atréju ist nun bereit zu vergeben, womit er Bastian von seinen Schuldgefühlen befreit. Im Roman wird dieser entscheidende Schritt eher beiläufig erwähnt und so getan, als hätte sich nicht nur einer, sondern beide falsch verhalten, was in unseren Augen nicht zutrifft. Bastian hat die Vergebung durch Atréju, so meinen wir, nicht wirklich verdient. Er zeigt seltsamerweise nicht einmal Schuldgefühle hinsichtlich seines Vergehens – es müssen erst die Schlangen an seine Schuld erinnern – und so bittet er auch gar nicht um Vergebung (S. 415). Umso größer fällt seine Erleichterung aus, noch einmal davongekommen, aus seinen schuldhaften Verstrickungen entlassen worden zu sein. So kann er ohne Bürde in sein waches Dasein zurückkehren.

Rückblickend lässt sich jetzt erkennen, dass die letzten Traumsequenzen einem glücklichen Erwachen des Träumenden durchaus zugearbeitet haben: Im Änderhaus der Dame Aiuóla erfährt Bastian die bedingungslose liebevolle Annahme, wie es sie nur in der Mutter-Kind-Dyade geben kann. Man darf schlussfolgern, dass Bastian diese erneut erfahrene Zuneigung und das damit wiederhergestellte Urvertrauen mehr oder weniger unbewusst mit in sein waches Dasein nimmt und auf diese Weise den Verlust der Mutter emotional ein Stück weit ausgleichen kann. Der Aufenthalt im Bergwerk der Bilder bewirkt ein Wiederaufblühen seiner Zuneigung zum Vater. Die Liebe zwischen Vater und Sohn war, wie zu Beginn des Romans dargestellt, zwar erkaltet, doch keineswegs erloschen, sondern bloß verdrängt. Letzteres äußert sich in Bastians wachsendem schlechten Gewissen dem Vater gegenüber: Der Ausreißer ahnt, welche Verletzung er dem Vater mit seinem Verschwinden zugefügt, welchen Schmerz er ihm bereitet haben könnte. Mehrfach versucht er sich einzureden, dass dem Vater sowieso alles gleichgültig sei (S. 63). Später erwägt er, ob sich der Vater nicht doch Sorgen um ihn machen könnte (S. 93), um dann zu dem abwehrenden Schluss zu kommen: »Vielleicht ist er sogar froh, mich los zu sein.« (S. 290) Diesen Äußerungen ist die Enttäuschung darüber anzumerken, dass der Vater seine Zuneigung nicht erwidert hat. Gleichzeitig spürt er jedoch, dass die Unterdrückung der eigenen Zuneigung zum Vater nicht nur seiner Vaterbeziehung, sondern auch ihm selbst geschadet hat. Auch von dieser Bürde befreit ihn sein Traum, und so hegt er spontan den Wunsch, dem Vater etwas vom Wasser des Lebens mitzubringen (S. 417), um auch ihn aus der emotionalen Erstarrung zu befreien.

Bastian erwacht aus seinem Traum mit einem neuen, bislang nicht dagewesenen Selbstvertrauen und gleichzeitig mit dem Willen, seine Gefühle für andere, an erster Stelle seine Zuneigung zum Vater, nicht mehr zu ersticken, sondern auszuleben. Wir halten dies für eine nachvollziehbare Wandlung, die einem zehn- bis elfjährigen Jungen in einer solchen Situation durchaus ansteht. Eine derartige Veränderung kann sich sehr wohl nach einem einschneidenden Erlebnis, einem punktuellen Ereignis, nach einem Tag und einer Nacht also, einstellen. Der Roman ist hier nach unserer Auffassung wieder in die psychologisch-realistische Darstellungsweise des Beginns eingeschwenkt.

Rückkehr des verlorenen Sohnes

Zur Sprache gekommen ist bisher jedoch nur Bastians neues inneres Befinden, seine neue subjektive Verfassung, und so fragt sich noch, wie seine Umwelt darauf reagieren wird. Der Erste, dem er begegnet, ist – wie kann es anders sein? – der Vater. Dieser kommt ihm aus eigenem Antrieb entgegengelaufen: »Er breitete die Arme aus, und Bastian warf sich hinein. Der Vater hob ihn hoch und trug ihn in die Wohnung.« (S. 421) Überschwänglicher ist ein solcher Empfang kaum denkbar und man fühlt sich unweigerlich an die biblische Parabel vom verlorenen Sohn erinnert. Dabei hätte der Vater allen Anlass gehabt, zornig zu reagieren. Wir sehen hierin ein untrügliches Anzeichen dafür, dass auch auf Seiten des Vaters eine Wandlung stattgefunden hat: Das Verschwinden des Sohnes war ihm mitnichten gleichgültig, sondern hat ihn zu einer aufwendigen Suchaktion veranlasst. »Ich bin fast verrückt geworden aus Sorge um dich.« (S. 422) Es ist ganz und gar nachvollziehbar, dass solcherlei Verlustängste um das eigene Kind ein plötzliches Aufbrechen zuvor erkalteter zwischenmenschlicher Gefühle bewirken können. Für die Wandlung des Vaters und das Wiederaufleben seiner Zuneigung zum Sohn dürften diese wahrlich Anlass genug sein; eine durchwachte Nacht voller schlimmster Befürchtungen reicht hierzu vollkommen aus.

Nach der Erfahrung der wiedererwachten väterlichen Zuneigung, die übrigens auch mütterliche Züge trägt,[106] stellt sich für den Sohn die Frage, ob der Vater ihn auch in seinen sonderbaren Eigenschaften und Verhaltensweisen bereit ist anzunehmen. Bastians hervorstechendster Charakterzug war seine Neigung gewesen, durch Buchlektüre oder freies Geschichtenerfinden in Phantasiewelten abzutauchen und der Realität zu entfliehen. Dieses Übergewicht des Phantasierens war bei seiner Umwelt auf Ablehnung gestoßen und hatte ihn zum Außenseiter unter Gleichaltrigen gemacht. So verwundert es nicht, dass er seinem Vater sogleich in größter Ausführlichkeit all das berichten will, was er in Phantásien erlebt hat. Die Reaktion des Vaters bezeugt ein weiteres Mal dessen plötzlichen Einstellungswandel: »Der Vater hörte ihm zu, wie er ihm noch nie zugehört hatte. Er verstand, was Bastian ihm erzählte.« (Ebd.) Den Nachsatz legen wir in der Weise aus, dass der Vater den Bericht seines Sohnes nicht als wirre Phantasterei abtut, sondern ganz und gar ernst nimmt – zumindest nach außen hin, seinem Sohn gegenüber, denn was er wirklich denkt, wird uns vorenthalten. Die Tränen kommen ihm an der Stelle, an der Bastian vom Wasser des Lebens spricht, das er seinem Vater mitbringen wollte. Damit ist eine bislang nicht dagewesene Intensität in der Vater-Sohn-Beziehung erreicht: »[...] von jetzt an wird alles anders werden mit uns, meinst du nicht?« (Ebd.)

Eine Anerkennung seines überbordenden Phantasierens erfährt Bastian noch von einer anderen Seite: Der Antiquar Koreander fordert Bastian auf zu berichten, wobei er »immer größeres Interesse bekundete und immer noch Genaueres erfahren wollte«. Auch hier fragt Bastian zur Sicherheit noch einmal nach: »Dann glauben sie mir also?« Und erhält zur Antwort: »Selbstverständlich, [...] jeder vernünftige Mensch würde das tun« – eine Antwort, mit der der Junge nicht gerechnet hat (S. 425f.). Der Antiquar nimmt Bastians Bericht nicht nur ernst; er fordert den Jungen darüber hinaus auf, seiner Neigung zum Phantasieren auch in Zukunft treu zu bleiben. Zu Mondenkind könne er zwar nicht ein weiteres Mal gelangen: »Aber wenn du ihr einen neuen Namen geben kannst, wirst du sie wiedersehen.« Und dies könne so oft geschehen, wie ihm ein neuer Name einfallen würde (ebd.). Schließlich bemerkt Korenader noch, dass es sich bei dem von Bastian entwendeten und auf dem Schulspeicher gelesenen Buch mit dem Titel »Die unendliche Geschichte« um ein »Zauberbuch« gehandelt habe, von dem es mehrere Exemplare gebe, das aber niemandem gehöre (S. 427). Auch hier wird uns vorenthalten, was der Antiquar wirklich denkt. Es kommt wohl in erster Linie darauf an, Bastian von einer weiteren Schuld zu befreien – der nämlich, einen Diebstahl begangen zu haben.

Man könnte an dieser Stelle den Eindruck gewinnen, dass sich sowohl der Vater als auch Koreander Bastian gegenüber in gewisser Weise rücksichtsvoll pädagogisch verhalten und sich dabei möglicherweise ein Stück weit verstellen. Die geschilderten Reaktionen der beiden Erwachsenen scheinen jedenfalls das vorwegzunehmen, was anderthalb Jahrzehnte nach Erscheinen von Michael Endes Roman als neue Phantasiepädagogik (wieder) ins Gespräch gebracht wurde. Ausgegangen wird hier von der »großen Bedeutung der Phantasiebetätigung für das Leben der Kinder und damit auch ihre[r] ganze[n] weitere[n] Entwicklung in den verschiedensten Persönlichkeitsdimensionen«. Es gelte die Phantasie des Kindes ernst zu nehmen und deren hingebungsvolles Phantasieren nicht als schädlich abzutun, was leider nur zu oft geschehe. Gewöhnlich würden »die Kinder immer wieder vorschnell aus ihren Phantasien herausgeholt und auf die sogenannte Realität […] hingelenkt«. »Für die Kinder bedeutet diese Ignorierung ihres Phantasierens durch die Erwachsenen eine Entwertung, nicht nur der Phantasie, sondern […] zugleich eine Abwertung ihrer Erlebensweise und letztlich ihrer selbst.« Die Erwachsenen sollten sich stattdessen »auf die Phantasie der Kinder ein[lassen]« und »selber mitphantasier[en]«. Neben dem »Ernstnehmen« und dem »Mitphantasieren« sollten außerdem Anlässe geschaffen werden, »die die Betätigung der Phantasie fördern«. Ein besonders geeignetes Mittel sei dabei »das Erzählen von Geschichten« für Kinder und von Kindern selbst.[107] Mit diesen Ausführungen fühlt man sich in die Schlussszenen von Michael Endes *Unendlicher Geschichte* versetzt, die sich wie eine vorwegnehmende praktische Umsetzung dieser Phantasiepädagogik ausnehmen. Dass es sich für Michael Ende dabei aber nicht nur um eine pädagogische, d.h. nur mit Blick auf Kinder angebrachte Haltung handelte, wird sich weiter unten zeigen.

Ein Lebensbereich Bastians wird in den Schlussszenen des Romans allerdings ausgespart: Wie sich Bastians Rückkehr in die Schule und in den Kreis der Gleichaltrigen ausnehmen könnte, wird nicht mehr thematisiert. Man darf hieraus wohl schließen, dass in diesem Bereich keinerlei Veränderungen zu erwarten sind. Die ablehnende und ausgrenzende Haltung seiner Mitschüler ihm gegenüber dürfte aller Wahrscheinlichkeit nach fortbestehen, so dass hier nichts Neues zu berichten wäre. Bastian wird der unsportliche Außenseiter und spintisierende Sonderling bleiben, als den wir ihn zu Beginn des Romans erlebt haben. Unbeschadet dessen hat Bastian durch seine Schulflucht und sein Ausreißen von zu Hause zweifelsohne einiges, ja, vieles gewonnen. Dass er quasi über einen Tag und eine Nacht einen Prozess der Selbstwerdung oder gar einen weitausholenden Bildungsprozess absolviert haben soll, halten wir allerdings für sehr weit hergeholt, wie sich denn aus dem Text auch keinerlei Anhaltspunkte hierfür ergeben.

Selbstwerdung und Individuation?

Für Helmut Gronemann bedeuten die von Bastian zunächst lesend nachverfolgten, dann geträumten Vorgänge in Phantásien an erster Stelle eine Auseinandersetzung mit seinem »Schatten«, dessen Verkörperung Atréju sei. Sodann werde in der zweiten Romanhälfte eine bildhafte Darstellung seiner Individuation geboten. Nach C.G. Jung ist das »Ziel des Individuationsprozesses [...] die Synthese des Selbst«. Dabei ist das Selbst »jene Gestalt, die aus der Synthese der bewußten und der unbewußten Persönlichkeitselemente hervorgeht«.[108] Laut Gronemann hat Bastian »durch die vielen Träume und Visionen [...] so viel Kenntnis von seinem Selbst erhalten, dass er in der Lage sein wird, es zu verwirklichen«. Wenig später heißt es: »Bastian hat gelernt, daß er nicht nur aus Bewußtsein, dem Ich besteht, sondern auch verborgene, unbewußte Möglichkeiten in sich trägt [...]. Diese unbewußten Möglichkeiten helfen ihm nun, den letzten Schritt ins Selbst hinein zu tun. Bastian hat seine Ganzheit erkannt.« Mit der Öffnung des Tors zum Wasser des Lebens könne Bastian »ins Selbst eintreten«.[109] Es spricht tatsächlich einiges dafür, in dem Schlussbild der kreisförmig um das Wasser des Lebens sich windenden Schlangen eine symbolische Repräsentation der angestrebten Ganzheit zu sehen, wie überhaupt Bastians Traum sich als eine Bilderfolge begreifen lässt, die Stationen eines Individuationsprozesses im Sinne C.G. Jungs reflektieren. Wir haben diesen interpretatorischen Weg selber ansatzweise beschritten, wozu uns Helmut Gronemann in vielfacher Weise angeregt hat.[110]

Ob allerdings Bastian in seinem Traum oder gar nach Erwachen aus seinem Traum die Figuren und Ereignisse Phantásiens als »Produkte unbewußter Phantasietätigkeit« wahrnimmt, ob er in diesen wirklich »Selbstdarstellungen von Vorgängen im Unbewußten oder [...] Aussagen der unbewußten Psyche über sich selbst« erkennt, was im Rahmen einer tiefenpsychologischen Analyse stattfinden müsste, scheint uns fraglich zu sein. Wir sind eher der Auffassung, dass auch der lesende und träumende wie später wache Bastian das Gelesene und im Traum Erlebte nicht als Ausfluss des Unbewussten erkennt, sondern als reine Bildwelten, als »mythologische Projektionen« wahrnimmt, die »als mythologische Gestalt[en] [...] neben seinem Bewußtsein« verharren.[111] Der Text enthält allerdings Signale, die es uns Lesern nahelegen, in den Gestalten Phantásiens bildliche Ausdrucksformen von Motiven des kollektiven Unbewussten zu sehen. Diesen Hinweisen zu folgen und das Dargestellte als auch in der eigenen Person angelegte psychische Tiefenkräfte bzw. Archetypen wahrzunehmen und »psychologisch zu realisieren«, d.h. zu erleben, dürfte den Lesern bzw. Interpreten dieses Romans als Angehörigen des psychologischen Zeitalters vorbehalten bleiben. Gronemann spricht die uns vorbehaltene, die tiefenpsychologische Wahrnehmung und Deutung ihrer Erlebnisse auch der Romanfigur Bastian zu. Dass dieser Junge die eigene Selbstwerdung nicht in bewusster Auseinandersetzung mit seinen unbewussten Persönlichkeitsanteilen, sondern im Traum bewerkstelligt, muss als ein Ding der Unmöglichkeit angesehen werden: Die Bewusstmachung, die »objektive Beobachtung« und »Auseinandersetzung mit dem Unbewußten«, ohne die sich keine »Synthese der bewußten und unbewußten Elemente des Erkennens und Handelns« ergeben kann, kann nur im wachen Zustand vollzogen werden.[112]

So fragt es sich, ob nicht Bastian wenigstens nach seiner Rückkehr in die taghelle Wirklichkeit dazu übergeht, seinen nächtlichen Traum als Botschaft des eigenen Unbewussten wahrzunehmen und sich mit dessen Inhalten auseinanderzusetzen. Dem Autor ist jedoch nur zu bewusst, dass eine solche retroperspektive Traumanalyse jenseits der spontanen Möglichkeiten eines Zehn- bis Elfjährigen liegt. Zwar wissen wir nicht, was Bastian seinem Vater und später Herrn Koreander über seinen Aufenthalt in

Phantásien berichtet, doch ist es höchst unwahrscheinlich, dass er das Erlebte dabei zugleich auch selbsttherapeutisch deutet als Schritte auf dem Weg zur eigenen Individuation. Es dürfte im Gegenteil davon auszugehen sein, dass Bastian seine Erlebnisse in eben der Art und Weise berichtet, wie sie von den potentiellen gleichaltrigen Lesern dieses Romans aufgefasst worden sind: nämlich als eine Folge fesselnder phantastischer Abenteuer ganz nach des Jungen Geschmack. Auch wenn der vom Schuljungen Bastian klar unterschiedene phantásische Bastian eine Entwicklung durchmacht, die sich durchaus als mythologische Darstellung eines Individuationsprozesses ausweisen lässt, wird diese doch von ihm nicht als solche wahrgenommen, geschweige denn, dass der realweltliche Bastian hieraus Anstöße für eine Weiterentwicklung der eigenen Persönlichkeit bezöge. Bei keiner der Figuren des Romans kann von einer Selbstwerdung im Sinne C.G. Jungs, einer abgeschlossenen Individuation, die Rede sein; unbeschadet dessen kann Bastians Traum als die in »mythologischer Gestalt und Antizipation« gebotene Darstellung einzelner Stadien der Selbstwerdung gelesen und gedeutet werden – und zwar von uns als Lesern des Romans.

Entwicklungs- oder Bildungsroman?

Andere Interpreten sehen in der *Unendlichen Geschichte* einen Entwicklungsroman bzw. einen Bildungsroman vorliegen. Als das Subjekt des vermeintlich geschilderten Entwicklungs- bzw. Bildungsprozesses wird in allen Fällen der Schuljunge Bastian beansprucht. Michael Endes Roman biete, so Heidi Aschenberg 1991, »die Geschichte eines Jungen, der im Verlauf seiner Erlebnisse und Abenteuer zu einer neuen Identität findet«. In der »Phantasiewelt« erfahre sich der Junge insofern als ein »anderer Mensch«, als alle seine vormaligen »negativen Eigenschaften […] gegen positive eingetauscht« worden seien. Zwar verliere der Junge all diese hinzugewonnenen Errungenschaften wieder, doch werde er sich schließlich »seines ›Wahren Willens‹ und damit seiner eigentlichen Identität bewußt«. Wie für die Gattung des Entwicklungsromans typisch, verlaufe die Entwicklung nicht geradlinig: Bastian verstricke sich »so sehr in seine imaginären Projektionen, daß er den Bezug zur Lebenswelt zu verlieren« drohe. »In der Schilderung der für Bastians Entwicklung gleichwohl notwendigen Irrwege treten all jene Gefahren zutage, die das Erreichen des Bildungsziels erschweren, wenn nicht sogar verhindern.« Wie aber sieht die im Roman angeblich erfolgte »inhaltliche Festlegung des angestrebten Bildungsziels« aus? »Weder die rückhaltlose Flucht in die Welt der Fiktion noch das sich der Phantasie verschießende Verharren in der Welt der gelebten Wirklichkeit kann als zufriedenstellender Lebensentwurf gelten.« Im Roman werde demgegenüber »die Vermittlung beider Welten [...] als unendliche Aufgabe und als Ideal menschlichen Existierens ausgezeichnet«.[113] Die Nähe des hier proklamierten Bildungsziels zum klassischen Bildungsideal Humboldt'scher Prägung ist unübersehbar.

Eine ähnliche Position vertritt Martin Götze 2008 – in Beschränkung allerdings auf den zweiten Teil des Romans: »Bastians Reise durch Phantásien ist eine Bildungsreise, die der Selbstentdeckung des Protagonisten dient.« Der Bildungsprozess verlaufe nach dem Muster der »exzentrischen Bahn«, wie es im Anschluss an Hölderlin heißt, als »die Suche nach dem wahren Willen«. Bastian durchlaufe »unterschiedliche Formen des Selbstentwurfs« und absolviere dabei einen »bildungstypischen Lernprozess«: »Sich zum göttlichen Autokraten in der Welt des Scheins zu erheben, bedeutet demnach keineswegs, dem wahren Willen zu folgen.« Aufs Ganze gesehen, führe der Roman »zwei Formen exzentrischer Abweichung« vor: »Nicht nur die Willkürherrschaft der Phantasie über das Bewusstsein führt in dessen Selbstverlust, sondern ebenso die Unterwerfung des Subjekts unter eine Diktatur bloßer Zweckrationalität.« Demgegenüber warte der Roman mit einem »versöhnenden Gegenentwurf« auf: Dieser beinhalte die »Utopie einer Weltordnung, die durch das rechte Verhältnis zwischen Einbildungskraft und Leben bestimmt« werde.[114] Auch hier wird letztlich das klassische Bildungsideal der Goethezeit bemüht.

So beeindruckend beide Interpretationen auch sein mögen, sie werden nach unserer Auffassung vom Ausgang der *Unendlichen Geschichte* in keiner Weise gestützt. Bastians lesende Wiederverlebendigung Phantásiens und dessen anschließende Durchwanderung im Traum bleiben auch in unseren Augen keineswegs folgenlos. Sie zeitigen durchaus eine Auswirkung auf das Leben des Schuljungen; sie lösen aber keine wirklich tiefgreifende persönliche Veränderung aus, geschweige denn, dass sie zu einer abschließenden Vollendung seiner Persönlichkeitsentwicklung führen – sei es in Gestalt einer Selbstwerdung im Sinne C.G. Jungs, sei es in Form einer Annäherung an ein Bildungsideal klassischer Prägung. Der Schuljunge bleibt der, der er zu Beginn des Romans war, und hat lediglich eine veränderte, eine rundum positive Einstellung zu sich selbst gewonnen. Die Fähigkeit zu lieben und die Zuneigung zum Vater besaß er immer schon; sie waren lediglich unterdrückt und bedurften nur einer Befreiung. Ähnlich verhält es sich mit der väterlichen Zuneigung zum Sohn.

Entscheidend scheint uns aber zu sein, dass Bastian die Einseitigkeit seiner Wesensart mitnichten überwindet und erste Schritte zu einer gleichgewichtigen Ausbildung seiner Kräfte unternimmt. Er wird hierzu auch weder vom Vater noch von Koreander angehalten. Beide sind keineswegs bestrebt, Bastians extreme Neigung zum hyperaktiven Phantasieren zu korrigieren und durch eine Förderung realitätsbezogener Einstellungen und pragmatischer Fähigkeiten auszugleichen. Sie bestärken ihn im Gegenteil in seiner einseitigen Phantasieorientierung. Diese wird von Seiten Koreanders nicht nur hingenommen und akzeptiert, sondern allgemeingesellschaftlich betrachtet für nützlich, ja, für notwendig und unersetzlich gehalten. Zu Bastian gewandt bemerkt er abschließend: »[…] wenn ich mich nicht irre, dann wirst du noch manch einem den Weg nach Phantásien zeigen, damit er uns das Wasser des Lebens bringt.« (S. 428)

Es besteht, so darf geschlossen werden, in modernen Gesellschaften ein allgemeiner Bedarf nach Individuen, die ihren Phantasieneigungen nachgeben, sind diese doch befähigt, Phantásien immer wieder aufs Neue zu retten. Damit ist zugleich auch deutlich geworden, dass wir es bei der Reaktion zumindest von Koreander nicht bloß mit einer phantasiepädagogischen Schonung eines Kindes zu tun haben, die sich mit dessen fortschreitendem Alter erübrigen könnte, sondern mit einer grundsätzlichen Haltung. Diese würde implizieren, dass eine Orientierung am klassischen Bildungsideal nicht mit Blick auf alle geboten ist, da die Gesellschaft auch einseitig ausgebildeter Individuen bedarf.

Der Protagonist als Mittel zum Zweck

Wie dem auch sei – Bastians Anerkennung als phantasieaktives Kind am Schluss des Romans erfolgt jedenfalls nicht aus Erwägungen, die seinen weiteren Entwicklungs- oder Bildungsgang betreffen. Ausschlaggebend ist vielmehr die Frage, wofür eine solche einseitige Ausprägung im Allgemeinen und im hier vorliegenden Fall gut und sinnvoll ist. Wir können dabei durchaus von einer Instrumentalisierung Bastians sprechen: Der Roman betrachtet seinen Protagonisten in erster Linie unter dem Gesichtspunkt, inwiefern er dazu taugt, mythische Welten wieder lebendig werden zu lassen. Die weitere Entwicklung des Jungen steht nicht im Fokus der *Unendlichen Geschichte*; ja, sie kann letztlich unberücksichtigt bleiben, weil wir es eben nicht mit einem Entwicklungsroman zu tun haben. Das eigentliche Interesse des Autors gilt nicht dem Schicksal dieses Schuljungen als solchem, sondern dem, was mit Hilfe seiner stark ausgeprägten Imaginationskraft für die krankende Gegenwart erreicht werden kann. Als eigentlicher Held der *Unendlichen Geschichte* muss deshalb nicht Bastian, sondern einzig und allein Phantásien als wiederauferstandene mythische Welt angesehen werden.

Dass seine Jungenfigur letztlich nur als Instrument benutzt wird, scheint dem Autor ein gewisses Unbehagen bereitet zu haben. Um dies ein Stück weit zu kaschieren, hat er die Schul- und Familiengeschichte um Bastian psychologisch so minutiös ausgeführt und dessen Verhalten so dicht motiviert, dass von einer Instrumentalisierung dieser Figur kaum etwas zu spüren ist. Darüber hinaus hat der Autor ihr ein überschwänglich glückliches Ende bereitet, als wollte er sich bei ihr für deren Benutzung zu einem ganz anderen Zweck entschuldigen. Beides ist Michael Ende so überzeugend gelungen, dass sein Roman vielfach, wenn nicht gar überwiegend als abenteuerreiche Entwicklungsgeschichte von Bastian Balthasar Bux gedeutet worden ist. Dennoch kann nicht übersehen werden, dass in der ersten Hälfte des Romans dem Jungen ein Buch in die Hände gegeben wird, das bei aller Faszination und mitreißenden Spannung thematisch im Grunde genommen nichts mit diesem zu tun hat: Der drohende Untergang Phantásiens ist das mythische Bild für eine fatale Auswirkung der rationalistischen Moderne, die dem Jungen so fern wie nur eben denkbar ist. Der Autor hat für diese Diskrepanz gewissermaßen Vorsorge getroffen und den herangezogenen kindlichen Protagonisten so modelliert, dass dies nicht auffällt. Bastians Lektürevorlieben sind denn auch historisch gesehen keineswegs ungewöhnlich: Seit Ende des 18., Anfang des 19. Jahrhunderts sind antike, germanische und nordische Götter- und Heldensagen und sonstige mythologische Stoffe als Jugendlektüre eingeführt. Außerdem zählt der Autor seine Jungenfigur zu der Lesergruppe, die partout auf Lesestoffe aus ist, die mit der eigenen Wirklichkeit nicht das Geringste zu tun haben und ein imaginatives Ausschwärmen in ganz andere, ferne und fremde Welten ermöglichen (S. 25f.). Auch die in der zweiten Romanhälfte präsentierte Traumreise stellt nur zu einem äußerst geringen Teil eine Verarbeitung von lebensweltlichen Problemen des Schuljungen dar; solche kommen wie gezeigt erst zum Tragen, als Bastian sich dem Aufwachen nähert.

Warum Phantásien gerettet werden muss

Wer dennoch daran festhält, die *Unendliche Geschichte* für einen Entwicklungs- bzw. Bildungsroman zu halten, muss unweigerlich zu dem Schluss kommen, dass der Roman eine Fülle überflüssiger Passagen enthält, die sich nicht als symbolisch gestaltete »bildungstypische Lernprozesse« des jungen Protagonisten ausweisen lassen. Erinnert sei hier an die eingangs bereits angeführte Äußerung Heidi Aschenbergs, in der von »überflüssige[n] und die Aufmerksamkeit des Lesers unnötig strapazierende[n] Längungen« die Rede war, die hätten vermieden werden können, wenn der Autor »seine unbekümmerte Fabulierlust in die Disziplin genommen hätte«. Die hier geäußerte Unzufriedenheit mit Michael Endes Roman resultiert unseres Erachtens aus einem Missverständnis in Bezug auf die Hauptintention und die Gesamtkonzeption der *Unendlichen Geschichte*: Das in extenso ausgebreitete phantásische Reich wird im Roman zwar als eine von Bastian zuerst lesend, dann träumend hervorgebrachte und zum Leben erweckte Welt gekennzeichnet; dennoch stellt diese Wach- und spätere Traumimagination in weitaus überwiegendem Maße keine persönliche, sondern eine überpersönliche imaginäre Welt dar. Ist diese einmal wachgerufen, entfaltet sie sich nach eigenen Gesetzen und degradiert das sie hervorbringende Individuum letztlich zum Zuschauer seiner eigenen Hervorbringungen und Schöpfungen. Die phantásische Welt geht eben nur vereinzelt auf persönliche Erinnerungen Bastians zurück und stellt ansonsten eine überpersönliche, allgemeinmenschliche Mythenwelt dar, die als solche zu entfalten das eigentliche Anliegen des Romans ist. Die phantásische Welt mit der Vielzahl ihrer mythischen Gestalten und Handlungsrituale ragt bedeutungsmäßig weit hinaus über Bastians kleine, überschaubare Welt samt ihren Problemlagen.[115] Sie darf weder auf das Persönliche dieses Jungen zurückgeführt, noch aus dessen individuellen Schwierigkeiten abgeleitet werden. Sie besteht keineswegs nur aus den subjektiven Projektionen und Wünschen eines Zehn- bis Elfjährigen. Sie kann auch nicht auf eine wie auch immer geartete psychologische Entwicklungs- und/oder Bildungsfunktion reduziert werden. Ob die Reise nach Phantásien überhaupt eine, und wenn ja, dann welche weiterreichende Bedeutung für den Entwicklungsgang Bastians besitzt, lässt der Roman offen, weil er daran nicht interessiert ist.[116]

Theorie der Fantasy in Romanform

Wenn die ausmalende Schilderung Phantásiens innerhalb des Romans um ihrer selbst willen geschieht, dann fragt es sich, warum Michael Ende nicht den von J.R.R. Tolkien vorgezeichneten Weg eingeschlagen und sich für eine reine, in nichts eingebettete Darstellung seiner mythischen Welt entschieden hat. Warum genügte es ihm nicht, eine geschlossene zweite Welt, eine *secondary world* zu zeichnen? Warum bedurfte es überhaupt der nebenherlaufenden Schuljungen-, Ausreißer- und Rückkehrergeschichte? Die Antwort hierauf lautet, dass Michael Ende mit der *Unendlichen Geschichte* eine komplexere, aus mehreren Aspekten bestehende Intention verfolgt hat. Es ging ihm nicht nur um die Präsentation einer fiktionalen mythischen Welt; er wollte – dies sei zum wiederholten Male hervorgehoben – gleichzeitig deren Entstehungsprozess, deren Hervorbringung reflektieren – und zwar nicht paratextuell, etwa in Form von Kommentaren im Vor- oder Nachwort bzw. eines begleitenden Essays, sondern als Teil der Romanhandlung selbst.

Dabei sollte es nicht um die Generierung solcher Welten im Allgemeinen, sondern um deren Erzeugung speziell unter den Bedingungen der modernen Gesellschaft gehen. Wie wäre ein solcher Schaffensprozess in einer nachmythischen, einer aufgeklärten und rationalistischen Epoche zu denken? Inwieweit können einer solchen Schöpfung unter diesen historischen Bedingungen ein Wirklichkeitscharakter und eine Orientierungsfunktion zugesprochen werden? Weil all diesen Fragen im Roman selbst und mit den Mitteln des Romans nachgegangen werden sollte, war die Einführung einer Romanfigur erforderlich, die in einer Welt wurzelt, die der unseren gleicht. Der Autor musste eine realweltliche Figur einführen, die als das Subjekt der Hervorbringung der mythischen Welt fungieren konnte.[117] Gleichzeitig musste deren schöpferische Leistung aus der inneren Verfassung und den Umweltbedingungen dieser Figur überzeugend hergeleitet werden. Dass die Wahl auf einen zehn- bis elfjährigen Schuljungen fiel, hat nicht zuletzt auch zeitgeschichtliche Ursachen: Die zur Entstehungszeit des Romans vorherrschenden Vorstellungen vom Erwachsensein schlossen ein Leserinteresse für mythische, phantastische oder märchenhafte Stoffe und Traditionen weitgehend aus, so dass auf die Kindheit und deren Lektürevorlieben zurückgegriffen werden musste, wenn man nicht bereit war, erwachsene Außenseiter (wie bspw. Antiquare à la Koreander) hierzu heranzuziehen.[118]

Man kann die mehrdimensionale Absicht Michael Endes auch so beschreiben, dass er einen mythologischen Roman – wir können heute auch sagen: einen Fantasyroman[119] – liefern wollte, der zugleich eine Theorie dieser Romanform bieten sollte. Endes Roman stellt eine mythische Welt aus – Phantásien – und schildert zugleich die Hervorbringung dieser mythischen Welt durch ein menschliches Wesen unserer Tage. Die Hervorbringung ist, wie von uns ausführlich dargestellt, eine zweifache: Sie wurzelt zum einen in der Rezeption zumeist schriftlich überlieferter mythologischer Dichtungen früherer Epochen, deren Stoffe in der inneren Vorstellungswelt des Rezipienten wieder verlebendigt und mit persönlichen Erinnerungen vermischt werden. Sie besteht zum anderen aus der Bewusstmachung von Träumen, die, wenn nicht dieselben, dann doch ähnliche mythologische Inhalte und Motive enthalten. Die mythischen Welten der Fantasy gehen – so die dem Roman eingeschriebene Theorie – zum einen aus einem mehr oder weniger freien Spiel mit der mythologischen Überlieferung hervor, zum anderen aus einer Beschäftigung mit Traumwelten archaischer Inhalte.

Diese Fantasywelten stellen innere Vorstellungswelten dar, die nicht bzw. nicht in erster Linie als Abbildungen äußerer Wirklichkeit, sondern als Formungen und Verbildlichungen von Symbolen des kollektiven Unbewussten zu verstehen sind. Bei Phantásien haben wir es in der ersten Romanhälfte mit einer Welt zu tun, die lediglich lesend in der inneren Vorstellung des wachen Bastian entfaltet wird, während es sich in der zweiten Romanhälfte um eine von Bastian erträumte Welt handelt.[120] Es geht dem Roman, so darf resümiert werden, um Phantásien als Beispiel für eine in der Gegenwart geschaffene mythische Vorstellungswelt, um die Hervorbringungsweisen einer neuen Mythologie des modernen Zeitalters. Die Figur des Bastian wird, wie gesagt, dabei nicht um ihrer selbst willen aufgeboten; sie dient vielmehr dazu, die verschiedenen Arten der Erzeugung mythischer Vorstellungswelten zu demonstrieren.

Gesundung der Menschenwelt

Wenn die *Unendliche Geschichte* sich auch schwergewichtig auf das ›Wie‹, auf die Art und Weise der Hervorbringung neuer Mythologien konzentriert, so enthält sie doch auch einzelne Hinweise, die das ›Wozu‹, sowohl die Notwendigkeit als auch die Auswirkungen und die Bedeutung, anders gesagt: den Sinn und Zweck solcher Handlungen betreffen. In der Bildsprache des Romans läuft dies auf die Frage hinaus, warum es unerlässlich ist, dass sich einzelne Menschen immer wieder auf die Reise nach Phantásien begeben. »Und dann gibt es einige, die gehen nach Phantásien und kehren wieder zurück. Und die machen beide Welten gesund.« (S. 426) Dass Phantásien durch derlei Besuche gerettet, vor der Vernichtung bewahrt und zu neuem Leben erweckt wird, führt der Roman in extenso vor. Warum aber bedarf es überhaupt der Reaktivierung solch neuer mythologischer Vorstellungswelten? Hat der Roman– vornehmlich in Gestalt des Werwolfs Gmork – nicht eindringlich vor dem Missbrauch von wiederaufpolierten Mythen aus archaischer Zeit gewarnt? Sollte man deshalb nicht jenen Recht geben, die Phantásien fürchten und hassen und es deshalb vernichten wollen? Wäre dies nicht das wirksamste Mittel, um die Verbreitung von »Lügen«, die aus dem Missbrauch von Mythen resultiert, zu unterbinden? Dies würde auf eine Missachtung der mythologischen Überlieferung früher Menschheitsepochen hinauslaufen, doch würde in diesem Fall nicht der Zweck die Mittel heiligen? Und warum soll überhaupt nicht nur Phantásien, sondern auch die »Menschenwelt« krank sein? Warum hängt beides miteinander zusammen? Dass das wirkliche Leben an etwas kranke, habe Bastian, so heißt es, »schon immer gefühlt, ohne sich erklären zu können, warum es so war. Er hatte sich nie damit zufriedengeben wollen, daß das Leben so grau und gleichgültig sein sollte, so ohne Geheimnisse und Wunder [...].« (S. 145)[121] Dies ändert sich nach Aussage der Kindlichen Kaiserin für alle diejenigen Menschen, die in Phantásien gewesen und wieder zurückgekehrt sind: Diese hätten »etwas erfahren, was sie nur hier erfahren konnten und was sie verändert zurückkehren ließ in ihre Welt«. Sie seien »sehend geworden, weil sie euch in eurer wahren Gestalt gesehen hatten«. (S. 168)

Könnte damit gemeint sein, dass diese Menschen wieder gelernt haben, mythisch zu denken? Jedenfalls scheinen sie eine Gabe erworben oder vielmehr in sich wiederentdeckt und aktiviert zu haben, die es ihnen ermöglicht, »nun auch ihre eigene Welt und ihre Mitmenschen mit anderen Augen zu sehen«. Sie könnten damit eben das abstellen, was Bastian so unzufrieden gemacht hat: »Wo sie vorher nur Alltäglichkeiten gefunden hatten, entdeckten sie plötzlich Wunder und Geheimnisse.« Je »reicher und blühender« die phantásische Welt dank der menschlichen Besucher werde, um so »vollkommener« werde auch die Menschenwelt (ebd.). Die Rückkehrer aus Phantásien könnten, darauf scheinen diese Äußerungen hinauszulaufen, etwas vollbringen, das seit den Tagen der Romantik als Utopie am Endpunkt der Geschichte aufscheint: die Wiederverzauberung der entzauberten, farblosen und eintönigen, kalten und gleichgültigen Welt des aufgeklärten Zeitalters. So verwundert es nicht, dass die Dame Aiuóla etwas verrät, von dem in Phantásien nur selten gesprochen wird: Gemeint ist die »Verheißung [...], daß einmal in ferner Zukunft eine Zeit kommen wird, wo [...] beide Welten nur noch eine sein« werden (S. 394), wo die Wirklichkeit wieder mythisch und die mythische Welt wieder wirklich geworden ist.

Die das zukünftige Verhältnis beider Welten betreffenden Äußerungen von Gmork, der Kindlichen Kaiserin und der Dame Aiuóla stellen nicht mehr als Andeutungen dar. Der Roman führt uns jedenfalls nicht mehr vor, welche Weltsicht, welche Auffassung von der äußeren Welt, von Natur und Gesellschaft, sich bei all den Menschen, die aus Phantásien zurückgekehrt sind, herausbildet, wie auch offenbleibt, ob und wie sich aus einem solchen Sehend-Werden eine Gesundung der Menschenwelt ergeben soll.[122] Bezüglich einer denkbaren Wiederverzauberung von Natur und Kosmos enthalten auch die Passagen keine Angaben, die von dem zurückgekehrten Bastian handeln. Hinzukommt, dass dessen verändertes Befinden, wie dargelegt, nur sehr bedingt als unmittelbare Folge seiner phantásischen Erlebnisse anzusehen ist.

Mit ihrer thematischen Konzentration auf innere Vorstellungswelten und das in ihnen Gestalt gewinnende kollektive Unbewusste, auf die der menschlichen Psyche eingeschriebenen mythologischen Grundmuster, grenzt die *Unendliche Geschichte* das Thema der Wahrnehmung und Gestaltung der äußeren Welt weitgehend aus. Die betreffenden Andeutungen der Kindlichen Kaiserin, die auf eine Wiederverzauberung der Welt hinauslaufen, müssen deshalb wohl als blindes Motiv des Romans angesehen werden, was dann auch für Aiuólas Wiedervereinigungsutopie gelten würde. Man wäre geneigt, in Letzterer ein für den Roman als Ganzen nicht maßgebliches Vereinnahmungsphantasma dieser archetypischen Mutterfigur zu sehen. Käme dieser Vision eine tragende Bedeutung zu, hätte sie von Koreander am Schluss noch einmal bekräftigt werden müssen.

Riskante Bewusstmachung des Unbewussten

Nach Gmorg können die Menschen nur dadurch, dass sie nach Phantásien kommen, die dortigen Wesen in ihrer »wahren Gestalt« erkennen; nur hierdurch ließe sich deren Missbrauch verhindern (S. 144). Auch für die Kindliche Kaiserin sind hierzu allein die diejenigen Menschen in der Lage, die sich nach Phantásien begeben haben. Die Erkenntnis der wahren Gestalt der phantásischen Wesen gilt ihr als die entscheidende Voraussetzung dafür, dass diese Menschen nach ihrer Rückkehr »ihre Welt und ihre Mitmenschen mit anderen Augen sehen«. Was aber ist die »wahre Gestalt« der phantásischen Wesen? Hierauf hatte Gmorg bereits eine Antwort gegeben, die aber nur für die erste Hälfte des Romans zutrifft, in der Phantásien mit Hilfe der überlieferten Mythologien wiedererweckt wird. Nach der oben bereits zitierten Äußerung handelt es sich um »Erfindungen im Reich der Poesie, Figuren in einer unendlichen Geschichte« – was die erste Romanhälfte angeht. Bezüglich der zweiten Hälfte des Romans sahen wir uns genötigt, auf die Psychologie C.G. Jungs zurückzugreifen. Aus deren Perspektive kann die Antwort nur lauten: Bei den Bastian im Traum begegnenden phantásischen Wesen handelt es sich ihrer wahren Gestalt nach um »Traumbilder«, in welchen sich Archetypen des kollektiven Unbewussten spiegeln.

Nach Phantásien zu reisen, wäre demnach ein mythisches Bild für eine in Angriff genommene Konfrontation und Auseinandersetzung mit den Tiefenschichten, den kollektiven Anteilen des menschlichen Unbewussten. Diese begegnen einem zunächst in überlieferten Mythen und Märchen, bei denen es sich für C.G. Jung »in erster Linie [um] psychische Manifestationen [handelt], welche das Wesen der Seele darstellen« und die deshalb als »wohlbekannter Ausdruck der Archetypen« gelten dürften. Unmittelbar, d.h. ohne kulturelle Vermittlung, träten einem die Archetypen in »Träumen und Visionen« entgegen, wo sie weniger geformt seien und stärker individualisiert sein könnten.[123] Die auf beiden Wegen hervortretenden psychologischen Motive, Inhalte und »Strukturtypen« dürften als dieselben angesehen werden, kämen doch auch die Mythen und Märchen »unter ganz ähnlichen Bedingungen zustande«. Es handelt sich beide Male um ein und dasselbe Phantásien.

Bei einer solchen Begegnung mit und Bewusstmachung von Archetypen des kollektiven Unbewussten besteht die Gefahr,

»daß die Bewußtseinserwerdung von der Instinktseele, dem Unbewußten, wieder verschluckt wird«. Um dieser Gefahr vorzubeugen, müsse »das unbewußte Geschehen vom bewußten reinlich getrennt und das unbewußte Geschehen objektiv betrachtet werden«.[124] An anderer Stelle spricht Jung von »einem Unterliegen unter dem faszinierenden Einfluß der Archetypen, was dann am ehesten eintreten kann, wenn man sich die archetypischen Bilder *nicht bewußt* macht«. Im Extremfall könnten sich die archetypischen Figuren »von der Bewußtseinskontrolle überhaupt befreien und völlige Selbständigkeit erlangen«, was »Besessenheitsphänomene« zur Folge hätte. Anzustreben sei dagegen eine »Integration des Unbewußten ins Bewußtsein«.[125]

Der Traumheld Bastian unterliegt einer solchen Gefahr in der zweiten Romanhälfte während seines Aufenthalts in Phantásien; bildlich wird diese wachsende Gefahr im stückweisen Verlust der Erinnerung an sein wirkliches Leben zum Ausdruck gebracht. Die endgültige Überwindung dieser Gefahr ist mit der Rückkehr in seine Welt erfolgt: Stellvertretend gewissermaßen für alle Menschen ist Bastian der Faszination des Unbewussten, insbesondere dessen Heldenmythos, nicht erlegen; ihm ist es im Gegenteil gelungen, zu entkommen und beträchtliche Inhalte seines Unbewussten in sein Bewusstsein zu integrieren. So ist er in der Lage, nicht bloß das Gelesene, sondern auch seinen Traum dem Vater ausführlich zu berichten. Dass es sich bei den gelesenen wie den geträumten Erlebnissen um bildliche Repräsentationen des eigenen Unbewussten handelt, dürfte dem Zehn- bis Elfjährigen dabei sicherlich nicht klargeworden sein. Das wahre Wesen der phantásischen Gestalten im vollen Umfang zu erkennen, bleibt den Lesern und Interpreten des Romans vorbehalten.

Gegen die Ausrottung des Irrationalen

Der Roman begründet die Dringlichkeit und Unerlässlichkeit einer Rettung Phantàsiens nicht zuletzt auch durch die Andeutung der negativen Folgen, die sich aus deren Unterlassung ergeben. Koreander erwähnt im Schlussgespräch mit Bastian zweierlei Menschentypen: »Es gibt Menschen, die können nie nach Phantásien kommen [...], und es gibt Menschen, die können es, aber sie bleiben für immer dort.« (S. 426) Von der ersten Gruppe hatte bereits Gmork gesprochen: Es sind diejenigen, die Phantásien vernichten wollen und »nichts eifriger tun, als sogar den Kindern Phantásien auszureden«. Diese Menschen wollen, wie oben bereits ausgeführt, jegliche Überlieferung von Mythen und Märchen aus frühen Menschheitsepochen im Namen von Aufklärung und Rationalismus unterbinden, weil von ihnen nur missbräuchlich Gebrauch gemacht werden könne. Wir haben es hier mit der Sorte von Menschen zu tun, die die Existenz des Unbewussten leugnet bzw. dieses komplett zu verdrängen sucht. Bei der zweiten Gruppe haben wir es, in der Bildsprache des Romans, mit den Bewohnern der »Alten Kaiser Stadt« zu tun, die der Macht des Unbewussten erlegen sind.

Die Auswirkungen, die die Verhaltensweisen beider Menschentypen in der Wirklichkeitswelt zeitigen, laufen, so der Roman, mehr oder weniger auf dasselbe hinaus. Bereits Gmork äußerte die Ansicht, dass die fanatischen Aufklärer ungewollt das Gegenteil des Angestrebten erreichen würden: Sie würden »gerade damit die Flut von Lügen vermehren, die sich ununterbrochen in die Menschenwelt ergießt«. Das verleugnete und verdrängte Unbewusste bzw. Irrationale kehrt mit umso größerer Wucht zurück und zwingt das ahnungslose Ich in seine Dienste. Dasselbe geschieht mit denjenigen, die sich auf das Unbewusste einlassen, diesem aber erliegen. In diesen Fällen würde, so C.G. Jung, ein dem unbewussten entstammender »Vorstellungskomplex die größte Summe von psychischer Energie auf sich verein[en]« und das Ich zur restlosen Identifikation zwingen. So würde »eine Sucht, eine Monomanie oder Besessenheit« entstehen – »eine stärkste Einseitigkeit, welche das psychische Gleichgewicht aufs schwerste gefährdet«.[126]

Die im Roman anzutreffenden Aussagen bezüglich der Notwendigkeit und der Auswirkungen von Reisen nach Phantásien schwanken zwischen solchen, die die einzelne Person betreffen, und solchen, die sich auf Gesellschaftliches bzw. Politisches beziehen lassen. Wenn eine Auseinandersetzung mit dem eigenen Schatten wie den Tiefenschichten des eigenen Unbewussten als unerlässlich für die Gewinnung des »psychischen Gleichgewichts« erachtet wird, dann bewegt sich dies auf einer individualpsychologischen Ebene, dann geht es um Fragen der Persönlichkeitsentwicklung. Doch ist auch von der Menschenwelt als solcher die Rede, die der Gesundung bedürfe. Die im Roman gegebenen Andeutungen in gesellschaftlicher oder politischer Hinsicht lassen sich erneut mit Hilfe von Äußerungen C.G. Jungs konkretisieren: Die Leugnung und Unterdrückung des Unbewussten könne zu unabsehbaren »psychischen Reaktionen« führen, die sich zu »wirklichen daseinsbedrohlichen Gefahren« auswachsen und in »politisch-sozialen Wahnbildungen« niederschlagen könnten, die sich weniger äußeren Umständen als vielmehr dem unbeabsichtigten Vordringen archaischer Motive des kollektiven Unbewussten verdankten.[127] An anderer Stelle ist davon die Rede, dass das Unbewusste in der Lage sei, »mit seinen archaischen Kollektivinhalten einen gewaltigen Einfluß auf das Bewußtsein auszuüben«. Der Erste Weltkrieg mit seinen Gemetzeln gilt Jung als Explosion und »Empörung der unbewußten destruktiven Kräfte der Kollektivpsyche«. Der »Rationalismus des modernen Lebens« habe alles Irrationale entwertet und dadurch dessen unerlässliche Funktionen ins Unbewusste geschoben. Von dort aus wirke es sich umso verheerender aus: »Denn dann muß das Individuum sowohl wie das Volk zwangsmäßig das Irrationale leben […].«So münde »die rationale Kultureinstellung notwendigerweise in ihr Gegenteil, nämlich die irrationale Kulturverwüstung«. Der Mensch sei »nicht bloß vernünftig und kann und wird es nie sein. […] Das Irrationale soll und kann nicht ausgerottet werden.«[128]

Von hier aus lässt sich ausmachen, an welchem gesellschaftlich und politisch gewichtigen Projekt die *Unendliche Geschichte* mitzuwirken beabsichtigt. Die überlieferungsmäßig zugänglichen wie in Träumen aufscheinenden mythologischen Urbilder, die »Spuren oder Hinterlassenschaften des Ahnenlebens« darstellen, dürfen nicht erstickt, sie müssen vielmehr wiederbelebt und bewusst ausgelebt werden. Michael Endes Roman will, mit C.G. Jung gesprochen, »dem Bedürfnis nach Ausdruck und Formulierung dieser inneren, wortlosen Ereignisse entgegenkommen«. An anderer Stelle heißt es bei C.G. Jung: »Jene Bilder sind aus dem Leben, dem Leiden und der Freude der Ahnen geworden und wollen wieder ins Leben zurück als Erlebnis sowohl wie auch als Tat.« Wegen »ihres Gegensatzes zum Bewußtsein« könnten diese jedoch »nicht unmittelbar in unsere Welt übersetzt werden«. Es müsse nach Wegen gesucht werden, »zwischen der bewußten und der unbewußten Welt« eine Brücke zu schlagen.[129] Sätze wie diese könnten Michael Endes Roman als Motto dienen.

Schlusswort

Dies ist kein Buch über Michael Ende als Schriftsteller, Stückeschreiber, Bilder- und Kinderbuchautor, Essayist und Intellektueller, als mahnende Stimme in der politischen und kulturellen Öffentlichkeit seiner Zeit. Es ist nicht mehr als der Versuch, drei seiner Hauptwerke noch einmal zu inspizieren. Knapp sechs bis vier Jahrzehnte nach ihrem Erscheinen sollten diese ein erneutes Mal gelesen und interpretiert werden. Alle drei Werke sind – aus welch unterschiedlichen Gründen auch immer – bis auf den heutigen Tag lebendig geblieben; sie gehören nicht nur im deutschsprachigen Raum, sondern dank ihrer zahlreichen Übersetzungen auch im nahen und ferneren Ausland zur geschätzten Lektüre von Lesern aller Altersklassen. Auch wenn in jüngster Zeit eine Fülle biographischer Details ans Licht gebracht worden ist, kann von einer angemessen breiten und in die Tiefe gehenden Auseinandersetzung mit dem Phänomen Michael Ende, mit dessen literarischem Gesamtwerk wie dessen kulturphilosophischen Auffassungen, dabei erst ansatzweise gesprochen werden. Was die universitäre Forschung angeht, so wird dieser Autor gerne engagierten Doktoranden überlassen, während sich die erfahreneren (und etablierten) Kräfte fernzuhalten belieben.

Wer bereit ist, diesen Autor ernst zu nehmen, wird schnell bemerken, welch ungeheure Arbeit der Forschung noch bevorsteht. So ist mir bei Abschluss der hier vorgelegten Interpretationen in beklemmender Weise zu Bewusstsein gekommen, dass zahlreiche Aspekte nicht berücksichtigt worden sind, was alles noch hätte zur Sprache kommen müssen, kurz gesagt: wie weit meine Ausführungen von einer Gesamtinterpretation der betreffenden Werke noch entfernt sind. Ich wollte alles andere als einen Schlussstrich ziehen, sondern im Gegenteil weiterführende Beschäftigung anregen und Widerspruch herausfordern. Dass ich selbst die Überzeugung gewonnen habe, dass eine Auseinandersetzung mit den Werken Michael Endes auch heute noch eine an- und aufregende Angelegenheit ist, hat sich beim Lesen der vorangegangenen Kapitel hoffentlich mitgeteilt. Es ist jedenfalls mehr als ein nur literaturhistorisches Unterfangen: Am offensichtlichsten kreisen die beiden Romane der 1970er Jahre um Themen und Problemstellungen, die alles andere als erledigt sind, die sich in mancher Hinsicht gar noch zugespitzt haben. So wäre auch eine noch zu etablierende Michael-Ende-Forschung kein der Gegenwart entrücktes Unternehmen, sondern eine in den Diskursen der Gegenwart anzusiedelnde intellektuelle Angelegenheit. Dabei sollte man sich von aller Auratisierung des Autors wie von der Heiligsprechung einzelner Äußerungen fernhalten.

Es war mein spezielles Anliegen, erwachsenen Lesern einen Zugang zu den hier analysierten Werken zu verschaffen. Was *Momo* und die *Unendliche Geschichte* angeht, so stießen diese von Beginn an auch bei erwachsenen Lesern auf Resonanz. Deren Lektüre galt es von dem Odium zu befreien, nicht anders als regressiv sein zu können. Niemandem sei es verwehrt, bei der Michael-Ende-Lektüre die eigene Kindheit oder Jugendzeit wieder heraufzubeschwören. Doch bin ich von der Frage ausgegangen, ob diese Romane auch etwas zu bieten haben, das erwachsene Leser literarisch und intellektuell herausfordert. Begreift man dabei alle die Textstellen, die man als Kind oder Jugendlicher überlesen hat, als Schlüsselaussagen für eine Interpretation, dann hat man mit erheblichen Schwierigkeiten zu rechnen. Für mich jedenfalls stellte die Interpretation von *Momo* und mehr noch der *Unendlichen Geschichte* eine ziemliche Herausforderung dar, von der ich nicht einmal weiß, ob ich ihr habe gerecht werden können.

Anders verhält es sich mit den *Jim Knopf*-Erzählungen. Hier tun sich erwachsenen Lesern verschiedene Wege auf, den – in der Regel allein Erwachsenen vorbehaltenen – Hintersinn zu entdecken. Zahlreiche kinderliterarische Texte sind gespickt mit mehr oder weniger offenen Anspielungen auf anderslautende Kontexte, die kindlichen Lesern wenig oder gar nicht präsent sind, von erwachsenen Lesern aber aufgrund ihres größeren Vorwissens leicht identifiziert werden können. Mittels der Entschlüsselung solcher

Anspielungen erhält die präsentierte Geschichte eine weitere, eine andere Bedeutung, die dem erwachsenen Leser oft mehr zu sagen hat als die wörtliche Bedeutung. So können erwachsene Leser hinter so mancher anscheinend zeitenthobenen Kindererzählung einen historischen Hintergrund ausmachen, wodurch Handlung und Figuren in ein anderes Licht getaucht werden. Mit Blick auf den *Jim Knopf* ist uns Julia Voss in Sachen Kinderbuchentschlüsselung ein Stück weit vorangegangen. Gewiss wird niemand, der sich mit der Pädagogik des Nationalsozialismus befassen möchte, an vorrangiger Stelle zu dieser Kindererzählung greifen. Doch wer aus ganz anderen Gründen auf den *Jim Knopf* verfallen ist, wird dank solcherlei Entschlüsselungen einen nicht unerheblichen Mehrwert aus seiner Lektüre ziehen.

Ein weiterer erwachsener Zugang zum *Jim Knopf* machte sich an dessen Gattungszugehörigkeit fest. Ein Interesse an der Gattung eines kinderliterarischen Textes zu haben, ist zugegebenermaßen eine recht außergewöhnliche Angelegenheit, ja, hat durchaus etwas Akademisches an sich. Noch elitärer mutet das hier unterstellte Kontextwissen an: Gemeint ist eine gewisse Kenntnis der Entwicklungsgeschichte literarischer Gattungen. Für solchermaßen ausgestattete Literaturfreunde bereitet der Blick in die – gegenwärtige und vergangene – Kinderliteratur ein Vergnügen ganz eigener Art. Ein großer Bereich der Bilder- und Kinderbuchtexte folgt, ohne dass sich der Großteil der Produzenten und Vermittler dessen bewusst wäre, althergebrachten Gattungsmustern, die erwachsenenliterarisch weitgehend außer Gebrauch geraten sind. Die Kinderliteratur ist in weiten Teilen ein Schatzbehälter traditioneller Literaturformen. Aus welchen Gründen dies so ist, soll hier nicht verfolgt werden, doch bietet allein schon die Betrachtung der Kinderliteratur unter diesem Aspekt für den Erwachsenen einen großen Reiz. Hinter einem aktuellen Bilderbuchtext die altehrwürdige Gattung der Fabel oder der Parabel durchschimmern zu sehen, stellt ein Vergnügen ganz eigener Art dar. Es kann aber auch zu einem weitergehenden, tiefer reichenden Verständnis des Textes beitragen, beruht dieser doch immer auch auf einer gewissen Abweichung von der Tradition. Herauszufinden wäre, was diese Abweichung eigentlich besagt. Seine Stellung zur eigenen Gattungstradition zu bestimmen, heißt, eine bislang nicht geahnte Bedeutung eines Kinderbuchtextes ausfindig machen. Wer die *Jim Knopf*-Erzählungen in die Tradition des europäischen Feenmärchens einreiht und als dessen Parodie bzw. Travestie begreift, liest diese mit anderen Augen.

Die fortdauernde Aktualität der in *Momo* zur Sprache kommenden gesellschaftspolitischen Probleme wird durch die zahlreichen – oben an Ort und Stelle genannten – sozialphilosophischen und sozialwissenschaftlichen Studien belegt, die nach Erscheinen des Romans herausgekommen sind. Bedauerlicherweise wird in diesen Arbeiten, von wenigen Ausnahmen abgesehen, keinerlei Bezug auf Michael Endes populäres Buch genommen, welches die Problematik von Beschleunigung und Entschleunigung in sehr viel weiteren Kreisen bewusst gemacht haben dürfte. Für an literarischen Formfragen interessierte Leser erweist sich dieser Roman als ein faszinierendes Experiment. Die Kombination höchst verschiedener Darstellungsweisen – realistischer, phantastischer, allegorischer und mythologischer –, die Anwendung unterschiedlicher Gattungsmuster und die Platzierung jeweils andersgearteter literarischer Figurentypen auf ein und derselben Ebene, all dies von Puristen als Eklektizismus gebrandmarkt, galt es aufzudröseln und in ihrer Funktionalität zu erkennen. Die durchaus diffizile literarische Struktur dieses Werkes und die subtile Doppelbödigkeit seines Schlusses haben seiner Popularität erstaunlicherweise keinen Abbruch getan – ganz im Gegenteil, so dass ich mich nicht gescheut habe, von einem wahren Volksbuch unserer Zeit zu sprechen.

Auch die *Unendliche Geschichte* wäre inmitten eines über Philosophie, Psychologie und Soziologie sich erstreckenden Diskurses zu den Stichworten Mythos und Moderne, Entzauberung und Wiederverzauberung, alte und neue Mythologie, Rationales und Irrationales anzusiedeln, der über Jahrzehnte hinweg geführt worden ist. Auch in diesem Fall hat so gut wie keiner der an diesen Debatten Beteiligten auf Michael Endes mythologischen Roman Bezug genommen. Der Versuch, die Gesamtkonzeption der *Unendlichen Geschichte* dingfest zu machen, hat uns derart in Anspruch genommen, dass wir es darüber verabsäumt haben, die von Michael Ende in großer Zahl geschaffenen einzelnen Mythen als solche zu würdigen. Wir sind mit anderen Worten dem Theoretiker einer neuen Mythologie, soweit in diesem Werk greifbar, gefolgt, ohne gleichzeitig den Autor als Schöpfer neuer Mythen herauszustellen. Wir meinen dies zukünftigen Einzelstudien überlassen zu dürfen, die Michael Endes einzelne Schöpfungen in Beziehung zu vergleichbaren Neumythen setzen, wie sie die nachfolgenden Fantasyromane im Übermaß zu bieten haben.

Beiden großen Romanen kommt in unseren Augen in gattungsgeschichtlicher Hinsicht eine wegweisende Rolle zu – und zwar nicht nur im Horizont der deutschsprachigen Literatur. Der *Momo*-Roman führt uns *in nuce* all die literarischen Verfahren vor, die einer Fantasy mit gesellschaftspolitischem Anspruch zur Verfügung stehen und von denen später dann auch reichhaltig Gebrauch gemacht worden ist. Man könnte mit Blick auf dieses Werk der frühen 1970er Jahre von einer eingeschriebenen bzw. impliziten Poetik der politischen Fantasy sprechen, wobei wir die sogenannte *urban fantasy* einschließen wollen, die auch dort noch politische Züge trägt, wo sie zu kriminalistischen Handlungen tendiert. Die *Unendliche Geschichte* setzt ihrerseits Maßstäbe für die Fantasyliteratur im Allgemeinen dank ihres expliziten Anspruchs, ein Fantasyroman zu sein, der gleichzeitig eine Theorie der Fantasy enthält. Mit seinen reflexiven bzw. metafiktionalen Zügen gibt dieser Roman ein für alle Mal vor, was unter einer literarisch anspruchsvollen Fantasy zu verstehen wäre. Gleichzeitig lässt sich aus ihm ansatzweise eine geschichtsphilosophische Grundlegung dieser Gattung unter Rekurs auf die Paradoxien der Moderne bzw. die Dialektik der Aufklärung extrahieren. Mit Blick auf die Fantasy wäre von einer selbst modernen Evokation einer Gegenmoderne zu sprechen. Gleichzeitig enthält Michael Endes Roman implizit die normative Vorgabe, dass die literarisch kreative Arbeit am Mythos sich aller Willkür enthalten müsse. Das Spiel mit dem mythologischen Erbe im Rahmen der Fantasy dürfe nicht in Beliebigkeit ausarten; es müsse bezogen bleiben auf grundlegende Erfahrungsmuster der menschlichen Seele, die auch in der Moderne nach Ausdruck und Gestaltung drängten. Ob damit nicht eine ungebührliche Einschränkung des Spielraums aktueller Fantasyliteratur vorgenommen ist, muss an dieser Stelle nicht entschieden werden.

Abschließend sei gefragt, ob unsere Interpretationen nicht doch etwas beizusteuern haben zu einer Einschätzung des Gesamtphänomens Michael Ende. Wer den Autor nicht des *Jim Knopf*, sondern denjenigen der beiden großen Romane für einen Nachfolger und Anhänger der Romantik halten will, dem sei entgegengehalten, dass die romantische Bewegung um 1800 mitnichten in Bausch und Bogen als eine antimoderne intellektuelle und künstlerische Strömung bezeichnet werden kann. Man kann einzelne Teile dieser Bewegung durchaus auch als eine Fortführung von Aufklärung und Moderne ansehen, die darauf hinausläuft, einzelne von deren Grundannahmen zu hinterfragen und deren Grenzen zu bestimmen. Romantik bedeutete eben auch Aufklärung über die Aufklärung. In diesem Sinne kann man Michael Ende, den Schüler der Romantik, auch einen Aufklärer nennen.

Literaturhinweise

Zum *Jim Knopf*

Stephanie Jentgens: »Das Paradies der Kindheit. Michael Endes ›Jim Knopf‹«, in: *Klassiker der Kinder- und Jugendliteratur*, hg. v. Bettina Hurrelmann, Frankfurt/Main 1995, S. 234–251.

Bernd Karwath: »Auf der Spur des Jim Knopf. Gedanken zu einem ›Kinderbuch‹«, in: *Zwischen Phantasie und Realität. Michael Ende Gedächtnisband 2000*, hg. v. Jacek Rzeszotnik, Passau 2000, S. 29–48.

Huang Minh Thao Mai: *Michael Endes ›Jim Knopf‹-Erzählungen und die Tradition der europäischen Feenmärchen* (Magisterarbeit), Frankfurt/Main 2017 (einsehbar in der Bibliothek für Jugendbuchforschung).

Carola Pohlmann: »Michael Ende, ›Jim Knopf [1960]‹«, in: *Unter dem roten Wunderschirm. Lesarten klassischer Kinder- und Jugendliteratur*, hg. v. Christoph Bräuer u. Wolfgang Wangerin, Göttingen 2013, S. 297–312.

Reinbert Tabbert: »Jim Knopf, Michael Ende und die Lust am Funktionieren [1979]«, in: ders.: *Kinderbuchanalysen. Autoren – Themen – Gattungen*, Frankfurt/Main 1989, S. 22–36.

Julia Voss: *Darwins Jim Knopf*, Frankfurt/Main 2009.

Julia Voss: »Jim Knopf, der Drachenzähmer. Wie Michael Ende die NS-Erziehung im Märchen bezwang«, in: *Von ›Bibbi Blocksberg‹ bis ›TKKG‹. Kinderhörspiele aus gesellschafts- und kulturwissenschaftlicher Perspektive*, hg. v. Oliver Emde, Lukas Möller und Andreas Wicke, Opladen u.a. 2016, S. 133–146.

Zu *Momo*

Gernot Böhme: »Zeitphilosophie in Michael Endes ›Momo‹, in: *Philosophie im Spiegel der Literatur*, hg. v. Gerhard Gamm, Alfred Nordmann und Eva Schürmann, Hamburg 2007, S. 79–89.

Hans-Heino Ewers: »Kinder, die nicht erwachsen werden. Die Geniusgestalt des ewigen Kindes bei Goethe, E.T.A. Hoffmann, J.M. Barrie, Ende und Nöstlinger«, in: *Kinderwelten. Kinder und Kindheiten in der neueren Literatur. Festschrift für Klaus Doderer*, hg. v. Freundeskreis des Instituts für Jugendbuchforschung, Weinheim und Basel 1985, S. 42–70.

Hans-Heino Ewers: »Kritische Gefolgschaft. Michael Ende und die Romantik«, in: *Kinder- und Jugendliteraturforschung 2014/2015*, Frankfurt/Main u.a. 2015, S. 72–77.

Frederik Hetmann: *Die Freuden der Fantasy. Von Tolkien bis Ende*, Frankfurt/Main u.a. 1984, S. 101–127.

Kuruvilla Pandikattu: »Zum Verständnis unserer Zeit als Phänomen der Zeit. Ein moderner Mythos«, in: *Zwischen Phantasie und Realität. Michael Ende Gedächtnisband 2000*, hg. v. Jacek Rzeszotnik, Passau 2000, S. 49–64.

Kuruvilla Pandikattu: »›Momo‹: Eine zeitgenössische Kritik der modernen Kultur«, in: *Zwischen Phantasie und Realität. Michael Ende Gedächtnisband 2000*, hg. v. Jacek Rzeszotnik, Passau 2000, S. 81–97.

Ulrike Schultheis: »›Dieses Gleichnis ist die Zeit!‹«, in: *Michael Ende zum 50. Geburtstag*, überreicht v. Hansjörg Weitbrecht u.a., Stuttgart 1979, S. 49–62.

Dietrich Steinbach: »›Momo‹: Ein Roman der Phantasie und ein Zeitroman«, in: *Michael Ende ›Momo‹. Lehrerbegleitheft*, hg. v. Dietrich Steinbach, Stuttgart 1994, S. 3–21.

Hajna Stoyan: *Die phantastischen Kinderbücher von Michael Ende*, Frankfurt/Main 2004, S. 91–116.

Katia Suriano: »Liebe als Phantasie in ›Momo‹«, in: *Zwischen Phantasie und Realität. Michael Ende Gedächtnisband 2000*, hg. v. Jacek Rzeszotnik, Passau 2000, S. 65–80.

Christian von Wernsdorff: *Bilder gegen das Nichts. Zur Wiederkehr der Romantik bei Michael Ende und Peter Handke*, Neuss 1983, S. 33–51.

Zur *Unendlichen Geschichte*

Heidi Aschenberg: *Eigennamen im Kinderbuch. Eine textlinguistische Studie*, Tübingen 1991, S. 90–130, 138–145.

Oliver Bach: »Auf den Schultern von Scheinriesen stehen? Zur Narratologie von Michael Endes erzählten Welten«, in: *Michael Ende intermedial. Von Lokomotivführern, Glücksdrachen und dem (phantastischen) Spiel mit Mediengrenzen*, hg. v. Tobias Kurwinkel, Philipp Schmerheim und Annika Sevi, Würzburg 2016, S. 75–93

Alfred Clemens Baumgärtner: »Phantásien, Atlantis und die Wirklichkeit der Bilder« in: *Michael Ende zum 50. Geburtstag*, überreicht v. Hansjörg Weitbrecht u.a., Stuttgart 1979, S. 36–48.

Daniel Ginzález Duenas: »Unerwartete Spiegelungen. Betrachtungen zur ›Unendlichen Geschichte‹ von Michael Ende«, in: *Zwischen Phantasie und Realität. Michael Ende Gedächtnisband 2000*, hg. v. Jacek Rzeszotnik, Passau 2000, S. 113–124.

Baher M. Elgohary: *Michael Endes ›Unendliche Geschichte‹ im Rahmen der Phantastik unserer Zeit* (Diss.), Kairo 1992.

Jonas Etten: *Schreiben für ›das Kind in uns allen‹. Metafiktion und Kindheit bei Michael Ende und William Goldmann*, Marburg 2013, S. 88–159.

Hans-Heino Ewers: »Reflexive Fantasy. Romanstruktur von und Mittelalterbezüge in Michael Endes ›Die Unendliche Geschichte‹ (1979)«, in: *Die Literatur des Mittelalters im Fantasyroman*, hg. v. Nathanael Busch und Hans Rudolf Velten, Heidelberg 2018, S. 169–180.

Hans-Heino Ewers: »Kritische Gefolgschaft. Michael Ende und die Romantik«, in: *Kinder- und Jugendliteraturforschung 2014/2015*, Frankfurt/Main u.a. 2015, S. 77–84.

Martin Götze: »Roman der Einbildungskraft. Zu Michael Endes ›Unendlicher Geschichte‹, in: *Literatur und Ästhetik. Texte von und für Heinz Gockel*, Würzburg 2008, S. 165–185.

Helmut Gronemann: *Phantásien – das Reich des Unbewußten. ›Die unendliche Geschichte‹ von Michael Ende aus der Sicht der Tiefenpsychologie*, Zürich 1985.

Gerhard Haas: »Michael Ende und die phantastische Jugendliteratur der achtziger und neunziger Jahre in Deutschland«, in: *Aus ›Wundertüte‹ und ›Zauberkasten‹. Festschrift Heinz Jürgen Kliewer*, hg. v. Heiner Barthel u.a., Frankfurt/Main 2000, S. 331–348.

Frederik Hetmann: *Die Freuden der Fantasy. Von Tolkien bis Ende*; Frankfurt/Main u.a. 1984, S. 101–127.

David Kröll: *Rettungswege aus der Wirklichkeit? Perspektiven und Gefahren fantastischer Jugendliteratur*, Marburg 2009, S. 49–66.

Wilfried Kuckartz: *Michael Ende ›Die Unendliche Geschichte‹. Ein Bildungsmärchen*, Essen 1984.

Gertrud Lehnert: »Moderne und postmoderne Elemente in der ›phantastischen‹ Kinderliteratur des 20. Jahrhunderts, in: *Kinderliteratur und Moderne. Ästhetische Herausforderungen der Kinderliteratur im 20. Jahrhundert*, hg. v. Hans-Heino Ewers, Maria Lypp und Ulrich Nassen, Weinheim und München 1990, S. 175–195.

Heidi Lexe: »Bastian Partizipativ. Michael Ende und das Buch als Medium und Motiv«, in: *Michael Ende intermedial. Von Lokomotivführern, Glücks-*

drachen und dem (phantastischen) Spiel mit Mediengrenzen, hg. v. Tobias Kurwinkel, Philipp Schmerheim und Annika Sevi, Würzburg 2016, S. 125–137.

Claudia Ludwig: *Was Du ererbt von deinen Vätern hast … Endes Phantásien – Symbolik und literarische Quellen*, Frankfurt/Main u.a. 1988.

Jolanta Lugowska: »Bastian Balthasar Bux' Eintritt ins Märchen«, in: *Zwischen Phantasie und Realität. Michael Ende Gedächtnisband 2000*, hg. v. Jacek Rzeszotnik, Passau 2000, S. 125–141.

Linda Müller: *Einmal Phantasien und zurück. Michael Endes ›Unendliche Geschichte‹ – Hintergründe, literarische Einflüsse und Realitätsbezüge*, Marburg 2013.

Wolfgang Schröder: »Hingabe, Distanz oder Desinteresse. Entwurf eines Lesertypenmodells aus Beispielen dargestellten Lesens bei Michael Ende, Alfred Andersch und anderen«, in: *Der Deutschunterricht* 40.4 (1988), S. 9–20.

Hajna Stoyan: *Die phantastischen Kinderbücher von Michael Ende*, Frankfurt/Main 2004, S. 116–174.

Pascal Tremblay: »Die Phantasie und Phantásien«, in: *Zwischen Phantasie und Realität. Michael Ende Gedächtnisband 2000*, hg. v. Jacek Rzeszotnik, Passau 2000, S. 143–159.

Christian Wernsdorff: *Bilder gegen das Nichts. Zur Wiederkehr der Romantik bei Michael Ende und Peter Handke*, Neuss 1983, S. 53–74.

Sabine Wilke: »Mythos und Phantasie in dürren Zeiten. Verwandlungen eines romantischen Topos in den Texten Michael Endes«, in: dies.: *Poetische Strukturen der Moderne. Zeitgenössische Literatur zwischen alter und neuer Mythologie*, Stuttgart 1992, S. 169–222.

Weitere Informationen zu Michael Ende
und seinem Werk finden Sie unter:
www.michaelende.de

Anmerkungen

Einleitung

1 Während bei vielen erwachsenen Leseinnen und Lesern diesbezügliche Widerstände bröckeln dürften, herrscht im universitären Raum die besagte Abgrenzung ungebrochen fort. Von einer breiteren germanistischen Michael-Ende-Forschung kann in Deutschland, der Schweiz und Österreich nicht die Rede sein. Mit dem im Ausland wohl bekanntesten deutschen Autor haben sich allenfalls Doktoranden befasst, während sich die Etablierten gänzlich ferngehalten haben. Eine umfassende Auseinandersetzung mit einschlägigen wissenschaftlichen Publikationen ist hier nicht vorgesehen; auf einzelne Studien wird dann verwiesen, wenn es als gewinnbringend erachtet wird.

2 Es handelte sich altersmäßig um die um 1990 herum geborenen Jahrgänge, denen die Bücher Michael Endes erstaunlicherweise durchaus geläufig waren, wobei häufiger noch deren Medienadaptionen genannt wurden.

3 Vgl. hierzu den Sammelband *Michael Ende intermedial. Von Lokomotivführern, Glücksdrachen und dem (phantastischen) Spiel mit Mediengrenzen*, hg. v. Tobias Kurwinkel, Philipp Schmerheim und Annika Sevi, Würzburg 2016.

Jim Knopf

1 Über die Entstehungsgeschichte des *Jim Knopf* informieren Voss 2009, S. 63ff.; Pohlmann 2013, S. 301ff., und Birgit Dankert: *Michael Ende. Gefangen in Phantásien*, Heidelberg 2016, S. 97ff. Zitiert werden *Jim Knopf und Lukas der Lokomotivführer* und *Jim Knopf und die Wilde 13* jeweils nach den 1960 bzw. 1962 im K. Thienemanns Verlag, Stuttgart, erschienenen Erstausgaben. Die 1977 bzw. 1983 bei dtv junior, München, herausgekommenen Taschenbuchausgaben sind seitenmäßig identisch mit den Erstausgaben.

2 Tagsüber spielte er allerdings die Kassetten-Version ab, was wohl entscheidend für die Einprägung des Textes war.

3 Voss 2009, S. 9.

4 Vgl. als die immer noch maßgebliche Sammlung: *Das Kabinett der Feen. Französische Märchen des 17. und 18. Jahrhunderts*, hg. v. Friedemar Apel und Norbert Miller, München 1984. Vgl. auch Roswitha Böhm: *Wunderbares Erzählen. Die Feenmärchen der Marie-Catherine d'Aulnoy*, Göttingen 2003.

5 Im germanistischen Horizont firmiert die Märchennovellistik dieser Jahrhunderte oft noch unter dem höchst problematischen Begriff des ›Kunstmärchens‹. Zugleich wird sie als eine genuine Schöpfung der dt. Romantik ausgegeben und so gut wie gar nicht als eine Fortentwicklung des europ. Feenmärchens gesehen. Vgl. Dorothea Bäuerle: *Das nach-romantische Kunstmärchen in der deutschen Dichtung*, Würzburg 1937; Friedemar Apel: *Die Zaubergärten der Phantasie. Zur Theorie und Geschichte des Kunstmärchens*, Heidelberg 1978; Hans Schuhmacher: *Narziß an der Quelle. Das romantische Kunstmärchen: Geschichte und Interpretationen*, Wiesbaden 1997.

6 Diese Literaturgattung ist vielen dt. Literaturhistorikern wie auch den meisten Kinderliteraturforschern wenig geläufig. Das Märchen wird geradezu reflexhaft mit der Romantik assoziiert, wo es sich doch in erster Linie um eine Literaturgattung des aufgeklärten Zeitalters handelt, die von der Romantik, insbesondere von E.T.A. Hoffmann, lediglich neu kodiert wurde. Dass alle ›märchenhaft-phantastische‹ Kinderliteratur des 19. und 20. Jh. aus dieser Tradition schöpft ist, ist in der Kinderliteraturforschung bislang nur selten wahrgenommen worden.

7 Eine unter meiner Betreuung verfasste Magisterarbeit verfolgt die große Zahl von Motivparallelen weit über die hier gemachten Angaben hinaus. Vgl. Mai 2017, S. 25–52.

8 Die Transformation des Feenmärchens des 18. Jh. in ein Kindermärchen hat E.T.A. Hoffmann in *Das fremde Kind* (1817) vorgenommen. Dieses Werk hat sich als modellbildend für viele phantastische Kindererzählungen des 19. und 20. Jh. erwiesen. Vgl. Hans-Heino Ewers: »Vom Feenmärchen zur phantastischen Kindererzählung. E.T.A. Hoffmanns ›Das fremde Kind‹ als kinderliteraturhistorischer Schlüsseltext«, in: *Märchenspiegel. Zeitschrift für internationale Märchenforschung und Märchenpflege* 23.2 (2012), S. 10–18.

9 Vgl. Wolfgang Karrer: *Parodie, Travestie, Pastiche*, München 1977.

10 Im hier erörterten Fall kann von einer Kenntnis der Vorlage allerdings kaum ausgegangen werden. Dem deutschsprachigen Publikum (Fachleute eingeschlossen) sind die Feenmärchen des 17. und 18. Jh. weitgehend unbekannt, weshalb auch das im *Jim Knopf* stattfindende Spiel mit dieser Gattungstradition bislang niemandem aufgefallen ist. Vgl. hierzu meinen Beitrag: »Grimms Märchen – ein romantischer Mythos. Die Kinder- und Hausmärchen im Kontext der europäischen Märchennovellistik«, in: *Märchen – (k)ein romantischer Mythos? Zur Poetologie und Komparatistik von Märchen*, hg. v. Claudia Maria Pecher, Baltmannsweiler 2013, S. 5–20.

11 Voss 2009, S. 60.

12 Vgl. auch die ausführliche Kommentierung der Lummerland-Episode in Karwath 2000, S. 29–38.

13 Tabbert 1989, S. 23.

14 Voss 2009, S. 68 und 74.

15 Ebd., S. 97 und 62.

16 Vgl. beispielsweise die Erzählung *Der Eisenfresser* in Robert Grötzsch' Erzählband *Nauckes Luftreise und andere Wunderlichkeiten* von 1908, wieder abgedruckt in: *Kinder- und Jugendliteratur. Von der Gründerzeit bis zum Ersten Weltkrieg*, Stuttgart 1994, S. 142ff.

17 Vgl. die präzise Kommentierung der Schulepisode durch Mai 2017, S. 60ff.

18 Vgl. hierzu ebd., S. 39ff.

19 Wir widersprechen mit dieser Deutung der vielfach anzutreffenden Auffassung, dass Jim Knopf eine Verkörperung des romantischen Kindheitsbildes darstelle. So heißt es bei Carola Pohlmann (2013, S. 303f.), dass »bereits Jim als unverdorbener minderjähriger Held dem romantischen Kindheitsideal des kindlichen Retters« entspreche. Auch für Birgit Dankert (*Michael Ende. Gefangen in Phantásien*, Heidelberg 2016, S. 105) gilt: Der *Jim Knopf* »bemüht das romantische Kindheitsmodell«. Jim Knopf ist, wie sich spät herausstellt, ein Prinz aus uraltem Geschlecht, der eine Prinzessin heiratet und als Herrscher ein Reich übernimmt. Damit passt er messerscharf in ein Feenmärchen des 18. Jh. und hat mit den romantischen kindlichen Rettern und Menschheitserlösern nichts zu tun.

20 Vgl. etwa Pohlmann 2013, S. 301ff.; Birgit Dankert: *Michael Ende. Gefangen in Phantásien*, Heidelberg 2016, S. 106.

Momo

1 Zur Entstehungsgeschichte von *Momo* vgl. Roman Hocke/Thomas Kraft: *Michael Ende und seine Phantastische Welt. Die Suche nach dem Zauberwort*, Stuttgart u.a. 1997, S. 101ff.; Birgit Dankert: *Michael Ende. Gefangen in Phantásien*, Heidelberg 2016, S. 155ff.

2 Zitiert wird der Roman nach der 1973 bei K. Thienemanns Verlag in Stuttgart erschienenen Erstausgabe. Die Seitenangabe erfolgt fortlaufend im Text.

3 In der Forschung ist diesbezüglich von einem »verzerrten und reduzierten Antikenbild« die Rede, das gespeist werde von der »humanistischen Fiktion, die die Antike und ihre Toleranz für andere Wirklichkeiten preist« (Wilke 1992, S. 177).

4 Vgl. zu Momos literarischen Vorläuferinnen die Ausführungen in Stoyan 2004, S. 96–105.

5 Vgl. Ewers 1985, S. 59ff.

6 Eingehend befasst sich Katia Suriano (2000) mit dem von Gigi erzählten Märchen, ohne freilich die Abhängigkeit vom europ. Feenmärchen zu erkennen.

7 Für problematisch halten wir deshalb die folgenden Aussagen von Wernstorff (1983, S. 48): »Momo wirkt innerhalb ihrer Umgebung wie ein Anachronismus, sie verweist auf vormoderne Zeiten, die vom Entfremdungssyndrom der ›tödlichen Langeweile‹ noch nicht befallen waren. So erscheint sie im Roman als Bote der Vorgeschichte […].«

8 Generell wird von der bisherigen Forschung übersehen, dass Momos Welt, die positiv bewertete Vorstadtgesellschaft, keinen vollständigen Gegenpol zur Moderne bildet, sondern wesentliche Prinzipien der Moderne sich zu eigen gemacht hat.

9 Für Kuruvilla Pandikattu (2000, S. 89) bietet die Vorstadtwelt »breiten Raum für Verbesserung und Veränderung«; sie »hat Fehler, aber keine grundlegenden; [sie] ist nicht auf Täuschung aufgebaut […].«

10 Dietrich Steinbach (1994, S. 5) stellt deshalb Michael Endes *Momo* in den Kontext der Postmoderne und spricht von »nachmoderner Literatur«.

11 In vergleichbarer Weise hat es schon Kuruvilla Pandikattu (2000, S. 81) unternommen, »die beiden Welten [...] zu beleuchten, die in *Momo* aufgezeigt werden: die Welt der grauen Herren und die Welt von Momo und ihren Freunden.« Dabei wird nachgewiesen, »dass diese Welten und die ihnen zu Grunde liegenden Lebensphilosophien diametral entgegengesetzt sind«.

12 Fragen dieser Art beschäftigen die Sozialphilosophie und Soziologie bis heute, wie an folgenden Titeln abzulesen ist: Fritz Reheis: *Die Kreativität der Langsamkeit. Neuer Wohlstand durch Entschleunigung*, Darmstadt 1996; Peter Glotz: *Die beschleunigte Gesellschaft. Kulturkämpfe im digitalen Kapitalismus*, München 1999 (TB Reinbek 2001); Hartmut Rosa: *Beschleunigung. Die Veränderung der Zeitstrukturen in der Moderne*, Frankfurt/Main 2005 u.ö.; Oliver Bidlo: *Rastlose Zeiten. Die Beschleunigung des Alltags*, Essen 2009; Laura Wehr: *Alltagszeiten der Kinder. Die Zeitpraxis von Kindern im Kontext generationeller Ordnungen*, Weinheim 2009; *Zeitgewinn und Selbstverlust. Folgen und Grenzen der Beschleunigung*, hg. v. Vera King, Frankfurt/Main 2009; *Dimensionen der Zeit. Die Entschleunigung unseres Lebens*, hg. v. Ernst Peter Fischer und Klaus Wiegandt, Frankfurt/Main 2012; Hartmut Rosa: *Beschleunigung und Entfremdung. Entwurf einer kritischen Theorie spätmoderner Zeitlichkeit*, Berlin 2013.

13 Playmobil wurde erst 1974 eingeführt.

14 Gerhard Haas (2000, S. 334) spricht mit Blick auf Endes Fähigkeit der Verbildlichung von einem »nahtlosen Aufgehen der Bedeutung im eigenwertigen und vor allem reichen, originell poetischen Bild«.

15 Dass zu der Idee einer erfüllten Lebenszeit auch deren Endlichkeit gehört, wird deutlich, wenn Momo Hora fragt, ob er der Tod sei. Die Antwort lautet: »Wenn die Menschen wüßten, was der Tod ist, dann hätten sie keine Angst mehr vor ihm. [...] dann könnte niemand ihnen mehr die Lebenszeit stehlen.« (S. 160) Der Tod kommt jedoch an keiner weiteren Stelle des Romans mehr zur Sprache.

16 Man assoziiert hier unweigerlich die aus den U.S.A. kommenden Fastfood-Restaurants. Tatsächlich wurde im Dezember des Jahres 1971,

also knapp zwei Jahre vor Erscheinen des Romans, in München die erste deutsche Filiale von McDonalds eröffnet.

17 Bereits bei der Behandlung des ersten Teils des Romans wurde deutlich, dass die Gigi-Figur auf nur leicht verdeckte Weise der Auseinandersetzung des – mittlerweile ja zu beträchtlichem Ruhm gelangten – Autors mit der eigenen Schriftstellerexistenz dient. Da die hier verfolgte Werkinterpretation den autobiographischen Kontext ausblendet, seien diese Bezüge auch an dieser Stelle nicht weiterverfolgt.

18 Dass der Roman an dieser Stelle nicht noch einmal den Weg des Widerstandes zur Sprache bringt, irritiert insofern, als der Autor Michael Ende zwar auch die Gefahr einer Korrumpierung durch die Kulturindustrie gespürt haben dürfte, jedoch, wie es scheint, ohne ihr zu erliegen.

19 Kuruvilla Pandikattu (2000, S. 60) äußert sich zu dem »mythischen Sieg«, mit dem der *Momo*-Roman seiner Auffassung nach endet, wie folgt: »Dieser Sieg wird in fast allen Fällen nicht ausschließlich mit menschlichen Hilfsmitteln erreicht. Nichtmenschliche oder kosmische Kräfte sind mitbeteiligt. Dr. Hora ist dafür ein eindeutiges Beispiel.« Dennoch sei »die Beteiligung der Menschen wichtig und entscheidend. Die göttlichen Kräfte können den Sieg für die Menschen nicht alleine vollbringen.«

20 Wir können deshalb Kuruvilla Pandikattu nicht zustimmen, wenn er behauptet, dass »Momo sehr exakt die Züge eines mythischen Helden annimmt: des mythischen Erlösers.« (Vgl. ebd., S. 57)

21 Skepsis gegenüber der Wiederherstellung der idealen Vorstadtwelt, die als »Momos Vision« bezeichnet wird, äußert auch Kuruvilla Pandikattu: Dass angesichts der »heutigen Welt« diejenige Momos »auf dem Rückzug« sei, sei unabweisbar. »Das Momos Vision in unserer heutigen Welt gescheitert ist, bedeutet [...] nicht, dass [...] ihre Bedeutung für uns erloschen ist. [...] Momo und ihre Vision schenken uns einen Hintergrund, in dem die Bedeutung der menschlichen Natur aufgezeigt wird. Es trifft zu, dass Momo ein Ideal sein könnte, das man nicht in die Praxis umsetzen kann. Aber selbst als ein gescheitertes Ideal ist Momo für den gewöhnlichen Menschen eine außergewöhnliche Heldin, ein Mythos.« (Ebd., S. 61) Wir stimmen damit vollständig überein, sind jedoch der Auffassung, dass diese Skepsis bereits im Roman zum Ausdruck kommt.

22 Damit befinden wir uns in einem diametralen Gegensatz zu Kuruvilla Pandikattu, der *Momo* für eine mythische Erzählung hält, die unweigerlich auf einen »mythischen Sieg« hinauslaufen muss. »Der Sieg bestätigt die kosmische Dynamik in Richtung auf Leben und Ganzheit. […] Daher ist normalerweise der Sieg eine Umkehr zur Natur, zur einfachen Lebensweise, zum spontanen Lebensstil.« Nicht übersehen wird allerdings »die pittoreske Wiedergabe des Kampfes«, die »einfallsreich« sei. (Ebd. S. 60 und 59)

23 Dies im Gegensatz zu der Einschätzung Dietrich Steinbachs (1994, S. 14), der Brecht zum »negativen Hauptzeugen« Endes erklärt. »Ende definiert sein Kunstprogramm und sein literarisches Anliegen im Widerspruch zu Brecht, der für den jungen Schauspieler und Dramaturgen Ende […] einmal eine Art Übervater war.«

24 Vgl. hierzu ausführlicher Stoyan 2004, S. 111–114.

25 Zitiert nach Franz Pocci: *Die Zaubergeige und andere Märchenkomödien*, hg. v. Manfred Nöbel, Berlin (DDR) 1980, S. 38f.

26 Kuruvilla Pandikattu (2000, S. 83) spricht von einer Geschichte, die »wie etwa ein Mythos oder ein Epos […] Menschen mit Göttern und der Welt in einer existentiellen und enigmatischen Weise [verbindet]. Eine solche Geschichte verleiht den wichtigen Themen der Menschheit eine umfassendere Sicht und formuliert eine Lösung für die konfliktreichen Situationen der menschlichen Existenz.«

27 Tzvetan Todorov: *Introduction à la littérature fantastique*, Paris 1970 (dt.: *Einführung in die phantastische Literatur*, aus dem Franz. von Karin Kersten, Senta Metz und Caroline Neubaur, München 1972; Berlin 2013). Für Todorov zählen bekanntlich Werke nur dann zur phantastischen Literatur, wenn für die Figuren wie für den Leser unsicher bleibt, ob die in die fiktionale Realität einbrechenden übernatürlichen Phänomene tatsächlich existieren oder bloße Einbildungen darstellen. Sollten sie unmissverständlich als real ausgegeben werden, haben wir es für Todorov mit einer Literatur des Wunderbaren zu tun.

28 Vgl. Hans-Heino Ewers: »Heldendichtung und Katastrophenliteratur. Anmerkungen zur Poetik der Fantasy«, in: ders.: *Literaturanspruch und Unterhaltungsabsicht. Studien zur Entwicklung der Kinder- und Jugendliteratur im späten 20. und frühen 21. Jahrhundert*, Frankfurt/Main u.a. 2013, S. 293–313.

Die unendliche Geschichte

1 Zitiert wird der Roman nach der Erstausgabe im K. Thienemanns Verlag Stuttgart von 1979 (Seitenangaben im laufenden Text).

2 Zur Entstehungsgeschichte vgl. Roman Hocke/Thomas Kraft: *Michael Ende und seine Phantastische Welt. Die Suche nach dem Zauberwort*, Stuttgart u.a. 1997; Birgit Dankert: *Michael Ende. Gefangen in Phantásien*, Heidelberg 2016, S. 177ff.

3 Hetmann 1984, S. 124.

4 Ludwig 1988.

5 Elgohary 1992, S. 64–80.

6 Stoyan 2004, S. 141ff., 151ff. und 159ff.

7 Roman Hocke/Uwe Neumahr: *Michael Ende. Magische Welten*, München 2007.

8 Roman u. Patrik Hocke: *Michael Ende. Die unendliche Geschichte. Das Phantásien-Lexikon*, Stuttgart und Wien 2009, S. 7. Im Folgenden zitiert als *Phantásien-Lexikon* plus Seitenangabe.

9 Müller 2013.

10 Hetmann 1984, S. 114.

11 Aschenberg 1991, S. 126 und 129.

12 Lehnert 1990, S. 182f. und 185. Genannt werden Bilder von Dali, de Chorico und Peter Brueghels *Turmbau zu Babel*. Als Prätexte werden Werke von Gogol, Calvino und Borges angeführt.

13 *Phantásien-Lexikon*, S. 161.

14 Vgl. zur Unterscheidung von apperzeptiver oder gebundener Phantasie und freier Phantasie Eduard Spranger: *Psychologie des Jugendalters*, Heidelberg [28]1966, S. 60.

15 J.W. Goethe: *Werke. Hamburger Ausgabe*, München 1998, Bd. 13, S. 42.

16 J.R.R. Tolkien: »On Fairy-Stories«, in: ders.: *Tree and Leaf*, London 2001, S. 1–81.

17 Zit. nach: *Phantásien-Lexikon*, S. 158.

18 Nach Christoph Jamme habe das mythische Denken »pure Faktizität« mit »Sinnhaftigkeit« und »Bedeutsamkeiten« umkleidet. »Ohne Mythos bleibe, so Eliade, das menschliche Bedürfnis nach Sinn und Bedeutung unbefriedigt.« (Christoph Jamme: *›Gott hat an ein Gewand‹. Grenzen*

und Perspektiven philosophischer Mythos-Theorien der Gegenwart, Frankfurt/Main 1999, S. 260)

19 *Phantásien-Lexikon*, S. 158f.

20 Christoph Jamme: *›Gott hat an ein Gewand‹. Grenzen und Perspektiven philosophischer Mythos-Theorien der Gegenwart*, Frankfurt/Main 1999, S. 257.

21 Vgl. die große Studie von Hans Blumenberg: *Arbeit am Mythos*, Frankfurt/Main 1979, die übrigens im selben Jahr wie die *Unendliche Geschichte* erschienen ist.

22 Christoph Jamme: *›Gott hat an ein Gewand‹. Grenzen und Perspektiven philosophischer Mythos-Theorien der Gegenwart*, Frankfurt/Main 1999, S. 173. Vorausgehend heißt es: »Alle Versuche in nachantiker Zeit, an die gesellschaftsstabilisierenden Tendenzen des Mythos in vorgeschichtlicher und frühgeschichtlicher Zeit sowie in primitiven Gesellschaften (in denen die Mythen gruppengebunden waren) anzuknüpfen, sind letztlich daran gescheitert, daß eine kollektive Identität auf dem Wege über eine neue ›Mythologie‹ letztlich nicht mehr herstellbar war.«

23 Jamme hat darauf hingewiesen, dass dieser Begriff in der Kunstkritik der 1970er Jahre eine Rolle gespielt hat und dort von Harald Szeemann geprägt wurde. Vgl. dessen Schrift *Individuelle Mythologien* (Berlin 1985).

24 Eine Zusammenstellung der einschlägigen Literatur »zur Mythendeutung im 20. Jahrhundert«, soweit bis Ende der 1980er Jahre erschienen, findet sich bei Jamme (*›Gott hat an ein Gewand‹. Grenzen und Perspektiven philosophischer Mythos-Theorien der Gegenwart*, Frankfurt/Main 1999, S. 314–322). Vgl. auch ders.: *Einführung in die Philosophie des Mythos. Bd. 2: Neuzeit und Gegenwart*, Darmstadt 1991, S. 91ff.

25 Dass es sich bei beiden um fiktionale Welten handelt, versteht sich von selbst und braucht nicht immer wieder herausgestellt zu werden.

26 Zu denken wäre hier in erster Linie an Astrid Lindgrens phantastische Erzählung *Mio, mein Mio* von 1954, dt. 1955. Claudia Ludwig (1988, S. 75ff.) und Linda Müller (2013, S. 173ff.) stellen die Protagonisten beider Romane einander gegenüber.

27 Oft äußert sich die jeweilige Interpretationsrichtung bereits im Titel der Studien. Vgl. etwa Wilfried Kuckartz: *Michael Ende ›Die Unendliche Geschichte‹. Ein Bildungsmärchen*, Essen 1984.

28 Vgl. Tremblay 2000, S. 144f.

29 Alfred Clemens Baumgärtner (1979, S. 37) hält nicht nur diese Stelle, sondern das ganze Buch für »eine Auseinandersetzung mit der Situation der Kinder- und Jugendliteratur heute und mit einigen landläufigen Theorien über sie«. Vgl. auch Hajna Stoyans (2004, S. 124f.) Kommentar zu dieser Stelle: »In der Unendlichen Geschichte formuliert Ende sein Glaubensbekenntnis für die phantastische Literatur [...].« Später heißt es, »daß dieses Glaubensbekenntnis nicht nur als eine Auseinandersetzung mit der Kinder- und Jugendliteratur betrachtet werden kann, sondern als ein ›Credo‹ für die phantastische Literatur überhaupt [...].«

30 Selbst die *Unendliche Geschichte* will ihre Leser »zu etwas kriegen«: Sie soll nämlich »so manch einem den Weg nach Phantásien zeigen«, wie es am Schluss heißt (S. 428).

31 Vgl. Werner Schiebeler: »Die Eidetik«, in: *Wegbegleiter* 2005.3, S. 26–31.

32 Baumgärtner 1979, S. 36.

33 Stoyan 2004, S. 125.

34 Kröll 2009, S. 51.

35 Peter Härtling: *Das war der Hirbel*, Weinheim und Basel 1973; Tormod Haugen: *Die Nachtvögel*, dt. v. Gerda Neumann, Zürich und Köln 1978 (Orig. 1975).

36 Ludwig 1988, S. 151ff.

37 Stoyan 2004, S. 127 und 124.

38 Thomas Weis: *Phantasiegefährten im Kindesalter. Studien zur Einführung in die pädagogische Kinderforschung* (Diss.), Tübingen 1990, S. 250. Eine Zusammenfassung der Dissertation bietet sein Beitrag »Phantasiegefährten«, in: *Was macht ihr für Geschichten? Ausdrucksformen kindlichen Erlebens*, hg. v. Reinhard Fatke, München 1997, S. 45–58. Vgl. auch Reinhard Fatke: »Kinder erfinden Geschichten. Erkundungsfahrten in die Phantasie«, in: *Kindliche Phantasie und ästhetische Erfahrung. Wirklichkeiten zwischen Ich und Welt*, hg. v. Ludwig Duncker u.a., Langenau-Ulm [2]1993, S. 47–62. Auf Michael Endes Roman wird in den genannten Arbeiten keinerlei Bezug genommen.

39 Thomas Weis: *Phantasiegefährten im Kindesalter. Studien zur Einführung in die pädagogische Kinderforschung* (Diss.), Tübingen 1990, S. 253 und 254f.

40 Ebd., S. 255–257, 258–260, 260 und S. 262.

41 Umso bedauerlicher ist es, dass Thomas Weis keinerlei Bezug auf diese Figur nimmt, die zum Zeitpunkt seiner Forschungen wahrlich nicht unbekannt gewesen ist.

42 Vgl. demgegenüber die Auffassung von Jonas Etten (2013, S. 112): »Bastians Kindlichkeit prädestiniert ihn für die Rolle des Erlösers beider Welten. Und so ist er weniger als eine kindliche Figur im Sinne eines Vertreters der entsprechenden Altersklasse zu sehen, sondern eher als Künstlerfigur, die notwendigerweise kindliche Züge trägt.«

43 Jonas Etten spricht diesbezüglich von einem »realistisch-mimetischen Erzählmodell« und einem »realistischen Szenario«: »Auch der Protagonist ist durchaus nach realistischen Maßstäben konstruiert, seine Handlungs- und Denkweisen wirken seinem Alter entsprechend glaubhaft.« (Ebd., S. 114)

44 Auch dahinter sollte man nicht sogleich eine Verurteilung der Kinderliteratur der 1970er Jahre durch Michael Ende sehen.

45 Für dieses Buch brauchen heutige Kinder nicht ein Antiquariat aufzusuchen; es steht in jeder öffentlichen Bücherei und wenn es dort nicht greifbar sein sollte, dann liegt dies daran, dass es permanent ausgeliehen ist.

46 Dem Motiv der Namensgebung widmet sich ausführlich die Studie von Heidi Aschenberg (1991).

47 Lugowska 2000, S. 129.

48 Jolanta Lugowska bezeichnet diese »Rezeptionsweise« als »naiv identifizierend«. Des Weiteren spricht sie von einer »mangelnden Distanz zum Dargestellten« und einer »Missachtung des fiktiven Charakters der dargestellten Welt«. (Ebd., S. 128)

49 Sigmund Freud: »Der Dichter und das Phantasieren«, in: ders.: *Studienausgabe Bd. X. Bildende Kunst und Literatur*, Frankfurt/Main 1969, S. 173f. und 176.

50 Es ist die phantastische Erzählung von Bastians Berufung zum Retter Phantásiens, die in der Buchausgabe des Romans in roter Schrift gedruckt ist. Bei dem in grüner Farbe gehaltenen Text handelt es sich u.E. nicht um eine phantastische, sondern um eine mythische Erzählung. Die Rede von einer Binnen- und einer Rahmenhandlung, wie sie bei David Kröll zu finden ist (2009, S. 49), scheint uns den vorliegenden

Sachverhalt nicht zu treffen. Sie wäre angebracht, wenn der Handlungskreis des lesenden Bastian und das phantásische Geschehen klar getrennt blieben. Dies ist bekanntlich nicht der Fall: Phantásische Mächte dringen in die wirkliche Welt Bastians ein, wie umgekehrt der lesende Junge in die gelesene Welt eintritt.

51 Auch für Jolanta Lugowska (2000, S. 133) »avanciert er zum einzigen Leser dieses magischen Buchs, dem Adressaten der ausschließlich für ihn bestimmten Botschaften«.

52 Damit lässt sich auch festmachen, was zum Inhalt des von Bastian gelesenen Buches gehört. Dieser umfasst die Passagen der ersten zwölf Kapitel, die in der Ausgabe des Romans, die uns als realen Lesern zugänglich ist, in grüner Schrift gehalten sind. Den inhaltlichen Unterschied zwischen dem Buch Michael Endes und dem gleichbetitelten Buch im Buch hat bereits Heidi Aschenberg (1991, S. 121) gesehen: »Während die Bastian vorliegende *Unendliche Geschichte* zunächst nur die Erzählung über Phantásien enthält, umfaßt sie für uns, die Leser, auch die Schilderungen seiner lebensweltlichen Situation.«

53 Tzvetan Todorov: *Introduction à la littérature fantastique*, Paris 1970 (dt.: *Einführung in die phantastische Literatur*, aus dem Franz. von Karin Kersten, Senta Metz und Caroline Neubaur, München 1972; Berlin 2013). Für Todorov zählen, wie im vorangehenden Kapitel bereits vermerkt, Werke nur dann zur phantastischen Literatur, wenn für die Figuren wie für den Leser unsicher bleibt, ob die auftauchenden übernatürlichen Phänomene tatsächlich real sind oder bloße Einbildungen darstellen.

54 Lugowska 2000, S. 130.

55 In Übereinstimmung mit Martin Götze (2008, S. 168): »Zweifelsohne ist es der Herrn Koreander gestohlene Roman und das in ihm Dargestellte, an dem sich die Leserphantasie Bastians entzündet. Es ist aber auf der anderen Seite Bastians ausdrücklich vermerkte Fähigkeit, sich Dinge und Personen vorzustellen und auszumalen, ja sie eigentlich zu erfinden, welche die im Buchstaben des Textes enthaltene poetische Welt erst eine bewegte, lebendige Welt sein lässt.«

56 Vgl. Arthur N. Applebee: *The Child's Concept of Story. Age Two to Seventeen*, Chicago and London 1978.

57 Götze 2008, S. 167 und 168.

58 Hingewiesen sei an dieser Stelle nur auf das Elfenkind Zerina aus Ludwig Tiecks Märchennovelle *Die Elfen* (1811) und auf das fremde Kind aus E.T.A. Hoffmanns gleichnamigem Kinder-Märchen (1817).

59 Der Roman lässt an dieser Stelle offen, ob es sich nicht bloß um objektive, sondern auch um bewusste Lügen handelt.

60 Man denkt hier unweigerlich auch an die totalitären Systeme im Europa des 20. Jh., deren Legitimationsideologien durchsetzt waren mit Elementen diverser mythischer Denkmuster.

61 Im übernächsten Kapitel wird Gmork hierin von der Kindlichen Kaiserin bekräftigt: »Ja, es ist wahr [...], alle Lügen waren einmal Geschöpfe Phantásiens. Sie sind aus dem gleichen Stoff – aber sie sind unkenntlich geworden und haben ihr wahres Wesen verloren.« (S. 168)

62 Alexander Mitscherlich: *Auf dem Weg zur vaterlosen Gesellschaft. Ideen zur Sozialpsychologie*, München 1963, S. 225f. Mitscherlich spricht hier von den individual wie gesellschaftlich tief verankerten patriarchalen Denk- und Verhaltensmustern.

63 »Mit Mythos ist ursprünglich das wahre Wort, die unbedingt gültige Rede gemeint, die Rede von dem, was *ist*. Daher gilt Mythos hauptsächlich von den göttlichen Dingen, die keines Beweises bedürfen [...].« (Walter F. Otto: *Mythos und Welt*, Stuttgart 1962, S. 285). Dem schließt sich Hubertus Halbfas (*Religiöse Sprachlehre. Theorie und Praxis*, Ostfildern 2012, S. 47) an: »Das Wort als Mythos ist aber nicht allein erzählend und bildhaft, es wird ursprünglich auch als das wahre Wort verstanden, als die gültige Rede von dem, was *ist*.«

64 Dass Martin Götze (2008, S. 172ff.) hierin die Verbildlichung allgemeiner ästhetischer bzw. poetologischer Fragen, der Dialektik nämlich von Stoff und Gestaltung, Inhalt und Form, Leben und Kunstwerk, sieht, liegt in der Konsequenz seines Ansatzes.

65 Bastian liest hier und hört zugleich die Stimme des Alten. Zuvor schon hat die Kindliche Kaiserin mehrfach behauptet, dass Bastian die Unterhaltungen phantásischer Wesen nicht bloß lese, sondern auch höre. Im Gegensatz dazu wird sein eigenes lautes Reden in Phantásien nicht vernommen – von dem berühmten Schreckschrei einmal abgesehen. Der hier vorliegende phantastische Umstand lässt einen daran denken,

dass man beim Lesen von Dialogen oft meint, auch die Stimmen der Beteiligten zu hören.

66 Aus diesem Grund ist der Berg des Alten in steter Wanderung begriffen, um für die Bewohner Phantásiens nicht lokalisierbar zu sein.

67 Vgl. hierzu die Kommentierung von Gertrud Lehnert (1990, S. 184ff.).

68 Dass die Begegnung der Kindlichen Kaiserin mit dem Alten »in vielfacher Hinsicht als zentrales Element des Romans markiert« sei, behauptet Jonas Etten (2013, S. 124): »Sie ermöglicht erst den Übergang Bastians nach Phantásien und ist von daher eminent wichtig für die gesamte Narration.« Demgegenüber halten wir das angeblich »hoch komplexe«, tatsächlich aber den Leser gezielt postmodern verwirrende zwölfte Kapitel zumindest in seinen letzten Passagen hinsichtlich des Handlungsverlaufs eher für entbehrlich.

69 Hubertus Halbfas: *Religiöse Sprachlehre. Theorie und Praxis*, Ostfildern 2012, S. 26.

70 C.G. Jung spricht von »einem Zustand herabgesetzter Bewußtseinsintensität (in Träumen, Delirien, Visionen und so weiter). In solchen Zuständen hört die von der Bewußtseinskonzentration auf die unbewußten Inhalte ausgehende Hemmung auf, und damit strömt […] das vorher unbewußte Material in den Raum des Bewußtseins.« (Vgl.: »Zur Psychologie des Kindarchetypus [1940]«, in: ders.: *Archetypen*, München 1990, S. 111)

71 Warum Helmut Gronemann (1985, S. 78) hier von »einem intensivierten *Tag*traum« (Kursivierung H.H.E.) spricht, können wir nicht nachvollziehen.

72 Karl Groos: *Das Seelenleben des Kindes. Ausgewählte Vorlesungen*, Berlin 1921, [6]1923, S. 177.

73 Karl Bühler: *Abriß der geistigen Entwicklung des Kindes*, Jena 1918, Heidelberg [7]1949, S. 105.

74 Gronemann 1985, S. 78.

75 Alle Interpretationen, die das von Bastian betretene und neu erschaffene Phantásien für eine unabhängig vom Betrachter existierende, objektiv gegebene und damit ohne Weiteres betretbare zweite Welt halten, setzen die zweite Romanhälfte in einen Widerspruch zu den metafiktionalen Aussagen der ersten Romanhälfte, die wir oben zur Sprache

gebracht haben und die Phantásien als eine subjektive Vorstellungswelt ausgeben. Solange es sich um eine Wachimagination handelt, kann eine solche Vorstellungswelt vom imaginierenden Ich nicht betreten werden. Anders verhält es sich, wenn Wachimaginationen in Traumwelten übergehen. Der Mensch kann seine Vorstellungswelten selber nur träumend bzw. im Traum betreten, von visionären oder psychotischen Zuständen einmal abgesehen. Dass Phantásien textimmanent zuerst als eine aus der Buchlektüre hervorgehende Wachimagination, dann als Traumwelt Bastians ausgegeben wird, nehmen die von uns bereits zitierten metafiktionalen Äußerungen übrigens auf unmissverständliche Weise vorweg: Für die Uyulála sind die Figuren dieser Welt beides, »Träume und Bilder in einer Geschicht'« (S. 109). Auch für Gmork sind die Wesen Phantásiens beides: »Traumbilder seid ihr, Erfindungen im Reich der Poesie« (S. 142).

76 C.G. Jung spricht diesbezüglich von »oberflächlichen Inhalten des Unbewußten«, die unterlegt seien mit »persönlichen Reminiszenzen«. An späterer Stelle ist vom »persönlichen Unbewußten« die Rede. (Vgl. C.G. Jung: Über die Psychologie des Unbewußten [1916], Frankfurt/Main 1975 u.ö., S. 66 und 68)

77 Bei »Phantasien, die nicht mehr auf persönlichen Reminiszenzen beruhen, [...] handelt es sich um die Manifestationen der tieferen Schicht des Unbewußten, wo die allgemeinen menschlichen, urtümlichen Bilder schlummern. Ich habe diese Bilder oder Motive als *Archetypen* [...] bezeichnet.« (Ebd., S. 67) Vgl. auch Gronemann 1985, S. 99: »Das Unbewußte besteht zuunterst aus einer kollektiven Schicht, die bei allen Menschen gleich angelegt ist. Darüber befindet sich eine individuelle Schicht: das persönliche Unbewußte. [...] Diese persönliche Schicht entsteht im Laufe des Lebens, sie ist erworben, während die kollektive Schicht angeboren ist.«

78 Ein Einwand könnte lauten, dass Bastian in seinem Traum nur das zuvor Gelesene fortspinnt. Dies könnte indes allenfalls auf den rettenden Akt der Namensgebung zutreffen. Alle weiteren Etappen beinhalten bislang nicht vorgekommene symbolische Handlungen.

79 In dem Artikel zum Lemma »Archetypen« (*Phantásienlexikon*, S. 34) heißt es, dass Michael Ende das Werk von C.G. Jung gekannt habe und dass »viele Bewohner Phantásiens [...] an Jungs Archetypen angelehnt«

seien. Vgl. auch C.G. Jungs Beitrag »Über die Archetypen des kollektiven Unbewußten [1934]«, in: ders.: *Bewußtes und Unbewußtes*, Frankfurt/Main 1957 u.ö., S. 11–53. Vgl. ebenso die Artikel »Archetypus« und »Archetypische Träume«, in: *Lexikon Jungscher Grundbegriffe. Mit Originaltexten von C.G. Jung*, hg. v. Helmut Hark, Solothurn und Düsseldorf 1988, [3]1994, S. 25ff. und 29ff. (Im Folgenden zit. als *Lexikon Jungscher Grundbegriffe*)

80 Für C.G. Jung (»Über die Archetypen des kollektiven Unbewußten [1934]«, in: ders.: *Bewußtes und Unbewußtes*, Frankfurt/Main 1957 u.ö., S. 15 und 13) enthält »die Seele all jene Bilder, aus denen Mythen je entstanden sind«. Es könnten »Inhalte des Unbewußten [...] in bewußte Formeln verwandelt« werden.

81 Für C.G. Jung treten die Archetypen uns in »unmittelbarer Erscheinung [...] in Träumen und Visionen entgegen«. (Vgl. ebd.) An anderer Stelle heißt es, »daß die Archtypen in den Mythen und Märchen, wie im Traum und in psychotischen Phantasieprodukten, erscheinen. Das Medium, in welchem sie eingebettet sind, ist allerdings im ersten Fall ein geordneter und meist unmittelbar verständlicher Sinnzusammenhang, im letzten hingegen eine meist unverständliche, irrationale, als delirös zu bezeichnende Folge von Bildern [...]. [...] Beim Individuum erscheinen die Archetypen als unwillkürliche Manifestationen unbewußter Vorgänge [...]; im Mythus dagegen handelt es sich um traditionelle Formungen von meist unabschätzbarem Alter.« (Vgl. »Zur Psychologie des Kindarchetypus [1940]«, in: ders.: *Archetypen*, München 1990, S. 109) Da wir es in der zweiten Hälfte der *Unendlichen Geschichte* mit einem literarisch gestalteten Traum und nicht mit der Wiedergabe realer Träume zu tun haben, weist dieser denselben geordneten und geformten Charakter auf wie die Phantásien-Erzählung der ersten Romanhälfte.

82 »Der Archetypus stellt wesentlich einen unbewußten Inhalt dar, welcher durch seine Bewußtwerdung und das Wahrgenommensein verändert wird, und zwar im Sinne des jeweiligen individuellen Bewußtseins, in welchem er auftaucht.« (C.G. Jung: »Über die Archetypen des kollektiven Unbewußten [1934]«, in: ders.: *Bewußtes und Unbewußtes*, Frankfurt/Main 1957 u.ö., S. 13)

83 Vgl. hierzu den Artikel »Traum-Ich« im *Lexikon Jungscher Grundbegriffe*, S. 172ff.

84 In der Forschung wird wiederholt auf seine Nähe zu Parzival hingewiesen, vgl. bspw. Ludwig 1988, S. 46ff.

85 Vgl. zum archetypischen Heldenmythos C.G. Jung: Über die Psychologie des Unbewußten [1916], Frankfurt/Main 1975 u.ö., S. 100; ders.: »Zur Psychologie des Kindarchetypus [1940]«, in: ders.: *Archetypen*, München 1990, S. 121f. Ebenso Joseph Campbell: *Der Heros in tausend Gestalten*, aus d. Amerik. v. Karl Koehne, Frankfurt/Main 1953 (TB 1999).

86 Nach unserer Auffassung hat dieser Heldenmythos nichts mit dem Mythos des göttlichen Kindes zu tun, bei dem es sich ebenfalls um eine andere Retter- bzw. Erlöserfigur handelt. Wir können deshalb den diesbezüglichen Ausführungen von Jonas Etten (2013, S. 100ff., 107ff. und 134ff.) nicht folgen. Angemerkt sei darüber hinaus, dass wir es in der Überlieferung vornehmlich mit männlichen Heldenfiguren zu tun haben. Die *Unendliche Geschichte* kennt jedenfalls keine weibliche Heldenfigur und darf deshalb zu Recht als einer Männergeschichte bezeichnet werden.

87 Hierin unterscheidet sich die *Unendliche Geschichte* bspw. von Astrid Lindgrens phantastischer Erzählung *Mio, mein Mio*, deren gleichaltriger Protagonist Bo Villem Olsen in einem Traum seine ambivalente Vaterbeziehung verarbeitet.

88 Vgl. hierzu C.G. Jung: »Im Traumschlaf ist das Bewußtsein allerdings nicht völlig erloschen, sondern es besteht noch eine geringe Bewußtheit. So hat man in den meisten Träumen noch ein relatives Bewußtsein seines Ich, allerdings eines sehr beschränkten und eigentümlich veränderten Ichs, das man als Traum-Ich bezeichnet.« (Zit. nach: *Lexikon Jungscher Grundbegriffe*, S. 173)

89 Bezüglich der weiteren Etappen des Vergessens vgl. S. 289, 317, 335 u.ö.

90 Sigmund Freud: »Der Dichter und das Phantasieren«, in: ders.: *Studienausgabe Bd. X. Bildende Kunst und Literatur*, Frankfurt/Main 1969, S. 176.

91 Bastian (wie übrigens auch der Autor) übersieht hier, dass er von dem Augenblick an, wo er sich in ein rein phantásisches Wesen verwandeln würde, die Fähigkeit verlöre, neue Namen und Geschichten zu erfinden, und damit nicht mehr in der Lage wäre, Phantásien zu retten.

92 Vgl. auch Hans-Heino Ewers 2018.

93 Für C.G. Jung (Über die Psychologie des Unbewußten [1916], Frankfurt/Main 1975 u.ö., S. 72f.) liegt hier die problematische »Introjektion« eines Archetypus vor, nämlich der »Idee eines übermächtigen göttlichen Wesens«, deren Eigenschaften das Ich hier sich selber zurechnet. Das Ich gerate bei einer solchen Introjektion in eine »lächerliche Selbstvergötterung«. Indem solche Inhalte des kollektiven Unbewussten sich selbst als Person zugesprochen würden, mache das Ich sich selber zum Gott.

94 Zwar müsse der Mensch »sich vom Unbewußten zu unterscheiden« wissen, jedoch »nicht etwa dadurch, daß er es verdrängt [...], sondern dadurch, daß er es sichtbar vor sich stellt als etwas von ihm Unterschiedenes.« (Vgl. ebd., S. 74) An anderer Stelle heißt es: »[...] das Bewußtsein [irre] immer wieder einmal von der archetypischen Instinktlage ab[...] und [gerate] zu ihr in Gegensatz [...]. Daraus ergibt sich dann die Notwendigkeit einer Synthese der beiden Positionen.« (Vgl. C.G. Jung: »Über die Archetypen des kollektiven Unbewußten [1934]«, in: ders.: *Bewußtes und Unbewußtes*, Frankfurt/Main 1957 u.ö., S. 51)

95 Dass die Magierin Xayíde schließlich ums Leben kommen muss (S. 381), halten wir deshalb für eine Inkonsequenz des Romans. Dies widerspricht jedenfalls der Aiuóla'schen Rekapitulation von Bastians »langer Reise« durch Phantásien »von einem Wunsch zum anderen, und jeder erfüllte sich. [...] Und es waren nicht nur gute Wünsche, sondern auch schlimme, aber die Kindliche Kaiserin macht keinen Unterschied, für sie ist alles gleich und alles gleich wichtig in ihrem Reich.« (S. 385)

96 Über den ambivalenten Charakter des kollektiven Unbewussten bemerkt C.G. Jung (Über die Psychologie des Unbewußten [1916], Frankfurt/Main 1975 u.ö., S. 72): »Die Bilder enthalten nämlich nicht nur alles Schönste und Größte, das die Menschheit je dachte und fühlte, sondern auch jede schlimmste Schandtat und Teufelei, deren die Menschen fähig waren.«

97 Bei den Vorgängern handelt es sich wie bei Bastian nicht um phantásische Wesen, sondern um »Menschenkinder«, die in nächtlichen Träumen das Reich der Geschichten in der Absicht betreten haben, dieses zu retten. Physisch sind sie wie Bastian in der Realwelt verblieben, in der sie auch wieder erwacht sein müssten. Der Roman gibt allerdings keine Auskunft darüber, in welcher Verfassung diese sich nach dem

Aufwachen befunden haben. Bei C.G. Jung (»Über die Archetypen des kollektiven Unbewußten [1934]«, in: ders.: *Bewußtes und Unbewußtes*, Frankfurt/Main 1957 u.ö., S. 50f.) finden sich jedoch Ausführungen, die diese Lücke schließen könnten: In Phantásien zu bleiben und nicht mehr in die Realwelt zurückzuwollen, bedeutet nichts anderes, als vom Unbewussten verschlungen zu werden. Die Vorgänger verharren also psychisch in Phantásien, während sie physisch wieder zurückgekehrt sind. Jung spricht hier von einem fortwährenden »Unterliegen unter den faszinierenden Einfluß der Archetypen«. Es könne »unter diesen Umständen geschehen, daß die archetypischen Figuren [...] sich von der Bewußtseinskontrolle überhaupt befreien und völlige Selbständigkeit erlangen, d.h. *Besessenheitsphänomene* erzeugen.« Wir hätten es »mit einer Dissoziation des Bewußtseins« zu tun, »welches das Unbewußte nicht mehr beherrschen kann«. Jung sieht hier eine Geisteskrankheit bzw. ein »Delieren des Psychotischen« vorliegen.

98 C.G. Jung: Über die Psychologie des Unbewußten [1916], Frankfurt/Main 1975 u.ö., S. 75.

99 Vgl. *Das Phantasien-Lexikon*, S. 29ff. und S. 22f.

100 Vgl. ebd., S. 43ff.

101 Vgl. die Kommentierung dieser Episode durch Gronemann 1985, S. 149.

102 Dass Bastian den letzten und entscheidenden Schritt nicht mehr selbst tätigen kann, sieht auch Gronemann: »Vielleicht kann Atréju mit seinem Helfer Fuchur, vielleicht können Bastians verborgene Möglichkeiten ihn zu dem Schritt führen, den er (sein Ich) nicht mehr zu leisten imstande ist.« Dennoch hält er Bastian für handlungsmächtig – und zwar dank eines Lernprozesses: »Bastian hat gelernt, daß er nicht nur aus Bewußtsein, dem Ich besteht, sondern auch verborgene, unbewußte Möglichkeiten in sich trägt (Schatten/Atréju). Diese unbewußten Möglichkeiten helfen ihm nun, den letzten Schritt ins Selbst zu tun. Bastian hat seine Ganzheit erkannt.« (Ebd., S. 151f.) Hier werden die Deutungen des Interpreten dem Protagonisten als dessen Einsichten unterschoben, wozu sich im Text kein Beleg findet.

103 Folgende Ausführungen von C.G. Jung (»Über die Archetypen des kollektiven Unbewußten [1934]«, in: ders.: *Bewußtes und Unbewußtes*,

Frankfurt/Main 1957 u.ö., S. 32) verdienen es, an dieser Stelle zitiert zu werden: »Man muß es sich schon zugestehen: es gibt Probleme, die man mit den eigenen Mitteln schlechthin nicht lösen kann. Ein solches Eingeständnis hat den Vorteil der Ehrlichkeit, der Wahrheit und der Wirklichkeit, und damit ist der Grund gelegt für eine kompensatorische Reaktion des kollektiven Unbewußten, d.h. man ist jetzt geneigt, einem hilfreichen Einfall Gehör zu schenken […]. Man wird vielleicht auf Träume achten, die sich in solchen Momenten einstellen […]. Hat man eine derartige Einstellung, so können hilfreiche Kräfte, die in der tieferen Natur des Menschen schlummern, erwachen und eingreifen, denn die Hilflosigkeit und die Schwäche sind das ewige Erlebnis und die ewige Frage der Menschheit […].«

104 Gronemann 1985, S. 153

105 Erinnert sei daran, dass die Dame Aiuóla Bastian zu Beginn als »großen Herrn« anspricht (S. 383).

106 Der Vater macht ihm das Frühstück, kocht das Mittagessen und nimmt ihn schlussendlich auf den Schoß und »drückte ihn an sich, und sie streichelten sich gegenseitig« (S. 422).

107 Reinhard Fatke: »Phantasiegeschichten«, in: *Was macht ihr für Geschichten? Ausdrucksformen des kindlichen Erlebens*, hg. v. Reinhard Fatke, München 1997, S. 11–28, hier S. 23ff. Vgl. auch ders.: »Kinder erfinden Geschichten. Erkundungsfahrten in die Phantasie«, in: *Kindliche Phantasie und ästhetische Erfahrung. Wirklichkeiten zwischen Ich und Welt*, hg. v. Ludwig Duncker u.a., Langenau-Ulm [2]1993, S. 47–62.

108 C.G. Jung: »Zur Psychologie des Kindarchetypus [1940]«, in: ders.: *Archetypen*, München 1990, S. 120. Vgl. auch Jolande Jacobi: *Die Psychologie von C.G. Jung. Eine Einführung in das Gesamtwerk* [1971], Frankfurt/Main 1978, S. 109ff.

109 Gronemann 1985, S. 150 und 152.

110 Auf eine Auseinandersetzung mit dessen zahlreichen Einzeldeutungen sei an dieser Stelle verzichtet, wodurch die Bedeutung dieser – viel zu wenig beachteten – Studie nicht herabgemindert werden soll.

111 C.G. Jung: »Zur Psychologie des Kindarchetypus [1940]«, in: ders.: *Archetypen*, München 1990, S. 110 und 124.

112 Ebd., S. 136.

113 Aschenberg 1991, S. 114f. und 116.

114 Götze 2008, S. 181 und 184.

115 Bei dieser umfangsmäßigen Inkongruenz denkt man unwillkürlich an das Verhältnis der kleinen Welt des bewussten Ich und seines Schattens, des persönlichen Unbewussten, zur weiten Welt des kollektiven Unbewussten. Darüber hinaus spiegelt sich dieses Missverhältnis nicht zuletzt auch in unserer bisherigen Interpretation der *Unendlichen Geschichte*, bei der wir über lange Strecken hinweg den Schuljungen Bastian aus den Augen verlieren konnten.

116 Umso mehr interessiert es den Roman, was die Gesellschaft im Allgemeinen von solchen Reisen hat. Davon weiter unten mehr.

117 Dass es neben der Einführung einer solchen Figur auch noch weiterer literarischer Techniken bedarf, um eine solch komplexe Darstellungsabsicht zu realisieren, sei hier nur am Rande erwähnt. Zu denken wäre hier an die oben von uns erörterten metafiktionalen Elemente der *Unendlichen Geschichte*.

118 Dass in den 1970er Jahren auch den Kindern noch der Sinn für Mythen und Märchen ausgetrieben werden sollte, erregte bei Michael Ende bekanntlich vehementes Missfallen.

119 Vgl. hierzu meinen Beitrag »Heldendichtung und Katastrophenliteratur. Anmerkungen zur Poetik der Fantasy«, in: Hans-Heino Ewers: *Literaturanspruch und Unterhaltungsabsicht. Studien zur Entwicklung der Kinder- und Jugendliteratur im späten 20. und frühen 21. Jahrhundert*, Frankfurt/Main u.a. 2013, S. 293–313.

120 Durch die Intention, zugleich die Entstehungsweise der mythischen Welt Phantásien und deren Status als innere Vorstellungswelt transparent zu machen, hebt sich die *Unendliche Geschichte* von den meisten anderen Fantasyromanen ab. Letztere pflegen ihren mythischen Welten durchweg den Status einer in sich gegründeten, objektiv bestehenden zweiten Welt zuzusprechen. Sofern sie neben der mythischen eine weitere Handlungsebene aufweisen, bei der es sich in der Regel um eine Wirklichkeitswelt handelt, geschieht dies aus einem anderen Grund als in Endes Roman. Die moderne Fantasy wartet durchweg mit einem gemischten Figurenarsenal auf; unter die archaischen werden auch moderne Charaktere gemischt. Die Letzteren erleben wir oft zunächst in

ihrer Ursprungswelt, der Wirklichkeit, ehe sie dann in die phantastische Welt überwechseln. (Vgl. ebd., S. 302ff.)

121 Bastian werden hier Empfindungen zugesprochen, die nach unserer Auffassung für einen Zehn- bis Elfjährigen ziemlich ungewöhnlich sind; sie scheinen nicht wirklich altersgemäß zu sein.

122 C.G. Jung (Über die Psychologie des Unbewußten [1916], Frankfurt/Main 1975 u.ö., S. 9f.) sieht auch in der ›verzauberten‹, der belebten und mit Geist versehenen Natur eine nach außen projizierte Manifestation des »Wesens der Seele«. Die »unbewußte Seele« des Primitiven besitze »einen unüberwindlichen Drang, alle äußere Sinneserfahrung an seelisches Geschehen zu assimilieren«. »Alle mythisierten Naturvorgänge« seien nichts anderes als »symbolische Ausdrücke für das innere und unbewußte Drama der Seele, welches auf dem Wege der Projektion, das heißt gespiegelt in den Naturereignissen, dem menschlichen Bewußtsein faßbar wird«. Jung nimmt insofern eine aufgeklärte Position ein, als er es für unumgänglich hält, diese Projektion »vom äußeren Objekt abzutrennen« und als Selbstdarstellung der eigenen Psyche bewusst zu machen.

123 Ebd., S. 9

124 C.G. Jung: »Zur Psychologie des Kindarchetypus [1940]«, in: ders.: *Archetypen*, München 1990, S. 111, 122 und 136.

125 Ders.: »Über die Archetypen des kollektiven Unbewußten [1934]«, in: ders.: *Bewußtes und Unbewußtes*, Frankfurt/Main 1957 u.ö., S. 50f.

126 Ders.: Über die Psychologie des Unbewußten [1916], Frankfurt/Main 1975 u.ö., S. 74.

127 Ders.: »Über die Archetypen des kollektiven Unbewußten [1934]«, in: ders.: *Bewußtes und Unbewußtes*, Frankfurt/Main 1957 u.ö., S. 33.

128 Ders.: Über die Psychologie des Unbewußten [1916], Frankfurt/Main 1975 u.ö., S. 95, 73 und 74.

129 Ebd., S. 79 und 81.

Weitere besondere Titel zu Größen der Weltliteratur

159 Seiten, 19 Abbildungen
Broschur
ISBN 978 3 520 51401 1

Guillermo Aparicio
Windmühlen sind keine Giganten
Briefe an Don Miguel de Cervantes
vierhundert Jahre nach seinem Tod

Für Liebhaber des *Don Quijote* und solche, die es werden wollen, für Literaturwissenschaftler und Literaturstudenten, aber auch für Freunde Spaniens, die eintauchen möchten in dieses Land und seine Menschen.

199 Seiten, 10 Abbildungen
Broschur
ISBN 978 3 520 51101 0

Ina Schabert
SHAKESPEAREs
Die unendliche Vielfalt der Bilder

Melancholischer Dichter des *Hamlet*? Patriotischer Autor von *Henry V*? Theaterpraktiker mit einem literarischen Genie als Ghostwriter? Weiser Narr oder strahlender Held? Die Vorstellungen von Shakespeares Persönlichkeit sind so grundverschieden, wie man es bei einem der größten Dichter der Weltliteratur nicht vermuten würde. Aus immer anderen Blickwinkeln betrachtet die Shakespeare-Spezialistin den englischen Nationaldichter. Sie wendet sich damit ausdrücklich nicht nur an Experten, sondern an die breite Gemeinschaft der Shakespeare-Liebhaber.